CUNNINGHAM'S ENCYCLOPEDIA of
MAGICAL HERBS

願いを叶える
魔法のハーブ事典

スコット・カニンガム 著
監修：木村正典　訳：塩野未佳

Pansy
Lily of the valley
Apricot
Rose
Radish
Shallot
Nutmeg
Mint
Gourd
Juniper

by Scott Cunningham

"Translated from"
CUNNINGHAM'S ENCYCLOPEDIA OF MAGICAL HERBS
Copyright © 1985 and 2000 Scott Cunningham
Published by Llewellyn Worldwide
Woodbury, MN 55125 USA
www.llewellyn.com

Japanese translation rights arranged with
Llewellyn Publications, a division of Llewellyn Worldwide LTD.
through Japan UNI Agency, Inc., Tokyo

CUNNINGHAM'S ENCYCLOPEDIA of
MAGICAL HERBS

CONTENTS

はじめに …………………… 4

第1部　ハーブを使った魔法の基本 ……… 7

　　　1．ハーブのパワー

　　　2．魔法の流儀

　　　3．呪文と唱え方

　　　4．魔法の目的

　　　5．ハーブ事典の項目について

　　　　ハーブ使用時の注意事項

第2部　魔法に使うハーブの事典 ………… 41

付　録

・ハーブの色と魔法の関係
・用語集
・参考文献一覧（注釈つき）
・ほかの呼び名 ⟷ 一般名対応表（五十音順）

はじめに

　本書は不可解な呪文の本ではありません。だれもが利用できるハーブを使った魔法ばかりを集めた、極めて実用的な本です。簡単に使えて儀式ばっていない魔法を数多く載せました。必要なときに、すぐに使える万能のおまじないを紹介しています。

　例えば、好きな人に振り向いてもらいたいなら、バラの花びらかオリス根(ルート)をバッグに入れて持ち歩くとよいでしょう。歯痛を和らげたいなら、エルダーの小枝をかんでから、それを壁に打ち込んでみてください。

　本書で紹介する魔法のほとんどは、このように日常的に起きる問題に対して使うものですが、なかにはもっと難しい魔法もあります。

　例えば目立たない姿になる、霊を呼び出す、不死身になる、ウミヘビにかまれないように注意する、妖精を呼び出すなどです。それらは、かならずしも実用を目的としたものではありません。

　ではなぜそういった情報をご紹介するのかというと、むかしからの言い伝えということもありますし、何よりも、興味深く、ロマンがあるからです。そういう情報があったほうが、効果的な魔法をかけるために必要なイマジネーションがかき立てられるのです。

　本書の情報は、あくまでも魔法をかけるときのハーブの使い方に限定しました。薬効に関してなら、その分野ですばらしい本がすでにたくさん出版されているからです。植物にまつわる神話や歴史などの背景情報も、魔法と関連がある場合を除いて、載せていません。

また、破壊的で有害な魔法について調べようとしている人はがっかりされるかもしれませんが、そういう魔法は使う人を破滅へと導いてしまうため、これも本書には載せていません。

　おそらく、ハーブを使った魔法が、最も古くからある実用的な魔法の形なのでしょう。ハーブを使った魔法を実践すればするほど、その真のパワーに気づかされます。ハーブのパワーを目の当たりにした私は、"*Magical Herbalism*"（1986年、ルウェリン・パブリケーションズ）として、5年の歳月と数回の原稿の書き直しを経て、この失われた秘術を解説する本を書きました。ハーブの魔法について、もっと詳しく知りたいという方はそちらをご覧になってください。

　本書が、ハーブを使った魔法を実践してみたい、秘密を知りたいという人のイマジネーションをかき立てることを願ってやみません。

スコット・カニンガム

CUNNINGHAM'S ENCYCLOPEDIA of
MAGICAL HERBS

第1部
ハーブを使った魔法の基本

1．ハーブのパワー

あらゆるものに"パワー"がある

　ハーブを使った魔法をはじめ、あらゆる魔法のベースになっているのが、その"パワー"です。パワーとは、名を変え、形を変え、何百年もの昔から続くものです。その存在さえ秘密にされていた時代もあれば、だれもが知る常識だった時代もあります。

　パワーが宇宙を創造し、これまで存続させてきました。種子が発芽するのも、風が起きて地球を回転させるのもパワーによるものです。"パワー"とは、つまり誕生や生死をつかさどるエネルギーのこと。宇宙に存在する森羅万象は、パワーによって創造されたものであり、創造物のなかにもまた、それぞれに見合ったパワーが内包されています。パワーとは、言い換えれば、生命力、創造の源、まさに存在そのものの実体と言ってもいいでしょう。

　私の知るかぎり、"パワー"に特定の名前はありません。それを人間たちは八百万（やおよろず）の神や女神、精霊、悪魔、そのほかの超自然的な存在として受け止めてきました。現代の科学をもってしても、まだそのごく一部しか説明がつかず、私たちは今なお、新たなパワーを「発見」し続けている状態です。

　パワーは、人類の進化の過程において、良くも悪くも重要な役割を担ってきました。どんな宗教もさまざまな象徴や儀礼を通してパワーを利用していますし、魔術師や魔法使いもパワーを巧みに扱います。ただしパワーは儀礼や宗教、魔法の枠組みを超えたところに存在し、永遠の変化のなかにあっても不変のものです。あらゆるものがパワーを内包し、あらゆるものがパワーに内在しているのです（近代宗教の問題のひとつは、そのパワーが私たちに内在するのではなく、外部にあると主張していることです）。だれが何と呼ぼうと、どんな姿形であろうと、パワーはパワーなのです。

科学では解明されていない不思議な力 "魔法"

　ここで定義しておきましょう。本書でいう"魔法"とは「まだ科学では定義されていない、あるいは認められていないパワーを使って変化を起こすこと」です。
　科学的に認められている方法で変化を起こすことはだれにでもできます。例えば、友人と電話で話をすれば、その友人が元気かどうかが分かります。これは魔法でも何でもありません。
　しかし、私は、タイム、ヤロウ、ベイなどのハーブでサシェ（詳しくは23ページ参照）を作り、それを首に巻きつけて心を落ち着かせ、ハーブで強化した超能力(サイキックパワー)を使えば、電話をかけてもいないのに——あるいは友人が何も言わなくても、元気かどうかを見極めることができます。
　これがパワーが実際に役立つ理由です。ほかに何ひとつ方法が見つからないときにこそ、魔法が使えるのです。
　泥棒に入られないように家を守るにはどんな方法があるでしょうか。独身の女性が生涯のパートナーを見つける方法は？　医者に薬を処方してもらう以外に、どうやって病気を治したり予防したりすることができるのでしょうか。
　これらの問いに、物理的な方法以外の答えを出せる人はほとんどいないでしょう。「鍵をかける」「いつもとは違う香水を使う」「ベッドで安静にしている」などという答えが返ってくるはずです。答えとしてはそれでも十分ですが、魔法があれば、それを補って、より完璧に近づけることができるのです。
　また、魔法はそういったよくある問題を解決するのにも役立ちますが、神秘的な事柄を取り扱うときにこそ絶対に欠かせません。例えば、未来をのぞいてみたいなら、バラのつぼみ(ローズバッド)でティーを作り、寝る前に飲み、自分の夢を思い出してみましょう。または、黄色い布に包んだディアーズタンの花を身に着けてみましょう。
　もし医者に「呪いや呪文をかけられているような気がする」などと相談すれば、最寄りの精神科医を紹介されるでしょうが、魔法使いなら、家の敷地のまわりにレッドペッパーをまいて、そのあと、ミモザの花を浮かべたお風呂に入るとよいと教えてくれるでしょう。

「魔法」などと言うと、「何をバカなことを！」と思うかもしれませんが、実際に、問題解決の実用的な手段を示してくれるものです。あらゆることに対して答えをくれるはずです。もちろん、すべてというわけではありませんけれど。

ハーブの魔法を使うために覚えておいてほしいこと

ここで重要なポイントをまとめておきましょう。

「ハーブの魔法」に潜むパワーには、実体がありません。しかしパワーは無限の広がりを持っています。それを魔女や聖母の名において使おうが、あるいは無宗教の枠組みのなかで使おうが、お好きにしていただいて結構です。パワーはつねに存在し、私たちがどこにいようと、宇宙のどこを旅しようと、どこにでもあふれています。

パワーそのものは目に見えませんが、さまざまな姿形をとっています。野生動物のヌーにパワーがあるのだから、コンピュータやタンポポにだってパワーがあって当然でしょう。より高濃度のパワーを含有する植物、宝石、貴金属もあります。

また、物質のパワー、つまりバイブレーション（振動）はそれぞれ異なっています。例えば、松材(パイン)のバイブレーションは、完璧なカットのダイヤモンドのバイブレーションとはまったく違います。

バイブレーションは、化学組成、化学形態、密度など、いくつかの因子によって決まります。ハーブに宿るパワーは、その植物の生息環境、芳香、色、形、その他の条件で決まります。同じような物質のバイブレーションは似ているのが普通です。

次に、ハーブを使った魔法とは、ハーブを使うことで必要な変化を起こすことです。植物にはエネルギーがありますが、人間の顔と同じように、それぞれ違います。まじないの効果を最大限に高めるには、選ぶハーブのバイブレーションが自分の望みとマッチしていなければなりません。例えば、シーダーは金運をアップさせるには良いのですが、安産や豊作を祈願するおまじないには向きません。

ハーブの魔法を使うには、その植物のパワーについて知っている必要があり、本書にはそういう情報を満載しています。自分の望みを満たすには、ハーブを巧みに扱って、そのパワーに指示すればよいだけです。簡単でしょう？

　ハーブの魔法が簡単に使えるのは、パワー、すなわちバイブレーションがハーブそのものに宿っているからです。外から力を借りる必要はありません。

　必要なのは、ほんのいくつかの手順だけ。結び目を作る、お湯を沸かす、ろうそくに火を灯す、縫い物をしたらそれを土に埋める、などの「儀式」です。

　また、さらに重要なことは、ハーブの魔法には実際に効果があるという事実です。

　では、実際に魔法はどんなふうにしてやればいいのでしょうか。

　まずは、魔法の力を借りなければならない理由があるはずです。この理由こそが魔法の必要性になります。願望が必要性の姿をまとうことはよくあるものですが、魔法では1つの「願望」だけでは不十分です。ありとあらゆるものを含有する必要性がなければなりません。

　その必要性の質によって、どの植物を使うのかが決まります。例えば愛情を引き寄せるのは、魔法では一般的な欲求であり、数十種類の植物がそれに使われています。

　次に、呪文や儀式的な行為を考え出す必要があります。きちんと呪文を唱える必要のない魔法がほとんどですが、なかには必要なものもあります。

　この呪文は簡単なもので十分です。1枚の布の上でハーブを縛りつけたり、ろうそく立てのまわりにハーブを置いてろうそくに火を灯したりして、自分の望みを心の中にイメージしてみてください。もしご希望なら、複雑な呪文を唱えてもかまいませんし、砂漠の片隅でメスキートの木片を燃やして大釜でお湯を沸かしながら月が昇ってくるのを待ち、月が昇ってきたらその根と葉をポットに投げ入れる、などでもよいでしょう。万能の魔法については、「3．呪文と唱え方」を参照してください。

　3つ目は、ハーブに魔力を与えて、そのバイブレーションを自分の欲求に合わせます。

　4つ目は、呪文を心のなかでひそかに唱えます。そのとき魔法を恥ずかしいものなどとは考えないでください。あざ笑ったり不信感を示したりすれば、自

分自身に懐疑的になり、自らが魔法の効果を妨げてしまうことになります。

　5つ目は、一度呪文を唱えたら呪文のことは忘れること。これによって呪文が「焼き上がり」、願いがかないます。ケーキを焼いているときに、数分おきにオーブンのなかをのぞき込んでいたら、おいしいケーキは焼けないでしょう？　魔法をかけているとき、呪文を「焼き上げている」間はオーブンの扉をきちんと閉めて、呪文のことは完全に忘れてください。

　これで望みがかなうというわけです。簡単そうでしょう？　魔法は確かに簡単ですが、これはほんの最初のステップです。

愛情をもってハーブの魔法を使いましょう

　人生と同じように、ハーブの魔法にも裏の側面があります。それを追求して、大暴れしたり、他人を支配したい、人を殺してみたい、などという人は、黒魔術をかけたことで、いずれ重い罰を受けることになるでしょう。

　魔法のパワーは中立で、良いエネルギーと悪いエネルギーというように分けることはできません。パワーはパワーなのです。魔法使いである私たちには、その中立的なパワーに、良い結果が出るように働きかける責任があります。

　他人を助けたり、自分の暮らしを良くしたりするために、苦行をしたり、聖人になる必要はありません。必要なのは、愛情をもってハーブを使うこと。それだけです。

　かつて魔法は神の仕業であると考えられていました。確かにそうかもしれません。魔法をかけるときには、私たちが八百万の神々に姿を変え"パワー"を行使する者になるのですから。パワーを行使すると、厳かな気持ちになり、あなたはより大きな責任を感じることでしょう。

　良い結果が出るように願って魔法を使えば、私たちの生活はより豊かに、より楽しくなります。しかし、悪い結果が出るように願ってパワーを使った途端、あなたの神々しさはさっと消え失せます。悪い結果を求めて裏の面を追求するような魔法使いは地に落ち、挙句の果てには破滅に至るでしょう。

　……まるでお芝居を観ているようですって？　確かにそうかもしれません

──ただ、その本質的な部分は真実です。
　ハーブを使って自分自身や他人の手助けをしたいと思っている人は大歓迎です。ぜひ本書を読んでみてください。

2．魔法の流儀

　ここでは魔法の使い方や、理論の重要なポイントをいくつか簡単に挙げます。さらに詳しく知りたい人は "*Magical Herbalism*" を参照してください。

「計時」の魔法はお好みで

　古代の人々は、単純なものから複雑なものまで、さまざまな魔法の体系を確立しました。なかでも抜きん出ていたのが、天体現象によって時間を見計らい、それに従って儀式を執り行うことです。それらは月の相（月の満ち欠け）にしっかりと支配されているものもあれば、季節を考慮に入れるものなどさまざまですが、なかでも最も重要なものは、星とその位相でした。
　これらのうちいくつかは今でも使われており、良い結果を出していますが、せっかくうまくいっていたのに自然淘汰されてしまったり効かなくなってしまった魔法もあります。
　時間を計ることは確かに重要ですが、ひとつだけ、けっして破ってはならない神聖なおきてがあります。それは「魔法は必要なときに使うべし」ということです。
　もし頭痛で眠れなかったり仕事に集中できなかったりするときに、月がきちんと宮に入るまで、あるいはおおぐま座が昇ってくるまで待っているわけにはいきませんね。いますぐ鎮痛剤が欲しくなるものです。
　これはささいな例ですが、どんな魔法にも当てはまります。今週末までに支払いを済ませなければならないときに、3週間もあとになってから金運アップの魔法を使っても意味がありません。

惑星、星、季節、月の相が魔法に絶大なパワーを与えてくれないと言っているのではありません。ただ、そんな絶大なパワーなど必要ないのです。

　もし魔法が使えるのなら、それは昼夜を問わず、いつでも使えます。どこからともなく魔法使いからの不平不満が聞こえてきますね。「月が欠けている間に愛の呪文を唱えろだって？　無茶を言うなよ」「春の木曜日、夜中の3時か10時、かつ月がおうし座にいる間以外に、金運アップの呪文を唱えたって、うまくいくわけがない……」

　魔法の世界では、ほとんど、あるいはまったく実践をしていない人たちがこういう愚痴を言っているようです。理想的な天体や季節、天候の条件がそろっていなくても、魔法を成功させることはできます。

　太陽、月、星を見る、時間を見計らうという、むかしながらのやり方に従って魔法を実践したい人は、優れた魔法のテキストや情報を調べてもよいですが、それらはけっして必要不可欠なことではありません。

　面接へ行くために勇気が必要なときに、月の相を見ている場合ではありませんよね──タイムの枝を握りしめて、どんどん前へ進みましょう！

　本書には時間を見計らって行う魔法の例もいくつか挙げましたが、特定の植物をミックスしたものについては、そのとおりにしてもしなくてもかまいません。あなたのお好みでどうぞ。結果はどれも同じようなものになるでしょうから。

「魔法の道具」を用意しましょう

　さいわい、ハーブを使った魔法は、ほかの魔法と比べるとほとんど道具を必要としません。必需品はハーブとろうそく、香炉（インセンスバーナー）、ろうそく立て、炭とぎ、ハーブを保存しておく瓶。あとは、ハーブの葉っぱや種子をすりつぶすためのすり鉢とすりこぎ、ハーブに魔法をかけるときに木製か陶製の大きなボウルが必要になるくらいです。ただ、煎じ液（つまり「妙薬」）を作るときだけは、ガラスかエナメルの大きな瓶（金属製のものは避ける）が必要です。

　また、サシェやポペット（サシェとポペットについては、23ページを参照）を作るときには簡単な裁縫道具（縫い針、待ち針、はさみ、木綿糸、指ぬき）がある

と便利ですし、色とりどりのコットンやウールの布切れ、毛糸も捨てずに取っておくとよいでしょう。

祭壇（オールター）の作り方

　魔法の多くは祭壇（オールター）がなくても実践できますが、ある一定の儀式で必要になります。家で魔法を実践するときには、祭壇で呪文を唱えます。また、祭壇は、ハーブに魔法をかけたりサシェを作ったりするとき、魔法をかけるときに作業台としても使われます。

　祭壇は、ろうそくや香炉、ハーブ、ほかに呪文を唱えるのに必要な材料を置けるような平面のものがよいでしょう。コーヒーテーブルやドレッサーの上、あるいは床の一部を祭壇にしてもかまいません。

　自分の信仰する宗教の象徴を祭壇の上に置きたいという人もいます。彫像や聖書を置くのが一般的ですが、お守りや化石、岩、貝がらなど、自分の心が落ち着くようなオブジェを置いてもよいでしょう。このような天然のオブジェは、実際に魔法にさらなるパワーを与えてくれます。

　できれば魔法を実践するのは屋外がよいですが、家のなかでももちろんうまくいくし、森のなかの木を切り開いた場所や、だれもいない砂浜の代わりに、居間や寝室を使うのもよいでしょう。魔法は実用的であるべきです。

　屋外で祭壇が必要になったときには、地面の一部、平らな岩、木の切り株をきれいにして使います。創意工夫しましょう。

　祭壇とは、単に魔法を実践するところですので、自分の頭のなかで「ここを祭壇にしよう」と、魔法を実践する場所を決めることができます。

視覚化のテクニック

　ハーブを使う魔法に必要な、最も「高度な」テクニックとは何なのでしょうか。それは、視覚化——すなわち、心のなかに自分の欲求を描き出すことです。

　このテーマについては多くの書物がありますが、はっきりと視覚化するなんて難しくてできないと愚痴をこぼす人が多いようです。能力はあっても、抑制

作用がそれを妨げてしまうからです。

あなたは、この本を読んでいるこの瞬間、母親の顔を思い浮かべることはできるでしょうか。親友、あるいは天敵の顔についてはどうでしょうか。

これが視覚化です。魔法では、自分の欲求、すなわちマイカーや恋人、仕事などの絵を描いてパワーの方向づけをするときに視覚化を使います。何か欲しいものがあるなら、それを手に入れた自分の姿を思い浮かべてみましょう。もし新たな職に就きたいなら仕事をしている自分を思い浮かべてみるとよいですし、もし恋人が欲しいなら自分の指に指輪がはまっている様子や、恋人と関係のある何かのシンボルを思い描くとよいでしょう。

欲求を視覚化するには、あたかもすでにそれを手に入れたかのような、あるいはそれが実現したかのような自分を思い浮かべることです。自分の欲求を見てみたいなら、イマジネーションと生まれ持った視覚化の才能を発揮しましょう。欲求の裏に潜む理由など考えてはいけません。具体的な形で視覚化するだけでよいのです。

ゴルフや料理と同じように、「習うより慣れろ」です。たとえ自分の欲求を完璧に視覚化できなくても、そうしたいという気持ちがあれば、魔法が助けてくれるでしょう。

そのほかのポイント

魔法を実践するときには、清潔で着心地の良い服装で、あるいはお望みなら一糸まとわぬ姿で実践してもよいでしょう。ローブやジュエリーを身に着ける熟練の魔法使いもいますが、かならずそうしなければならないわけではありません。これも必須ではありませんが、魔法を実践する前にはセックス、食事、飲酒はなるべく控えてください。

本書で紹介する魔法は日常の問題を扱ったものがほとんどです。ただ、重要な呪文——とりわけ他人に対して唱える呪文については、占いをして、魔法を実践する前に呪文を唱える必要があるかどうかを確かめてください。占いの情報やテクニックについては拙著『アースパワー——大自然から贈られた神秘の力』（心交社）、そして"Magical Herbalism"に盛り込みました。

私の経験から言いますと、他人に代わって呪文を唱えるには、本人から許可をもらわなければなりません。そんな問題を避けるには、サシェか、それに代わる同じようなものをその人のために作り、その人にプレゼントするという方法があります。そしてその使い方とパワーについて説明したら、あとはそのバイブレーションを自分の生活に持ち込むかどうかを自分の意思で決めてもらいましょう。

　とにかく、ハーブを使った魔法を楽しんでください。実際にハーブに魔法をかけるときには真剣にやるべきですが、ハーブを使った魔法という側面ばかりをまじめにとらえすぎてはなりません。それは楽しめるものであるべきです。

魔法の原則

1. 魔法は自然のものです。
2. 魔法を使ってだれかに危害を及ぼしてはなりません。もちろん、自分自身にも。
3. 魔法には努力が必要です。努力しただけの見返りはあります。
4. 一般的に、魔法に即効性はありません。呪文が効果を発揮するには時間が必要です。
5. 魔法は見返りを求めて実践してはなりません。
6. ふざけて、あるいは自分の自尊心を高めるために魔法を実践してはなりません。
7. 魔法は自分のためにうまく効果を発揮させることができますが、それはあくまでもだれにも危害を及ぼさない場合に限られます。
8. 魔法とは神の仕業です。
9. 魔法は、身を守るために実践することはできますが、他人を攻撃するために使ってはなりません。
10. 魔法とは、その流儀や法則に関する知見であるだけでなく、その有効性に関する知識でもあります。けっして魔法の効果など信じてはいけませんよ。そんなことは百も承知でしょうけれど！

11. 魔法は愛です。どんな魔法も愛のために使うべきです。自分の魔法に怒りや憎しみが色濃く出ていたら、それは危険な世界に足を踏み入れてしまったということです。結局は破滅に至るでしょう。

３．呪文と唱え方

魔法の効果を高める準備をしましょう

　それでは実際にハーブを魔法で使ってみましょう。
　その前に、ハーブに魔力を与えることによって、ハーブを自分の欲求と関係のある植物のバイブレーションに近づけることができます。これはハーブの効果を高めるプロセスで、エンチャントメントといいます。
　エンチャントメントは魔法を使う直前にしてください。呪文を唱えるのに複数のハーブが要るときには、ミックスしたハーブを一緒に、あるいはミックスしたハーブのそれぞれに魔力を与えることができます。
　野原や庭から摘んできたハーブには、事前に魔力を与えておくこともできます。特定の呪文を唱えるために実際にハーブを切っている間には、ハーブの役割は自分の欲求を満たすことなんだと言って、その欲求を強調することです。

「太陽のハーブ、ローズマリーよ、私の知能と集中力を高めるのを手伝ってほしいんだ」

　ここからエンチャントメントのプロセスが始まるわけですが、これは事前に魔力を与える場合に限られます。
　道具は簡単なものばかり。簡素な木製か陶製のボウル、ろうそく立てを２つ、そして予備の色つきろうそくです。
　ボウルを祭壇の真ん中に、そしてその右か左に、ろうそく立てにきちんと色を塗ったろうそくを立てて置きます（色とその魔法の使い方については、付録「ハー

ブの色と魔法の関係」を参照)。魔力を与えるハーブは、それぞれ容器に入れてボウルのまわりに置くこと。

　ろうそくに火を灯し、心を落ち着かせます。電話線を抜き、ドアの鍵を閉めます。もしお望みなら、照明を消して部屋を暗くしましょう。そしてひとりになれば、だれにも邪魔されることなく、ハーブに魔力を与える(そしてすべての魔法を実践する)ことができます。

アチューンメント（調和させる）

　乾燥したハーブを必要な量だけボウルに入れます。そのハーブをじっとのぞき込んでみましょう。

　花や葉、茎のなかで魔法をかけられるのを待ちわびるハーブのバイブレーションを感じてみましょう。植物から浮かび上がる、あるいはそのまま横たわっているバイブレーションを見てみましょう。心霊研究者(サイキックス)には、バイブレーションがさまざまな形で植物から遊離するのが見えるそうです。鋭いギザギザの線の形、だらりと垂れたらせん階段のような形、真っ赤に燃える彗星の形……。

　ボウルをのぞき込むようにしながら、そのなかにパワーハンド（利き手のこと。「用語集」を参照）を入れてハーブに触れてみましょう。そして数秒間、そのまま動かずにじっとしています。そして自分の欲求を強く視覚化するのです。

エンチャントメント（魔力を与える）

　指をさっとハーブにくぐらせ、じっと動かずに自分の欲求を強く視覚化し、その思いをハーブに送り込んでみましょう。ハーブにエネルギーを注入しているのを指先で感じてほしいのです。もし心のなかになかなか絵を描けないようなら、自分の欲求に合ったシンプルな言葉を唱えるとよいでしょう。例えばこんなふうに。

「ヤロウ、ヤロウ、愛を大きく育んでおくれ」

　これを小さな声でそっと、延々と唱えること。指をさっとハーブにくぐらせ

ながら、その指が自分の欲求をハーブに吹き込んでいくのを感じてください。

ハーブがパワーでうずき出したら（またはエンチャントメントが終わったと感じたら）、ハーブから手を離すこと。これでハーブに魔力が備わりました。

もしミックスして使う植物がほかにあるなら、それを一度に1種類ずつ加え、その都度、ミックスしたハーブに魔力を与えます。

ハーブに魔力を与えたあとでそのハーブを別々に使うなら、魔力を与えたハーブをボウルから取り出して、ボウルを乾いたタオルできれいに拭きます。ろうそくを、次に魔力を与えるハーブにふさわしい色のろうそくに取り換えて、またこの同じ手順を繰り返します。

インセンス、煎じ液、サシェ、ポペット、そして同じようなものを作るときには、ハーブをパウダー状にするか、必要な場合にはすりつぶしてから魔力を与えます。

根や枝に魔力を与えるなら、その根や枝をパワーハンドで持ち上げて、心の中に絵を描きながら、または詠唱しながら、2本のろうそくの間に置いたボウルの上に横たえます。

そのむかし、「魅了する、魔法をかける（Enchant）」という言葉には「歌う」「詠唱する」という意味がありました。こうして自分の欲求を歌にしてハーブに伝えたら、そのハーブはもうすぐに使える状態になります。

もちろん、エンチャントメントをかならず行う必要はありませんが、この方法でより良い結果を得られます。賢い魔法使いはエンチャントメントを絶対に怠りません。

魔法の手順は？

ここではハーブを使って実際にまじないを唱える方法を詳しく述べます。例えば「ローズマリーを持ち歩く（携帯する）ように」と書いてあったら、それはサシェにして持ち歩くということです。ただし、いつもそうしなければならないというわけではありません。

サシェ

　持ち歩いたり、ドアや窓の上に飾るなど、家のなかに置いたりするハーブは「サシェ」にするとよいでしょう。サシェとは、ハーブを入れた小さな袋、または布切れで作った袋のことです。ブードゥー教のまじないでは「チャームバッグ（Charm bag）」「ルートバッグ（Root bag）」などと呼ばれています。

　作り方はとても簡単。好みの色の素材（四角、円形、または三角形のもの）を少量使いましょう。フェルトなら安く、きれいに仕上がります。

　魔力を与えたハーブをその布地の中央に置きます（普通は大さじ1杯ほど）。布地の隅を集めて、その布地に合った色の糸かひもで結びます。結び目を作ったら、自分の欲求を強く心のなかに思い描きます（実際には、サシェを作っている間じゅうずっと、この視覚化を行い続けること）。もう1つ反対側に結び目を作ったらサシェの完成です。

　ポケットに入れて持ち運ぶには、小さなサシェがよいでしょう。家のなかに置いておくには、持ち運ぶ必要がないので、大きめのサシェを作ってもかまいません。

ポペット

　魔法で助けてあげたい人の分身として作る人形のことです。「ブードゥー人形」としても知られており、少なくとも4000年前から魔法に使われていますが、ブードゥー教と結びつけられたのはごく最近になってからです。ブードゥー人形はハーブの根、ジャガイモ、ひも、樹皮、紙、その他の材料で作られますが、ハーブを使った魔法では、ハーブと布で作るのが一般的です。

　治療を助けたり治癒を早める目的で作られることが一番多いようですが、金運や愛情を引き寄せるために作られることもあり、ありとあらゆる魔法に使われます。最高の結果を得るには、他人の分身のポペットは作らず、自分のものだけにしましょう。

　ポペットを作るのは簡単です。まず、人の型をおおまかに描きます（20センチ丈ぐらい）。その型紙を適当な色の2枚重ねの布切れの上に移します。2枚重ねの布切れをカットし、同じものを2枚作ります。その2枚を待ち針で留め、縁に沿って縫い始めます。4分の3ほど縫い終われば人形らしくなってき

ます。そうしたら、その人形のなかに正しく魔力を与えたハーブを詰めましょう。例えば、風邪の症状を和らげたいときには、つぶしたユーカリの葉をポペットに詰めるとよいでしょう。

　ポペットが完成したら、自分のパワーハンドのてのひらに乗せて、自分の欲求を視覚化します。「風邪を治すのを手伝ってもらいたいんだ」「金運を引き寄せたいんだ」と簡単な言葉を唱えること。すると、ポペットのなかに詰めたハーブが働いて自分の欲求を実現してくれます。例えば、治癒・治療(ヒーリング)のハーブを詰めたポペットは、健康に「満ちあふれた」自分を表します。

　ポペットを祭壇の上に置き、ふさわしい色のろうそくに火を灯したらポペットをじっと見つめ、自分の欲求を心に思い描きます。人形は、使わないときには安全な場所にしまっておきましょう。

　要らなくなったら、ハーブと布をそれぞれ別にして土のなかに埋めましょう。

煎じ液

「妙薬」のもとになるのが煎じ液です。これは魔女が作るものだといわれていますが、お湯にハーブを浸しておくだけでかまいません。

　それをさらに精製したものもあります。お湯を沸かすときや、ハーブを浸すときに、金属製のポットは使わないこと。金属がハーブのパワーを妨げてしまうからです。煎じる前にすべてのハーブに魔力を与えておきます。煎じている間は、蒸気を逃がさないようポットにふたをしておきましょう。そしてカップ1杯の水に小さじ1杯の乾燥ハーブを使い、水を火にかけて沸騰するまで沸かします。お湯が沸いたら、それをハーブの上に注ぎ、カップにふたをしてそのまま9〜13分置いておきましょう。漉してハーブを取り出し、冷やしてから使ってください。

　煎じ液は、もちろんティーとして飲んでもよいのですが、お風呂に入れたり、家具や床をこすったり、体に塗ったりして使ってもよいでしょう。当たり前ですが、有毒植物の煎じ液はけっして作らないこと。

ハーブバス

　ハーブを使った魔法ではハーブバス(ハーブを入れたお風呂)がよく使われ

ます。ハーブのパワーを簡単に体全体に行き渡らせるやり方だからです。

　これには2通りあります。1つは、薄手の綿布でサシェを作り（正しく魔力を与えたハーブを2分の1〜1カップ使います）、これを浴槽に入れる方法。

　もっと良いのは煎じ液（先の記述を参照）を作り、ろ過した液体を浴槽に入れる方法です。

　精油（エッセンシャルオイル）をお湯に垂らしてもよいでしょう。ほとんどのオイルは、ほんの数滴垂らすだけにしてください。あまり入れすぎると、皮膚が炎症を起こすことがあります。

軟膏

　むかしからあるハーブの魔法、それが軟膏です。これは脂肪性の物質にパウダー状のハーブやオイルを添加したもので、薬剤でもあります。その好例が「マロウ」です。かつては豚脂（ラード）が主成分として一般に使われていましたが、今日ではラードの代わりに植物性ショートニングが使われています。確かにそのほうが香りも良いようです。

　カップ1杯のショートニングかラードに、小さじ3杯のハーブ（単品でもミックスハーブでもかまいませんが、魔力を与えパワーを吹き込んだもの）を加えます。そしてそれを一緒に砕くか、すりつぶします。その間に、自分の欲求を視覚化します。十分に細かくしたら、密閉容器に入れて保存します。

　2つ目の方法は、低温で主成分を溶かし、それにハーブを加えて9分間、またはハーブが「くたっと」するまで置いておくというものです。軟膏は裏ごしし、冷ましてから使います。

　3つ目の方法はもっと簡単です。ラードかショートニングを溶かし、適当なオイルを数滴垂らしてから冷やすだけです。

　軟膏の使い方は簡単。脈を打っているところ（手首、首など）に塗るだけです。軟膏は密閉容器に入れて涼しい場所に保存しておくのが一番です。

ハーブオイル

　蒸気蒸留やその他の方法で抽出したハーブオイルはとても高価ですが、現在は精油（エッセンシャルオイル）や合成油を購入することができるため、コストを安く抑えることが

できます。いわゆる「精油」の多くは、実際には合成油です。だからといって魔法で使ってはいけないというわけではありません。良い香りがするなら、使ってもかまいません。

　精油は、体に塗ったり、ろうそくに垂らしたり、サシェやポペットに香りをつけたり、浴槽に入れたり、炭の上で燃やしたり、木の根に塗布したりと、さまざまな使い方があります。

インセンス（お香）

　インセンスの配合と使い方そのものが芸術です。基本的にインセンスは植物性のものをいくつか組み合わせたもの、おそらく精油と主成分とを組み合わせたものでできており、それを一緒にして、木炭の上で燃やしたり、いぶしたりして使います（このタイプのインセンスは「未加工香」「粒状香」として知られており、普通は棒や円錐の形をしたインセンスとしてよりも、魔法に使われることのほうが多いようです）。

　魔法で使う場合には、まじないの1つとしてバイブレーションを引き出すためだけに、視覚化している間にインセンスを燃やします。ほかの魔法をかけている間に、その環境づくりに使うこともできます。

　自分だけのインセンスを作るときには、「欲張って」あれもこれも使う必要はありません。9種類以上の物質を使うようなインセンスだと、複雑になりすぎてしまうかも。自分の欲求に合ったふさわしい植物を2～3種類だけ選ぶようにしましょう。

　例えば異性を惹きつける恋愛のインセンスの場合、私ならレモンバーム、カルダモン、シナモン、ジンジャー、そしてバニラを選びます。ハーブはすり鉢とすりこぎでパウダー状にしてから魔法をかけます。そうしてハーブをミックスしたら、すぐに使ってかまいません。

　インセンスを使うには、木炭に火をつけて、それを耐熱容器のなかに置きます。香炉（インセンスバーナー）の準備ができたら、皿の半分に塩と砂を入れて同じように準備します。少量のインセンスを、呪文を唱えながら、数分ごとに、火のついた炭に振りかけます。

　甘い芳香を放つハーブですが、忘れないでほしいのは、燃やすとまったく異

質の香りがするため、もしインセンスからイヤな香りがしても驚かないでくださいね。ここで重要なのはバイブレーションであり、芳香ではありません。

4つの万能の魔法

　ほかにどんな魔法も使えない、または使わないほうがよいというときに使えるのが、ここに紹介する魔法です。自分の好みに応じて、イマジネーションを働かせて魔法の一部を変えて使ってもかまいません。ほとんどは屋外で実践するものですが、屋内で実践できるものもいくつかあります。
　四大元素にかかわるものが多いのですが、それぞれの魔法は、その必要性に応じて、単独で、またはほかの魔法と一緒に実践することができます（『アースパワー』を参照）。例えば、愛する人を魅了したいと思ったら、私はサシェを身に着けて、暴風雨で荒れた海にそのサシェを投げ入れます。これが水の魔法です。
　ハーブを使うときには、自分なりの魔法を自由に作ってもかまいません。必要に応じて魔法をあつらえてもまったく問題ありません。

土の魔法
　ふさわしい魔法をかけたハーブを袋に入れて、それを野原に持っていきます。手で土に小さな穴を掘り、ハーブをそこに入れます。自分の欲求を強く心に思い描きます。ハーブの上に覆いをかけて、その場を立ち去ります。これで完了です。

風の魔法
　丘の上か山頂の広々としたところ、高い木や建物、ほかの丘から離れたところに立ち、ふさわしい魔法をかけたハーブを自分のパワーハンドで握りしめ、北のほうを向いたら、そちらに向かってハーブを少し吹き飛ばします。東のほうを向いて同じようにハーブを少し吹き飛ばしたら、今度は南のほうを向き、また同じことを繰り返します。西を向いてハーブを吹き飛ばしたら、ハーブをすべて吹き飛ばしたことになります。その間ずっと自分の欲求を強く心に思い

描き、もしお望みならそれを言葉にして言ってみましょう。

火の魔法

　三角形に切った紙の上に自分の欲求を書き出すか、そのシンボルを描きます。自分の欲求を視覚化しながら、正しく魔法をかけたハーブを紙の中央に置き、それを粉々に砕いて紙で包み込みます。好みでオイルを垂らしてもよいでしょう。

　屋外のくぼみか暖炉に火を灯し、ハーブの包みを炎のなかに投げ入れます。ハーブが炎に投げ込まれた瞬間、しっかりと自分の欲求を心の中に思い描きます。ハーブの包みが炎のなかで燃え尽きるまで視覚化を続けます。

水の魔法

　正しく魔法をかけたハーブを川か泉、湖、海辺に持っていきます。それをパワーハンドでしっかりと握りしめ、自分の欲求を視覚化しましょう。そして大きな動きで、ハーブを水のなかにまき散らすと、これでハーブにパワーが送られます。

4．魔法の目的

　魔法の目的とは、ハーブの魔法を何のために使うのかということです。恋愛もそう、金運アップもそう、お守りもしかりです。本章では、最も一般的な魔法の目的をいくつか手短に取り上げてみます。

守護

　圧倒的な数のハーブがこのために使われていることから、多くの人にとっては、身を守ることが最大の関心事である（であった）ことが分かります。本書で取り上げる守護のハーブは、効果という点ではさまざまです。この守護のハーブを持っている人は、肉体的・心理的な攻撃、すなわち、けがや事故、中毒、ヘビの咬傷、落雷、悪霊、また、世界的に見られる民間伝承の1つで、悪意を持って相手をにらみつけることでその人に呪いをかけるという「邪眼」などから守られます。つまり、身の安全が守られるということです。

　当然ですが、一度事が起きてしまえば、ハーブは大して役に立ちません。守護のハーブはあくまで予防策として使うもの。守護の木の根やサシェを身に着けてさえいれば、不快なことや頭痛の種から解放されて悠々自適な人生を送れるというわけではありませんが、こういうハーブを何か身に着けていれば、悪い状況に立たされたときにきっと助けになるはずです。

　今日の世界では、利用できる手段は何でも使って自らを守って生きていかなければなりません。守護のハーブもそんな手段の1つです。家屋や財産、身の回り品、あるいは自分自身のまわりにある種の力場を作ってくれるのです。身に着けて持ち歩けば自分の体に備わっている自然免疫も高めてくれます。つま

り予防は治療に勝るというわけです。

♥ 恋愛

　恋愛とは何なのでしょうか。それは親密な交際、ぬくもり、性的な接触、充足感、そしてモーニングコーヒーを飲みながら語り合う相手を求める永遠の探究のことです。

　恋愛の魔法もそのようなもの——つまり、不特定のだれかを自分の人生に引きずり込むようなもの——でなければなりません。簡単に言えば、恋愛運を高めるハーブは、出会いの場を提供してくれて、内気や恥ずかしさに打ち勝つのを（もし必要なら）サポートし、恋人が欲しい、恋をしたい気分であることをまわりの人たちに伝えてくれます。

　恋愛のハーブは、欲望のハーブ（33ページを参照）とは対照的に、愛を求めながら優しく感情的なバイブレーションを広範囲に広げていきます。これらのハーブは同じような考え方の人を引きつけてくれます。愛のハーブが呼びかけ、関心を持った人がそれに応えるのです。

　もちろん、これは潜在意識レベルでの話です。「きみの愛のバイブレーションがどうしても気になってね」なんて、わざわざ言いに来る人はいないでしょう。でも、もしこのようなハーブを使えば、あなたはより注目を浴びるようになり、新しい友人と出会うこともあるかもしれませんし、そこから愛が生まれる可能性だってあるわけです。

　恋愛のハーブを使って、自分のことを愛するよう他人に魔法をかけて強制したり、説得したりしてはいけません。これは何の束縛も受けていない自由な魂を操ることになります。もしだれかにそんなことをされたらあなたはどう思いますか。それでうまくいくわけがありません。

　恋愛とは、暗い部屋で静かに語り合ったり、見つめ合ったり、指を絡ませたり、街なかに繰り出して夜を過ごしたりという経験の共有から生まれるものです。一気に燃え上がって始まる愛もあるかもしれませんが、本当の愛とは時間とともに熟成されていくものです。

　恋愛のハーブにできることと言えば（ハーブを使って別の人に魔法をかける

場合)、相手の感情を乱すことです。まずは２人に同時に恋心を感じさせ、そうしたら今度は、いきなり恋とはほど遠い、混乱状態に陥れます。つまり感情を支配するのです。この手の愛の魔法にかかった人は、もう完全に心が奪われた状態になります。

ですから、最も安全なやり方は、まずは恋愛のハーブを使って何人かを自分の人生に連れてくることでしょう。あとはあなた次第ということです。

✝ 悪魔祓い

この古代の魔法は、今日でも役に立ちます。かならずしも人や建物から悪魔を追い払うためだけではなく、日常生活に広くもたらされる悪い事柄を取り払うためにも使えます。

浄化（清め）のハーブとは、パワーの強すぎない悪魔祓いのハーブのことを指します。これで悪魔にも逃げ場所は残しておいてあげましょう。

💧 治癒・治療（ヒーリング）

病気を治したり心身を癒すプロセスを助けたりするハーブはたくさんあります。多目的型のものもあれば、特定の目的に使うものもありますが、どのハーブもミックスしてサシェに入れて持ち歩けば、体の治癒力を高めることができます。インセンスにして使うものや、お風呂に入れて使うものがあります。

ただ、重症だったり重篤な症状が出ているときには、きちんと病院に行って医師の治療を受けてください。どの魔法でもそうですが、ハーブを使った魔法も現実世界の適切かつタイムリーな措置があってこそのものです。勉強もせずに試験に合格する魔法をかけて、「どうか受かりますように」などと祈っても無駄なのと同じです。

自分の健康には自分が気をつけなければなりません。魔法をかければ病気が治るなどと期待してはいけません。必要なときには医療の力を借りなければならないのです。

健康

どの魔法にも言えることですが、予防は治療に勝ります。もしあなたが健康を害しやすいなら、健康のハーブをつねに身に着けているとよいでしょう。ただし定期的に取り換えてください（3カ月に一度ぐらい）。

魔法解除

私のところには「○○○の情報が欲しい」という要望が来ます。その多くは魔法や呪いを解く方法についてですが、こういう人たちの99パーセントは呪いや魔法の標的にはなっていませんし、今後もそうなることはありません。悪い魔法使いが木の陰に潜んでいて、だれにでも魔法をかけて殺してしまおうと考えている、などということはありません。

魔法をかけられている、呪われている、運が悪い、または心理的な攻撃を受けている、と感じるのは、ほとんどが「思い込み」が原因です。そういう人たちは、ただ自分の生活、恐怖心や心配事の被害者なのです。事故や災難、病気、金銭的な損失、精神的な落ち込みが続いているところに、マイカーまで故障したのでは、呪われていると考えるのも仕方がありません。

ほとんどの呪いは想像上のものですが、そうでないものもあります。さらに、精神的な苦痛が身体に与える影響が大きいということも、医学的に十分に証明されています。もし自分が呪われていると思ったら、身体にも影響が出てくるはずです。

そこで悪い魔法や呪いを解くパワーがむかしから備わっている多くのハーブが使われるのです。呪われていてもいなくても、それらのハーブは効果を発揮するでしょう。

忠誠

　愛する人に魔法をかけて強制的に忠誠を誓わせるのは、「だれにも害を及ぼさない」という魔法の教えに反していますが、ハーブのなかには、相手にあなたのことをそっと思い出させ、望ましくない衝動に駆られないよう守るのに使われるものもあります。これらのハーブは愛を込めて、配慮しながら使ってください。

幸運

　幸運というのは、まさにタイミングよくその場にいて、正しいことを言い、直感で行動できる要領の良さをいいます。人間は生まれつき「幸運」ではありませんが、ハーブを使えばそのような能力が得られるのです。
　「幸運」がどのような形で現れるのかはここでは触れませんが、一般的には、不運続きの人が幸運にあやかりたいと思っているときに幸運のハーブを使います。幸運のハーブは自分自身で「幸運」を生み出すパワーを与えてくれるのです。

欲望

　何百年も前から、身近な人に性欲を抱かせるのに使われているハーブです。これらの植物は、一般的にはその人の意思に反して欲望を刺激するのに使われています。
　これらは恋愛のハーブとしても使われています。性的な接触を望む相手を惹きつけるハーブですが、操るのはなかなか難しいため、恋愛のハーブとして使ったほうがよいでしょう。

霊の顕現

魔法のなかには、とくに精霊や「守護神」にサークルやトライアングルのなかに目に見える形で姿を現してもらうためだけに使うものがあります。このときにはハーブを焚いて、精霊が姿を現すときにその煙を媒介に使えるようにします。危険な魔法なので使うのは難しいのですが、むかしからある魔法なので、本書にはそのときに使うハーブを載せました。

金運

経済状態を良くしてくれるハーブです。けっして何もないところからお札を作ってくれるわけではありません。思いがけない贈り物や遺産といった形でお金が転がり込んでくる、というようなもので、昇給、良い仕事、優良投資、突然の融資完済などが一般的です。

金運アップの魔法はごく一般に使われていますが、実際にはお金そのものが欲しいというよりも、お金で買えるものが欲しいという人が大半です。

例えば、もし私が請求書の支払いができるだけのお金が欲しいと思えば、金運アップのハーブを使いながら、自分のお札に「完済」というしるしをつけ、続いてそれが消えていくのを視覚化します。パワーに方向づけをしてやれば、それに沿ってパワーは流れていきます。

願望

私は本書を通して、魔法というのは必要なときにだけ、ほかに何をやっても駄目なときの最後の頼みの綱として使うべきだと強く主張しています。

ただ、誰にでも、さほど差し迫ったものでなくとも願望はあります。その願望は感情的なものだったり物理的に重要なものだったりしますが、魔法はそんな願望を実現するために使い、ハーブはその実現を助ける役割を果たすこともできます。

5．ハーブ事典の項目について

　本書の第2部（41ページから）は、個々のハーブの情報を項目ごとにまとめています。情報量はハーブごとに違いますが、分かりやすくするためにできるだけ簡潔にまとめました。各項目の前半は、「学名」「支配惑星」「支配元素」などの基本的な情報です。ここで各項目について少し説明しておきましょう。

呼び名
　見出しでもある最初の項目は「一般名」。これは最も広く知られている呼び名です（編注　本書では基本的に英名で統一した。和名などから調べたい場合には、巻末の対応表を参照）。次の項目は、生物分類上の属と種（知られている場合）の「学名」。実は最も重要なのがこの学名です。同じような一般名を持つハーブがたくさんあり、混同されることが多いからです。こうした情報があれば正確に識別することができ、間違いも避けられます。

ハーブ使用時の注事事項
　次はそのハーブを使ったときに起こる可能性のある健康上の問題について記した「注意事項」です。「有毒」と書かれていたら、そのハーブはけっして内用したり皮膚に塗布したりしてはいけません。そして、とくに明記していないかぎり、内用はしないでください（注意事項に記されているそれぞれの記号については、38〜39ページの「ハーブ使用時の注意事項」を参照）。

ジェンダー
　次は「ほかの呼び名」（ある場合）で、その次は植物の性別を表す「ジェン

ダー」です。ハーブを使った魔法の本としてはやや混乱させてしまう解釈かもしれませんが、これはハーブの基本的なバイブレーションを、タイプ別に分類するむかしながらの方法です。

　男性のハーブには強くて激しいバイブレーションがあります。守護、浄化、魔法解除、悪魔祓い、欲望を満たす、性的能力を維持する、健康や体力を保つ、勇気をみなぎらせるための魔法や、心を強くする魔法に使われます。

　一方、女性のハーブにはより穏やかで繊細、かつ優しい効果がありますので、恋愛や美容、アンチエイジング、治癒・治療（ヒーリング）のサポートを目的に使われているほか、多産・豊穣や金運アップ、幸運や平和の祈願、超能力を目覚めさせたり、安眠を促したり、霊性や直感力を高めたりするときにも使われます。

支配惑星

　次が植物の「支配惑星」です。惑星を使った魔法については解説しませんが、太陽や月も含めて、天体は太古のむかしからさまざまな魔法の目的と結びつけられていますので、簡単に書き出しておきます。

　太陽：法律問題、治癒・治療（ヒーリング）、守護
　月：睡眠、予知夢、多産・豊穣、平和、治癒・治療（ヒーリング）
　水星：精神力、占い、超能力（サイキックパワー）、英知
　金星：愛情、友情、忠誠、美容、若さ
　火星：勇気、体力、性的能力、悪魔祓い、魔法解除、守護
　木星：金運、繁栄、法律問題、幸運
　土星：直感力、長寿、悪魔祓い、死

支配元素

　次は「支配元素」です。四大元素理論、つまり「宇宙は土、風、火、水の4つの元素で成り立っている」という考え方（パワーを分類するもうひとつのやり方）からきたものです。

　万物は多かれ少なかれ四大元素（土、風、火、水）を内包しているもので、ハーブも同様です。魔法では、次に挙げるとおり、支配元素の役割がそれぞれ

違います。

土：金運、繁栄、多産・豊穣、治癒・治療（ヒーリング）、雇用
風：精神力、直感力、超能力（サイキックパワー）、英知
火：欲望、勇気、体力、悪魔祓い、守護、健康
水：睡眠、瞑想、浄化、予知夢、治癒・治療（ヒーリング）、愛情、友情、忠誠

この一覧を見ればすぐに分かるように、各植物のジェンダー、支配惑星、そして支配元素は互いに密接に関連しており、専門家から見れば魔法の情報の宝庫です。

神

次に、多くの植物は何世紀も前から神性と結びつけられていることから、その植物との結びつきがとくに強い神々を挙げました（いない場合もあります）。これは魔法でハーブをどのように使うかを決めるときのもうひとつの手がかりになります。神や聖人にはそれぞれ、本来備わっている権力や影響力があります。例えば、ビーナスは愛の女神としてよく知られており、愛の女神ビーナスにささげられたハーブは恋愛の魔法に使われます。

儀式での使い方、魔法の使い方

続いて、それぞれのハーブのパワーについてまとめた項目が来ます。もしその植物がハーブを使った魔法に関連した宗教的儀式に使われている場合には、「儀式での使い方」に詳述してあります。

最後が、最も重要な「魔法の使い方」です。利用できない情報や関係のない情報は、ここでは省きました。

ハーブ使用時の注意事項

個々のハーブの各項目に次のコードが記されていたら、それに対応する状態や症状が認められる人は、そのハーブを内用しないでください。

A	喘息	H	甲状腺機能亢進症
Ab	腹痛	Hk	低カリウム血症
Au	酸性尿	Ho	低血圧
B	血液抗凝固薬を使用している人	Hy	高血圧
Bb	胆管閉塞	I	腸閉塞
Bi	腸閉塞	Ii	腸炎
Bd	胆管炎症性疾患	Ig	胆嚢炎
Bp+	高血圧	K	腎障害
Bp-	低血圧	Ks	腎臓結石
C	心機能異常	Li	肝臓障害
Ca	心不全 NYHA Ⅲ度およびⅣ度、筋緊張亢進レベルⅢおよびⅣ	N	授乳中
		Ne	腎炎
Ch-	所定の年齢未満の小児	P	妊娠中
Cn-	便秘	Pa	パーキンソン病
CPI	慢性進行性感染症（エイズ、結核）	Pk	腎実質
		Pl	肝実質
D	うつ病	Pr	タンパク過敏症
Di	糖尿病	R	腎機能異常
Dh	下痢	Sg	胆石
F	熱性・感染性疾患	So	慢性前立腺炎／性器炎
Ga	胃炎	U	潰瘍
Gm	胃粘膜炎	Vt	心室頻拍
Gu	胃潰瘍		

次のコードが記されていたら、それぞれ以下の点に注意すること。

Br	傷がある皮膚には使用しないこと。
Dg	内用すると、消化器系のいずれかの部位に支障が出る場合がある。
D+	大量に内用しないこと。このハーブの適切な用量を記した情報源を見つけること。
DI*	これらのハーブには薬物相互作用があると考えられる（個々のハーブを参照）。
+F	通常の食品用途以上の使用は避けること。
G	安全。現時点では安全性が認められている。
Gi	胃腸刺激物として知られている。
L	種子を内用する場合には、適量の水を使用すること。
Lt	乱用、内用しないこと。長期間使用しないこと。
M	気道粘膜が炎症を起こす場合がある。
S	日光に過敏になる場合がある。
Sk	激しい皮膚アレルギーか皮膚炎を起こす場合がある。
V	吐き気や嘔吐をもよおす場合がある。
X	内用は推奨しない。

CUNNINGHAM'S ENCYCLOPEDIA of
MAGICAL HERBS

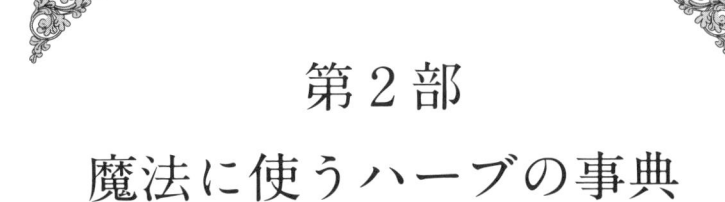

第2部
魔法に使うハーブの事典

アーモンド
ALMOND

学名	*Prunus dulcis*
注意事項	ビターアーモンド（苦扁桃仁）：内用しないこと。青酸グリコシドを含有。
ほかの呼び名	Greek Nuts
ジェンダー	男性
支配惑星	水星
支配元素	風
神	フリギアの死と再生の神アッティス、ローマ神話の商業神メルクリウス、古代エジプトの知恵をつかさどる神トト、ギリシャ神話のオリュンポス12神の1柱ヘルメス
パワー	金運、繁栄、英知

魔法の使い方

　アーモンドの葉と木材は、多産・豊穣を祈願する魔法や金運アップの魔法に使われています。また、アーモンドの木に登ると起業に成功するといわれています。

　アーモンドの実には解熱作用があり、実を分かち合った人には知恵が授かるといいます。酒を飲む前には、酔い止めとしてアーモンドの実を5粒食べるとよいでしょう。

　魔法の杖はアーモンドの木から作られます。言い伝えによると、それはアーモンドが「風」の植物であり、風が魔法の杖の支配元素だからです。

　アーモンドをポケットに入れておくと、大切なものやお宝がある場所に導かれるでしょう。

アイビー 🛡💧💍
IVY

学名	*Hedera* spp.（ヘデラ属），主として *H. helix*（セイヨウキヅタ）
注意事項	G
ほかの呼び名	Gort, キヅタ、ヘデラ
ジェンダー	女性
支配惑星	土星
支配元素	水
神	ローマ神話の酒神バッカス、ギリシャ神話のぶどう酒と豊穣の神ディオニソス、エジプト宗教の冥界の王オシリス
パワー	守護、治癒・治療（ヒーリング）

儀式での使い方

酒神バッカスを崇拝する信者たちが携えた杖「テュルソス」は、アイビーを巻きつけて使われていました。

魔法の使い方

一般的には、女性が持ち歩くと幸運が訪れるといわれています。花嫁が身に着けるのはそのためです。

アイビーが育っているところ、または大きく広がっているところは、ネガティブなものや災害から守られるでしょう。

アイビーは忠誠や愛情のお守り（チャーム）にも使われます。不思議なことに、賛美歌でも歌われているように、アイビーはヒイラギ（セイヨウヒイラギ）と「ペア」で使われています。

アイブライト
EYEBRIGHT

学名	*Euphrasia officinalis*
注意事項	G
ほかの呼び名	Euphrosyne, Red Eyebright, ココメグサ
ジェンダー	男性
支配惑星	太陽
支配元素	風
パワー	精神力、超能力(サイキックパワー)

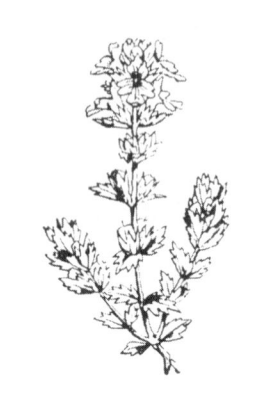

魔法の使い方

　ティーにして飲むと、気分がすっきりして記憶力がアップします。煮出し液を化粧用コットンでまぶたに塗ると、不思議な透視能力が引き出されます。ただ、この透視能力は、持続させなければ結果は得られません。

　アイブライトを持ち歩くと、超能力(サイキックパワー)が強化されます。また物事の本質を見抜きたいときにも使うとよいでしょう。

アイリッシュモス
IRISH MOSS

学名	*Chondrus crispus*
ほかの呼び名	Carrageen, Pearl Moss
ジェンダー	女性
支配惑星	月
支配元素	水
パワー	金運、幸運、守護

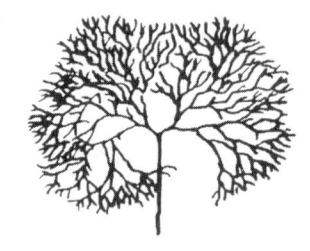

魔法の使い方

　アイリッシュモスを持ち歩く、あるいは敷物の下に置いておくと、運気が上がります。お金のめぐりも良くなり、お金が着実にその人の家庭やポケットに入ってくるようになります。また旅の安全を祈願して持ち歩いてもよいですし、幸運や金運を高めるポペットに詰めて使ってもよいでしょう。

アカシア
ACACIA

学名	*Acacia* spp.（アカシア属）
注意事項	G
ほかの呼び名	Cape Gum, Egyptian Thorn, Gum Arabic Tree, Kikwata, Mkwatia, Mgunga, Mokala, セネガルアカシア
ジェンダー	男性
支配惑星	太陽
支配元素	風
神	古代エジプト神話の大地と冥界の神オシリス、ギリシャ神話の神アシュタルテ、メソポタミア神話の神イシュタル、ローマ神話の月と狩猟の女神ディアナ、エジプト神話の太陽神ラー
パワー	守護、超能力(サイキックパワー)

儀式での使い方

インドでは聖火を燃やす燃料として、また寺院の建材としてアカシア材が使われています。

魔法の使い方

アカシアの小枝をベッドの上に置いておくと、邪悪なものが寄りつきません。中東諸国ではアカシアの小枝をターバンのなかに忍ばせておきます。

アカシア材をサンダルウッドと一緒に燃やすと超能力(サイキックパワー)が刺激されます。金運アップや恋愛の魔法にも使われますが、恋愛の魔法の場合にはプラトニックラブに終わります。アラビアゴムノキ（61ページ）も参照。

アグリモニー
AGRIMONY

学名	*Agrimonia eupatoria*
注意事項	G
ほかの呼び名	Church Steeples, Cocklebur, Garclive, Philanthropos, Sticklewort, Stickwort, Umakhuthula, Ntola, セイヨウキンミズヒキ
ジェンダー	男性
支配惑星	木星
支配元素	風
パワー	守護、睡眠

魔法の使い方

　あらゆる守護のサシェやまじないに使います。また、ネガティブなエネルギーや嫌な気分を払い除けたり、邪悪なもの、小悪魔(ゴブリン)や毒物から身を守ったりするときにも使います。むかしから呪い返しに使われています。呪い返しとは、ただ魔法使いにかけられた魔法を解くだけでなく、魔法をかけてきた相手にその魔法をお返しするということです。

　むかしからの言い伝えによると、頭の下にアグリモニーを置いておくとぐっすり眠れるらしいのですが、不眠症の人はやらないこと。一度眠ってしまうと、アグリモニーを頭の下からどけるまで眠りから覚めないそうです。

　魔女の存在を暴くのに使われていた時代もあります。

アサフェティダ ✝🛡
ASAFOETIDA

学名	*Ferula assa-foetida*
注意事項	P、コリック（疝痛）の症状がある子どもには与えないこと。
ほかの呼び名	Assyfetida, Devil's Dung, Food of the Gods, Ungoozeh, アギ
ジェンダー	男性
支配惑星	火星
支配元素	火
パワー	悪魔祓い、浄化、守護

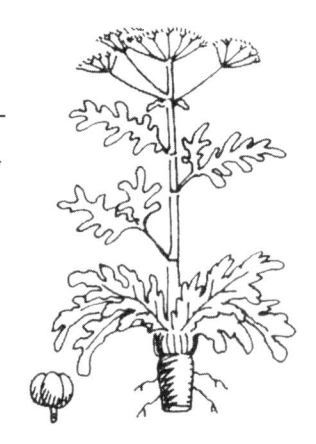

魔法の使い方

　悪魔祓いや守護のインセンスとして少量を焚きます。守護のサシェにも使われますが、これはあなたがイヤなにおいがお好きなら、という条件つきです。現れた精霊をたたきのめすには、魔法の儀式の最中に炎や香炉(インセンスバーナー)のなかにアサフェティダを投げ込むといいでしょう。

　風邪や発熱から身を守るお守りとして使われることもあります。そのためには、つねに首のまわりに巻いていること。

　アサフェティダは間違いなく大きなパワーを持っていますが、残念ながら、とんでもない悪臭を放つ植物でもあります。かすかなにおいでも吐き気をもよおすほどです。注意して使いましょう。

アジアンタム ♡
MAIDENHAIR

学名	*Adiantum spp.* 主として *A.pedatum*（クジャクシダ）
注意事項	P D+
ほかの呼び名	Maidenhair Fern, Venus Hair, Rock Fern
ジェンダー	女性
支配惑星	金星
支配元素	水
神	ローマ神話の愛と美の女神ビーナス
パワー	美容、愛情

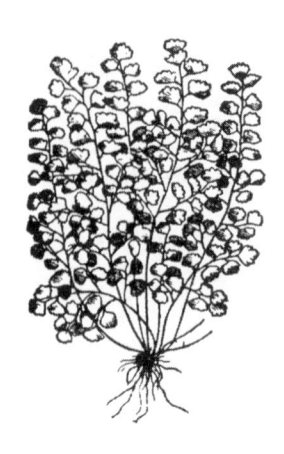

魔法の使い方

アジアンタムを水に浸してから取り出し、それを身に着ける、または寝室に置いておくと、しとやかさ、美しさ、そして愛情が得られます。

アスター ♡
ASTER

学名	*Callistephus chinensis*
注意事項	G
ほかの呼び名	China Aster, Michaelmas Daisy, Starwort, エゾギク
ジェンダー	女性
支配惑星	金星
支配元素	水
神	ローマ神話の愛と美の女神ビーナス
パワー	愛情

儀式での使い方

古代ギリシャでは、祭り事の最中にはすべての神にアスターがささげられ、寺院の祭壇に置かれていました。

魔法の使い方

異性の愛を勝ち取るには、愛のサシェに入れるか、花を持ち歩きましょう。恋愛成就を祈願するには、アスターを庭で育てましょう。

アスペン
ASPEN

学名	主として*Populus tremula*（ヨーロッパアスペン）
注意事項	G
ほかの呼び名	American aspen, Poplar, Quaking Aspen, ヤマナラシ
ジェンダー	男性
支配惑星	水星
支配元素	風
パワー	雄弁、泥棒除け

魔法の使い方

泥棒除けの魔法に使います。庭か畑にアスペンの木を植えると、泥棒除けになります。舌の下にアスペンの葉を入れておくと、巧みな話術が身につきます。かつてアメリカ大陸には、この木をアスペンと呼んで、ここに挙げるような魔法に使っていた地域や、「ポプラ」と呼んで、ほかの使い方をしていた地域もあります（ポプラの項目も参照）。

アダムとイブの根 ♥
ADAM AND EVE ROOTS

学名	*Aplectrum hyemale*
注意事項	有毒
ほかの呼び名	Putty-root
ジェンダー	女性
支配惑星	金星
支配元素	水
パワー	愛情、幸福

魔法の使い方

　根を2つ、小さな袋に入れて持ち歩くと、いつでも異性を惹きつけることができます。恋のライバルを退けたいなら、やはり根を2つ、小さな袋に縫いつけて持ち歩くこと。

　夫婦にプレゼントすると、その2人の幸せはずっと続くといいます。

アッシュ
ASH

学名	*Fraxinus excelsior*（ヨーロピアンアッシュ、セイヨウトネリコ）, *F. americana*（ホワイトアッシュ、アメリカトネリコ）
注意事項	樹皮：G
ほかの呼び名	Nion、Asktroed, Jasen Beli, Freixo、セイヨウトネリコ
ジェンダー	男性
支配惑星	太陽
支配元素	火
神	ギリシャ神話の天空神ウーラノス、ギリシャ神話の海神ポセイドン、北欧神話の雷神トール、ゲルマン神話の主神ウォーダン、ローマ神話の海神ネプトゥヌス、ローマ神話の軍神マルス、ウェールズの伝説の魔法使いグイディオン
パワー	守護、繁栄、海の儀式、健康

儀式での使い方

　古代チュートン人は、北欧神話に出てくる1本の架空の木で世界を体現する大木の象徴「ユグドラシル」として、ヨーロピアンアッシュを崇拝していました。

魔法の使い方

　アッシュ材の1枚板を彫って、円のなかに腕の長さを均等に描いた太陽十字を、海辺にいるときに持ち歩いていると、海で溺れることはありません。アッシュは水中に存在するパワーを象徴していることから、海の儀式にも使われています。

　アッシュの葉を枕の下に置いて眠ると、予知夢を見るといわれています。

　ほとんどの木と同じように、アッシュの木も守護用に使われています。アッシュ材で作った杖を側柱に吊るしておくと、悪意のこもった力を払い除けてくれます。また、魔法使いや魔術師のパワーから身を守ってくれるとして、かつては生の樹皮で作ったガーターを身に着ける人もいました。家や地域を守るには、アッシュの葉を四隅にまきましょう。守護のサシェや魔法にも使われています。

　アッシュ材から、治癒・治療用の魔法の杖であるヒーリングワンドが作られることもあります。水を入れたボウルにアッシュの葉を浮かべ、それをベッドの脇に一晩置いておくと、病気にならないといわれています。水は毎朝捨てて、毎晩この儀式を繰り返すこと。

　もしだれか（動物でもよい）がヘビにかまれたら、アッシュの小枝で小さなサークルを作り、かまれた人か動物の首に巻きつけると、傷が治ります。もちろん、ヘビにかまれたら応急処置をしてから医者を呼んでもかまいません。この魔法が奏効するのは、ヘビには生来アッシュの木を恐れる資質があるからでしょう――ただ、ヘビはアッシュ材の上を平気で這って歩いていますけれど……。

　クリスマスの時期にアッシュの木を燃やすと、成功や繁栄がもたらされます。根を彫ってポペットを作ってもよいでしょう。

ア

アッシュは雷を呼ぶといわれているため、稲妻を伴った暴風雨のときにはアッシュの木の下では雨宿りしないこと。

もし生まれたばかりの赤ん坊を歌手にしたいなら、初めて切った対の爪をアッシュの木の下に埋めること。

異性を魅了したいなら、アッシュの葉を持ち歩くとよいでしょう。

アップル ♡💧
APPLE

学名	*Malus*
注意事項	大量の種子：有毒
ほかの呼び名	Fruit of the Gods, Fruit of the Underworld, Silver Branch, The Silver Bough, Tree of Love, リンゴ
ジェンダー	女性
支配惑星	金星
支配元素	水
神	ローマ神話の愛と美の女神ビーナス、ローマ神話の酒神バッカス、ケルト神話の神オルウェン、ローマ神話の太陽神アポロ、ギリシャ神話のゼウスの妻ヘラ、ギリシャ神話の女神アテナ、ギリシャ神話の愛と美の女神アフロディーテ、ローマ神話の月と狩猟の女神ディアナ、ギリシャ神話のオリンピアの主神ゼウス、北欧神話の女神イズーナ
パワー	愛情、治癒・治療、ガーデンマジック、不死

儀式での使い方

古代ギリシャでは8月13日のディアナ祭（古代ローマではビーナス祭）で、まだ大きな枝をつけたままのアップルなど、さまざまな食べ物が祭壇に供えられました。

ウイッカ（「用語集」を参照）の信者たちは、サムハイン祭のとき、祭壇にアップルをうず高く積みます。アップルは死者の食べ物の1つと考えられているからです。そのため、サムハイン祭は「アップル祭」としても知られています。

アップルは不死のシンボル。ケルト神話では、つぼみや花、熟した実をつけたアップルの木の枝（「銀の枝」としても知られる）には、それを持つ人を神の国、あの世に連れていく魔力のようなものがあると考えられていました。

13世紀スコットランドのバラッド『吟遊詩人トーマス』（早川文庫FT）では、「妖精の女王」エルセルが、自分の庭になっているアップルやセイヨウナシは一切食べてはならないとトーマスに警告しました。「死者の食べ物を口にした者は、二度と生ける者の世界には戻ってこられないから」だそうです。

ウイッカの言い伝えでは、アップルは魂の象徴であるため、サムハイン祭のときに土に埋めておくと、春に生き返る人が寒い冬の間に食べ物に困らないといいます。

魔法の使い方

むかしからアップルは愛の魔法に使われています。アップルの花はサシェや醸造酒、インセンスに使われています。ピンク色に溶かしたろうに加え、不純物をろ過して取り除けば、ステキなろうそくができます。愛情を引き寄せるのにぴったりです。

アップルを使った簡単な愛の魔法を紹介しましょう。まず、アップルを半分に切って、自分の愛する人に半分を渡します。これでその人と一緒にいると幸せになれること間違いなしです。同じような魔法をもう1つ。アップルを手でつかみ、アップルが温まってきたら、想いを寄せる人にそれを手渡してみましょう。もしその人が渡されたリンゴを食べてくれたら、あなたの想いは報われるでしょう。

またアップルは恋愛占いにも使われています。ヨーロッパでは、何百年も前から恋愛占いが未婚女性の間で大人気です。アップルをただ半分に切って、それぞれに入っている種子の数を数えるだけでよいのです。もし数が同じなら、結婚間近。もし種子のうち1つに傷がついていたら、夫婦関係は荒れ模様に。もし種子のうち2つに傷がついていたら、それは未亡人になる前触れ。そして、もし種子の数が違っていたら、その女性は近い将来も未婚のままだそうです。

最後にアップルを使った恋愛占いをもう1つ。「木から落ちる直前の」アッ

プルを拾い、よく切れるナイフでそのアップルの上に「アレオ＋デレオ＋デラト」という言葉を刻みつけること。　そして文字を刻みながら、次の言葉を唱えること。

「アップルよ、アップル。これからおまえに魔法をかける。おまえの上に書いたこの名前で。おまえに触れたり、おまえを味わったりした女（または男）はみな、私を愛するようになり、ろうも溶ける炎のように私の愛に燃えることだろう」

　そうしたら、そのアップルを相手に渡します。でも十分に気をつけてくださいね。これは相手を巧みに操ることになるからです（愛の魔法とそっくり）。
　治療に使う場合には、まずリンゴを3つに切り分けます。そしてそれぞれで体の悪い部分をこすりつけたら、それらを土に埋めます。これを月が欠けていく間ずっと行うと、病気が消えていきます。また、アップルを食べると、熱病にかかりません。
　もしあなたが園芸家や庭師なら、アップルの木を植えつける前に、新しく掘り起こした土にアップルジュースを注いで土を生き返らせること。また、木をお祭りする直前に献酒をすること。もしアップルの木を育てているなら、アップルの実を収穫した後、葉っぱを13枚、土に埋めておくと、翌年も豊作になること間違いなしです。
　古代スカンジナビアの人々は、ほかの民族と同じように、知恵を絞って不老不死のパワーを得ようとアップルを食べていました。また、アップル材から長寿のお守りが作られることもあります。
　魔法の杖、とくに感情的な魔法や愛の儀式に使う杖を作るにはアップル材が適しています。
　古い料理のレシピや処方せんに「血」と書かれていたら、アップルジュースを使うこと。また、ポペットや人形を作るときにもアップルが使われます。彫像もアップル材そのものを彫って作られることがあります。
　それから、アップルはよくこすってから食べること。これは悪魔や悪霊を追い出すためです。こいつらがなかに潜んでいるかもしれませんからね（いくら注意しても注意しすぎることはありません！）。

最後に、アップルの木の下には一角獣（ユニコーン）が棲んでいるので（セイヨウトネリコの木の下にもいます）、もしアップル園のことをご存じなら、霧がかかった日にそうっと行ってみるとよいでしょう。1本の角を高く突き出したウマのような動物が、静かに、甘い魔法のアップルをムシャムシャ食べている姿が見られるかもしれませんよ。

アニス
ANISE

学名	*Pimpinella anisum*
注意事項	P
ほかの呼び名	Anneys, Aniseseed, Yanisin, Sweet Cumin
ジェンダー	男性
支配惑星	木星
支配元素	風
パワー	守護、浄化、若さ

魔法の使い方

　小さめの枕カバーにアニスシード（種子）を詰めて、その枕カバーを使って眠ると、悪夢を見ないといわれています。守護や瞑想のインセンスにも使われています。

　生のアニスの葉を部屋に置いておくと、邪悪なものを取り除いてくれます。魔法陣のまわりに置くと、魔法をかけた人を悪霊や邪眼から守ってくれるでしょう。アニスシードを、ベイリーフ（ローリエ）の葉と一緒に入浴剤として使うと浄化効果が得られます。魔法をかけるのを手伝ってくれる精霊を呼び出すのにも使われます。小枝をベッドの支柱に吊るしておくと、アンチエイジング効果があるといわれています。

アネモネ
ANEMONE

学名	主として *Anemone pulsatilla*（アネモネ・プルサティッラ）
注意事項	X
ほかの呼び名	Meadow Anemone, Pasque Flower, Passe Flower, Wind Flower, セイヨウオキナグサ
ジェンダー	男性
支配惑星	火星
支配元素	火
神	フェニキア神話の植物の神アドニス、ローマ神話の愛と美の女神ビーナス
パワー	健康、守護、治癒・治療（ヒーリング）

魔法の使い方

春に初花を摘み取って、それを赤い布地に包んで身に着ける、または持ち歩くと病気の予防になります。庭で赤いアネモネを育てると、庭だけでなく、その家（家庭）も守られます。花はあらゆる治療の儀式に使われています。

アプリコット
APRICOT

学名	*Prunus armeniaca*
注意事項	X
ほかの呼び名	Umublinkosi, Xing Ren, アンズ
ジェンダー	女性
支配惑星	金星
支配元素	水
神	ローマ神話の愛と美の女神ビーナス
パワー	愛情

魔法の使い方

アプリコットの実を食べると、おしとやかで優しい性格が備わります。また

アプリコットの絞り液、つまり「妙薬」は、愛の魔法に使うとよいでしょう。葉や花は恋愛成就を祈願するサシェに加えます。また、実のなかに入っている種子を持ち歩くと、異性が惹きつけられるといわれています。

アベンス ✝♥
AVENS

学名	*Geum urbanum*
注意事項	X
ほかの呼び名	Assaranaccara, Bennet, Blessed Herb, Clove Root, Colewort, Golden Star, Goldy Star, Harefoot, Herb Bennet, Minarta, Pesleporis, Star of the Earth, Way Bennet, Yellow Avens, セイヨウダイコンソウ
ジェンダー	男性
支配惑星	木星
パワー	悪魔祓い、浄化、愛情

魔法の使い方

アベンスは悪魔祓いのインセンスかミックスハーブに加えるか、悪魔祓いをする場所の周囲にまきます。清めの儀式にも使われます。お守りとして持ち歩くと毒獣に襲われずに済みます。アメリカ先住民は恋愛成就のために使っていました。

アボカド ♥♡
AVOCADO

学名	*Persea americana*
注意事項	葉、枝、種子：X
ほかの呼び名	Ahuacotl（アステカ語：Testicle Tree）、Alligator Pear, Persea, Zaboca
ジェンダー	女性
支配惑星	金星
支配元素	水
神	ローマ神話の愛と美の女神ビーナス
パワー	愛情、欲望、美容

儀式での使い方
古代エジプト人はアボカドを崇拝していました。

魔法の使い方
　古代アステカ人の言うとおり、アボカドの実を食べると性欲がみなぎってきます。家でアボカドを種子から育てると、家族円満になります。

　アボカドで作った魔法の杖は、何にでも使える素晴らしい万能の道具になります。種子を持ち歩くと、美貌が増してきます。

アマランサス
AMARANTH

学名	*Amaranthus hypochondriacus*
注意事項	X
ほかの呼び名	Flower of Immortality, Huauhtli, Love-Lies Bleeding, Red Cockscomb, Velvet Flower, Princess Feather, Floramon, 子実用アマランサス
ジェンダー	女性
支配惑星	土星
支配元素	火
神	ギリシャ神話の狩猟と純潔の女神アルテミス
パワー	治癒・治療(ヒーリング)、守護、不可視性

儀式での使い方

そのむかし、異教徒は葬式でアマランサスを使っていました。またアステカ族が儀式で使っていたという理由で、駐メキシコのスペイン植民当局から使用禁止令が出たこともあります。

魔法の使い方

アマランサスの花で作った冠を頭上に載せると治癒・治療(ヒーリング)効果が増します。「自分は絶対に銃弾に倒れない」という確信を抱くには、アマランサスを丸ごと（根も含めて）、できれば満月の時期の金曜日に引き抜くこと。そしてアマランサスに手向け花を供え、続いてそれを折り曲げて１枚の白い布で包みます。胸に忍ばせておけば「防弾」シールドになります。

乾燥させた花は死者を呼び起こすのに使われていました。また「気持ちを治療する」、すなわち傷ついた心を癒すには持ち歩くとよいでしょう。

アマランサスのリースをかぶると、人目につかなくなります。

アメリカジンセン ♡★🜄🛡♡
GINSENG, AMERICAN

学名	*Panax quinquefolius*
注意事項	G
ほかの呼び名	Wonder of the World Root、アメリカニンジン
ジェンダー	男性
支配惑星	太陽
支配元素	火
パワー	愛情、願望、治癒・治療(ヒーリング)、美容、守護、欲望

魔法の使い方

　根を持ち歩くと、恋愛が引き寄せられる、健康が維持できる、金運がアップする、性的能力が維持できる、などの効果があります。また、持ち歩く人に美しさをもたらしてくれます。

　アメリカジンセンを燃やすと悪霊が逃げていき、魔法や呪いを解くこともできます。アメリカジンセンのティーは強力な精力剤にもなります。アメリカジンセン単独で作ってもよいですし、ほかの類似植物とミックスして作ってもよいでしょう。

　アメリカジンセンの根の部分を手でつかみ、その根に願い事を込めてみましょう。そうしたら、その根を流水に向かって投げつけます。あるいは、願い事をその根に刻んでから流水に投げ入れてもよいでしょう。

　アメリカジンセンの根はマンドレイク（マンドラゴラ）の根の代用になります。

アメリカンスパイクナード
SPIKENARD

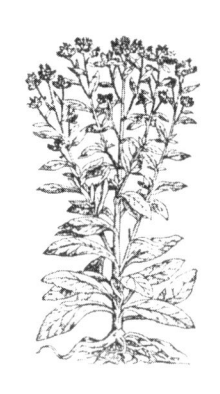

学名	*Aralia racemosa*
注意事項	P
ほかの呼び名	Nard
ジェンダー	女性
支配惑星	金星
支配元素	水
パワー	忠誠、健康

魔法の使い方

　アメリカンスパイクナードを首のまわりに巻きつけておくと、幸運がもたらされ、病気をはねのけてくれます。いつも誠実な人間であり続けるためにも使われます。

アラビアゴムノキ
ARABIC, GUM

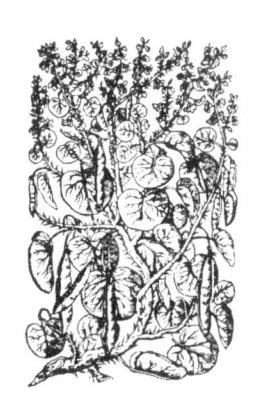

学名	主として *Acacia senegal*（アラビアゴムノキ）、*A. nilotica*（ナイルアカアシア）
注意事項	G
ほかの呼び名	Arabic, Egyptian Gum, Indian Gum
ジェンダー	男性
支配惑星	太陽
支配元素	風
パワー	霊性、浄化

魔法の使い方

　アラビアゴムノキをインセンスに加えると、優れたバイブレーションが得られます。炭の上でくすぶらせるだけでもかまいません。ネガティブな場所を浄化します。

アリッサム
ALYSSUM

学名	*Alyssum* spp.（ミヤマナズナ属） および *Lobularia* spp.（ニワナズナ属）
注意事項	G
ほかの呼び名	Alison, Madwort
パワー	守護、怒りの鎮静

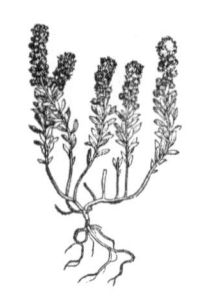

魔法の使い方

　古代ギリシャの医者・薬理学者・植物学者のディオスコリデスは、アリッサムには「人を惑わす魅力をはねつける」パワーがあるので、お守りにするとよいと言っていました。家に吊るしておくと、人を惑わす魅力に引き寄せられずに済みます。このような魅力は「魔力」ともいわれています。

　アリッサムを手に持たせたり身に着けさせたりすると、その人の怒りを鎮めることもできます。また恐水病（狂犬病）を治してくれるともいわれています。

アルカネット
ALKANET

学名	*Alkanna tinctoria*、*Anchusa officinalis*（アンチューサ）もアルカネットと呼ばれる
注意事項	X
ほかの呼び名	Dyer's Bugloss, Orcanet, Dyer's Alkanet, アルカンナ
ジェンダー	女性
支配元素	水
パワー	浄化、繁栄

魔法の使い方

　アルカネットはインセンスを焚いてネガティブな場所を浄化したり、あらゆる形の繁栄を引き寄せるのに使われます。

アルファルファ 🜨
ALFALFA

学名	*Medicago sativa*
注意事項	G
ほかの呼び名	Buffalo Herb, Lucerne, Purple Medic, Jat, Qadb, ムサラキウマゴヤシ
ジェンダー	女性
支配惑星	金星
支配元素	土
パワー	繁栄、空腹感緩和、金運

魔法の使い方

　家のなかに置いておくと貧困や空腹で困ることがなくなります。小さな瓶に入れて食器棚や食料庫に置いておくのが一番よいでしょう。また、やはり貧困や空腹を避けたいなら、アルファルファを燃やして、その灰を敷地のまわりにまいておくとよいでしょう。金運アップの魔法にも使われています。

アロエ 🛡🜨💰
ALOE

学名	*Aloe* spp.（アロエ属）、主として *Aloe vera*
注意事項	フレッシュ：X ドライ：P、N Dh X
ほかの呼び名	Burn Plant, Medicine Plant, Saqal, Zabila
ジェンダー	女性
支配惑星	月
支配元素	水
パワー	守護、幸運

魔法の使い方

　アロエは人気のある観葉植物で、守護の役目を果たしてくれます。邪悪なものの影響を受けないように守ってくれるだけでなく、家族が事故に遭わないよ

う未然に防いでくれます。アフリカには、邪悪なものが寄りつかないように、また幸運を呼び込むために、玄関口の上からアロエを吊るしておく習慣があります。

メキシコでは、ニンニクの球根（丸ごと）にワイヤーを通して大きなリースを作り、それに聖人の絵、魔法に使うハーブ、磁鉄鉱、岩塩、松の実、生のアロエを切ったもので飾りつけます。でき上がったリースを家に吊るしておくと、守護の効果が得られるだけでなく、幸運や金運を呼び込むことができます。

アロエウッド
ALOES, WOOD

学名	*Aquilaria* spp.（ジンコウ属）、主としてA. *malaccensis* と *Gyrinops* spp.
ほかの呼び名	Agarwood, Lignum Aloes, Lolu, Mapou, 沈香、伽羅
ジェンダー	女性
支配惑星	金星
支配元素	水
パワー	愛情、霊性

魔法の使い方

アロエウッドは、もう何世紀も前から魔法に使われているため、ここでは簡単に触れることにします。古代エジプトでは幸運を呼び込むために使われていました。またルネサンス時代には、アロエウッドのインセンスが降霊術の儀式に焚いて用いられていました。霊的レベルが高いバイブレーションを持っているため、持ち歩いたり身に着けたりすると、異性を惹きつけることができるといわれています。

近代のマジカルハーバリストたちは、少量をほかのミックスハーブに加えてそのパワーを強化します。つまり補強用のハーブとして使うのです。

アンゼリカ
ANGELICA

学名	*Angelica archangelica*
注意事項	P S
ほかの呼び名	Archangel, Masterwort, Garden Angelica, セイヨウトウキ
ジェンダー	男性
支配惑星	太陽
支配元素	火
神	ローマ神話の愛と美の女神ビーナス
パワー	悪魔祓い、守護、治癒・治療(ヒーリング)、直感力

魔法の使い方

　大きく育つと守護の効果を発揮することから、守護や悪魔祓いのあらゆるインセンスに使われています。家の四隅にアンゼリカをまいておくと、邪悪なものが寄りつきません。家のまわりにもまいておくとよいでしょう。

　お風呂に入れると、自分にかけられたあらゆる呪いや魔法、呪文を解くことができます。かつて、アメリカ先住民のある部族は、アンゼリカの根を賭け事のお守り(タリスマン)としてポケットに入れて持ち歩いていました。また、治癒・治療(ヒーリング)のインセンスやミックスハーブとしても使われており、葉の煙を吸うと幻覚が起きるともいわれています。

イエルバサンタ
YERBA SANTA

学名	*Eriodictyon californicum*
注意事項	G
ほかの呼び名	Bear Weed, Consumptive's Weed, Gum Bush, Holy Herb, Mountain Balm, Sacred Herb
パワー	美容、治癒・治療(ヒーリング)、超能力(サイキックパワー)、守護

魔法の使い方

　イエルバサンタは、より美しくなるため、美貌を得るために持ち歩く習慣があります。煮出し液をお風呂に入れてもよいでしょう。

　葉は治癒・治療(ヒーリング)のインセンスに加えて使います。また首のまわりに巻いておくと、病気やけがの予防になります。

　霊的な強さを求めて携帯する習慣もあります。超能力(サイキックパワー)が高まり、携帯している人の身の安全が守られます。

イエルバマテ
YERBA MATE

学名	*Ilex paraguariensis*
注意事項	Lt D+
ほかの呼び名	Mate, Paraguay Tea, Yerba, マテ
ジェンダー	男性
パワー	忠誠、愛情、欲望

魔法の使い方

　イエルバマテは身に着けて異性を惹きつけます。煮出し液は優れた精力剤になり、愛する人と一緒に飲むと、永遠に一緒にいられること間違いなしです。関係を断つには、地面に少量をまくとよいでしょう。

イエローオレアンダー
BE-STILL

学名	*Cascabela thevetia*
注意事項	有毒
ほかの呼び名	Trumpet Flower, Yellow Oleander, Flor Del Peru, Lucky Nut, ビースティル
パワー	幸運

魔法の使い方

スリランカでは、イエローオレアンダーの種子は「縁起の良いマメ」として知られており、お守り（タリスマンでもチャームでもよいでしょう）として身に着けると幸運が寄ってくるとされています。

イブニングプリムローズ・イエロー
YELLOW EVENING PRIMROSE

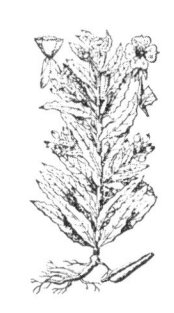

学名	*Oenothera biennis*
注意事項	種油：G
ほかの呼び名	War Poison, Sundrop, Tree Primrose, Evening Primrose, メマツヨイグサ
パワー	狩猟

魔法の使い方

アメリカ先住民は、イブニングプリムローズを自分の体とモカシン（シカ皮製の靴）にこすりつけ、狩猟で良い獲物が捕れますように、ヘビに捕まりませんようにと祈りました。

イリス
IRIS

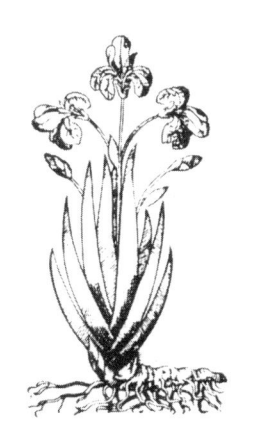

学名	*Iris* spp.（アヤメ属），主として *I. × germanica*（ニオイアヤメ）
注意事項	内用しないほうがよい種類もある。
ほかの呼び名	オリス、アイリス
ジェンダー	女性
支配惑星	金星
支配元素	水
神	ギリシャ神話の虹の女神イリス、ローマ神話のユーピテルの妻・最高女神ユノー
パワー	浄化、英知

魔法の使い方

　イリスは最も愛らしい花の1つであり、古代ローマ時代から浄化のために使われています。清めたい場所に生花を置きましょう。花びらの3つの先端はそれぞれ信頼、英知、価値を象徴し、それらを引き出す目的でも使われます。

インディアン・ペイントブラシ ♥
INDIAN PAINT BRUSH

学名	*Castilleja* spp.
ほかの呼び名	Snake's Friend, Snake's Matches
ジェンダー	女性
支配惑星	金星
支配元素	水
パワー	愛情

魔法の使い方

　インディアン・ペイントブラシの花は、愛情を引きつけるとても強いパワーを秘めています。新しい恋に出合いたいならサシェにして携帯しましょう。

ウィート
WHEAT

学名	*Triticum* spp.
ほかの呼び名	コムギ
ジェンダー	女性
支配惑星	金星
支配元素	土
神	ローマ神話の豊穣神ケレス、ギリシャ神話の穀物豊穣の女神デメテル、メソポタミア神話の神イシュタル
パワー	多産・豊穣、金運

魔法の使い方

コムギは多産・豊穣のシンボルであり、持ち歩いたり食べたりすると妊娠しやすくなり、子宝に恵まれるようになります。ムギ束を家のなかに置いておくとお金が貯まります。同じ目的で、穀物をサシェに入れて持ち歩く習慣があります。

ウィッチヘーゼル
WITCH HAZEL

学名	*Hamamelis virginiana*
注意事項	G
ほかの呼び名	Snapping Hazelnut, Spotted Alder, Winterbloom、アメリカマンサク
ジェンダー	男性
支配惑星	太陽
支配元素	火
パワー	守護、貞節

魔法の使い方

ウィッチヘーゼル（つまり「魔女のハシバミ」）はむかしから占い棒を作るのに使われていたため、それが一般名になっています。樹皮や小枝も悪霊の影響から身を守るのに使われています。持ち歩くと恋に破れた心を癒し、情熱を冷ましてくれます。

ウィロー
WILLOW ♥🛡💧

学名	主として *Salix alba*（ホワイトウィロー）
注意事項	G
ほかの呼び名	Osier, Pussy Willow, Saille, Salicyn Willow, Saugh Tree, Tree of Enchantment, White Willow, Witches' Aspirin, Withe, Withy, セイヨウシロヤナギ
ジェンダー	女性
支配惑星	月
支配元素	水
神	ギリシャ神話の狩猟と純潔の女神アルテミス、ローマ神話の豊穣神ケレス、ギリシャ神話の魔法の女神ヘカテ、ギリシャ神話の冥府神ペルセポネ、ギリシャ神話のゼウスの妻で貞節の女神ヘラ、ローマ神話の商業神メルクリウス、シュメール神話の母神ベリリ、ケルト神話の光・火・治癒をつかさどる神ベレヌス
パワー	愛情、恋占い、守護、治癒・治療（ヒーリング）

儀式での使い方

イギリスでは、湿地帯や湖の近くにある埋葬塚の多くはウィローに覆われています。これはウィローと死との結びつきを象徴的に表しているといえるでしょう。

魔法の使い方

ウィローの葉は、持ち歩く、またはミックスハーブに使うと、愛情を引き寄せることができ、木質の部分は、月の魔法（ムーンマジック）をかけるときだけに使う専用の魔法の杖を作るのに使われています。

新年に結婚するかどうかを知りたいなら、大みそかの夜に、自分の靴か長靴をウィローの木を目がけて投げつけましょう。1回目で木の枝に引っかからなくても、あと8回試すことができます。もし木に引っかけることができれば、あなたは12カ月以内に結婚するでしょう。ただし、木を揺らしたり木に登ったりして、投げた靴か長靴を取り戻さなければなりません。

ウィローのどの部分も魔除けになるため、持ち歩いたり、家のなかに置いておいたりします。魔除けにはウィローの木をたたきましょう（「魔除けに木をたたく」のは、むかしからの迷信）。

　ウィローの葉、樹皮、そして木材は、治癒・治療(ヒーリング)の魔法にも使われています。もし精霊を呼び出したいなら、下弦の月のときに、つぶしたウィローの樹皮をサンダルウッドとミックスし、それを屋外で燃やします。魔法のほうき、とくに魔女のほうきはウィローの小枝で縛る伝統があります。

ウィングリーン
WINTERGREEN

学名	*Gaultheria procumbens*
注意事項	G
ほかの呼び名	Checkerberry, Mountain Tea, Teaberry
ジェンダー	女性
支配惑星	月
支配元素	水
パワー	守護、治癒・治療(ヒーリング)、魔法解除

魔法の使い方

　生涯にわたって子どもたちを守り、幸運を授けるには、ウィンターグリーンを子どもたちの枕のなかに入れておきましょう。

　家のなかにウィンターグリーンをまくと、魔術や呪いが解除されます。とくにミントとミックスして使うとよいでしょう。

　ウィンターグリーンは治癒・治療(ヒーリング)の魔法にも使われています。切り取ったばかりのウィンターグリーンの小枝を祭壇(オールター)の上に置いて良い霊を呼び出し、あなたの魔法の証人になってもらったり、助手を務めてもらったりします。

ア

ウィンターズバーク
WINTER'S BARK

学名	*Drimys winteri*
ほかの呼び名	True Winter's Bark, Wintera, Wintera aromatics, Winter's Cinnamon
パワー	成功

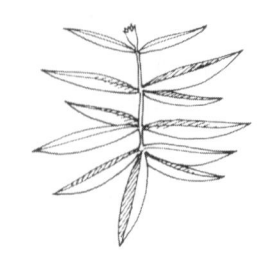

魔法の使い方
どんな請負仕事でも確実に成功を収めたいときに、樹皮を持ち歩いたり燃やしたりします。

ウォルナット 🏆★
WALNUT

学名	*Juglans regia*
注意事項	Lt
ほかの呼び名	Carya, Caucasian Walnut, English Walnut, Tree of Evil, Walnoot, ペルシアグルミ
ジェンダー	男性
支配惑星	太陽
支配元素	火
パワー	健康、精神力、不妊、願望

儀式での使い方
イタリアでの話ですが、魔女たちは、ウォルナットの木の下で踊りながら秘密の儀式を執り行っていたそうです。

魔法の使い方
ウォルナットを持ち歩くと、心を強くしてくれ、リウマチの痛みを取り除いてくれます。また、ウォルナットは雷を呼び寄せるため、激しい雷雨のときには持ち歩かないこと。

もしだれかにウォルナットの入った袋をもらったら、あなたの願い事はすべ

てかなうでしょう。ウォルナットの葉を帽子のなかに入れるか、または頭のまわりに飾りつけると、頭痛や日射病を和らげてくれます。

　もし結婚間近の女性が「おめでた」を先延ばしにしたいと思ったら、夫婦2人だけで過ごしたい年数に相当する数のウォルナットを炒り、それを胴の部分に入れておきます。これを結婚式当日に行うこと。

ウッドソレル
SORREL, WOOD

学名	*Oxalis acetosella*
ほかの呼び名	Cuckowe's Meat, Fairy Bells, Sourgrass, Sour Trefoil, Stickwort, Stubwort, Surelle, Three-Leaved Grass, Wood Sour, コミヤマカタバミ
ジェンダー	女性
支配惑星	金星
支配元素	土
パワー	治癒・治療（ヒーリング）、健康

魔法の使い方

　乾燥させたウッドソレルの葉を持ち歩くと、心臓病を患いません。

　フレッシュなウッドソレルを病室に置いておくと、病気やけがからの回復が早まります。

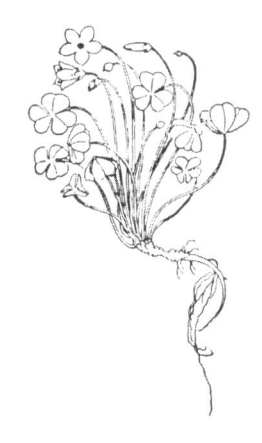

ウッドベトニー
BETONY, WOOD

学名	*Stachys officinalis*
注意事項	G
ほかの呼び名	Bishopwort, Lousewort, Purple Betony、カッコウチョロギ
ジェンダー	男性
支配惑星	木星
支配元素	火
パワー	守護、浄化、愛情

魔法の使い方

　ベトニーは、守護と浄化のハーブとして、むかしからよく知られています。『本草譜』を著した偽アプレイウス（訳注　中世初期のころの人物らしいが、詳細は不明）によると、これを身に着けている人は、心だけでなく体も守られ、枕の下に置いて眠ると、幻や夢を見ないそうです。

　浄化と守護のミックスハーブやインセンスに加えてもよいでしょう。また、ヨーロッパの言い伝えによると、夏至祭のときに焚く焚き火「夏至の火」でベトニーを燃やし、その煙の上をジャンプして飛び越えると、体を清めたことになり、病気や悪いものが体内から出ていくそうです。

　庭で育ったベトニーは、家を守ってくれます。また、ドアや窓のそばに散布してもよいでしょう。これが敷地を取り囲む防護壁になって、悪魔や悪霊がなかに入ってこられなくなります。

　ベトニーは愛を進展させたいときに持ち歩くには絶好のハーブです。またベトニーを食べ物に加えると、けんか中の夫婦が仲直りするともいわれます。

　さらに、依存症や酩酊を防ぐには持ち歩くといいでしょう。身に着けると体力アップに効果があり、「小人症」としても知られる不可解な病にも効きます。

ウッドラフ 🛡️👜 ♥
WOODRUFF

学名	*Galium odoratum*
注意事項	G. odoratum：B
ほかの呼び名	Herb Walter, Master of the Woods, Sweet Woodruff, Wood Rove, Wuderove, クルマバソウ
ジェンダー	男性
支配惑星	火星
支配元素	火
パワー	勝利、守護、金運

魔法の使い方
　ウッドラフを持ち歩くと金運と繁栄が引き寄せられます。また、アスリートや戦士に勝利をもたらしてくれます。皮のサシェに入れておくと、あらゆる危害から守られます。

ウッドローズ 🕊️
WOOD ROSE

学名	*Merremia tuberosa*
注意事項	X
ほかの呼び名	Ceylon Morning Glory, Frozen Roses, Spanish Arbor Vine, バラアサガオ
パワー	幸運

魔法の使い方
　ウッドローズを携帯すると、幸運が引き寄せられます。家のなかにウッドローズをいくつか置いておくと、やはりその家に幸運がもたらされます。

ウワウルシ
UVA URSA

学名	*Arctostaphylos uva-ursi*
注意事項	有毒、P K Lt Dg Gi Au
ほかの呼び名	Arberry、Bearberry, Bear's Grape, Kinnikinnick, Mealberry, Mountain Box, Mountain Cranberry, Mountain Cranberry, Red Bearberry, Sagackhomi, Sandberry, Uva Ursi, クマコケモモ
パワー	超能力(サイキックパワー)を駆使した透視

儀式での使い方

アメリカ先住民は、宗教的な儀式でウワウルシを使っていました。

魔法の使い方

超能力(サイキックパワー)が高まるように作られたサシェに加えます。

エーデルワイス
EDELWEISS

学名	*Leontopodium alpinum*
パワー	不可視性、防弾

魔法の使い方

エーデルワイスをリースにして身に着けると、目に見えない姿にしてくれます。短剣や銃弾から身を守るには、満月の金曜日、しかも昼間のうちにエーデルワイスを根っこから丸ごと引き抜いて、それを白いリネンに包んで身に着けるとよいでしょう。また、エーデルワイスはあなたに望みのものを与えてくれます。あなたはただエーデルワイスの世話をして育てればよいのです。

エキナセア
ECHINACEA

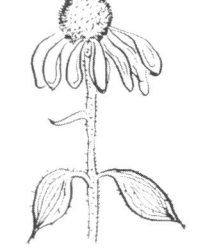

学名	*Echinacea angustifolia*, *E. purpurea*（ムラサキバレンギク）
注意事項	G
ほかの呼び名	Black Sampson, Coneflower, Rudbeckia, ムラサキバレンギク
パワー	まじないの補強

魔法の使い方

エキナセアは、アメリカ先住民がまじないや呪いの効果をより高めるため、精霊へのささげ物として使っていました。

エボニー
EBONY

学名	*Diospyros ebenum*
ほかの呼び名	Lama（ハワイ語）, Obeah Wood, コクタン
パワー	守護、パワー

魔法の使い方

エボニー材には守護の効果があり、お守りに使います。細い枝は魔法使いに正真正銘のパワーを与えます。嵐のときにはこの木の下で雨宿りしないこと！

エリンギウム
ERYNGO

学名	*Eryngium* spp.（エリンギウム属）、主として *E. maritimum*、*E. planum*、*E. yuccifolium*、*E. yuccifolium*、*E. foetidum* など
ほかの呼び名	Sea Holly, Yerba del Sapo
ジェンダー	女性
支配惑星	金星
支配元素	水
パワー	旅人の幸運、平和、欲望、愛情

魔法の使い方

　エリンギウムは、旅の安全と幸運を祈って旅人が持ち歩いたり身に着けたりします。周囲にまいたり、けんか中の夫婦にあげたりすると平和が訪れます。また、食べると性欲がかき立てられることから、あらゆるタイプの恋愛の魔法にも使われます。

エルダー・アメリカン ✝🛡💧
ELDER, AMERICAN

学名	*Sambucus canadensis*
注意事項	熟した実：G、その他すべて：X
ほかの呼び名	Alhuren, Battree, Boure Tree, Bour Tree, Eldrum, Ellhorn, Frau Holle（ドイツ語）, Hildemoer（ドイツ語）, Hollunder（ドイツ語）, Hylder, Lady Ellhorn, Old Gal, Old Lady, Pipe Tree, Rob Elder, Sureau（フランス語）, Sweet Elder, Tree of Doom, Yakori Bengeskro（Romany-Devil's Eye）, アメリカニワトコ
ジェンダー	女性
支配惑星	金星
支配元素	水
神	古代ゲルマン神話の大地母神ホルダ、ローマ神話の愛と美の女神ビーナス
パワー	悪魔祓い、守護、治癒・治療（ヒーリング）、繁栄、睡眠

儀式での使い方

　大むかしのこと、細長い形をした墳丘墓があるイギリスでは、葬式にエルダーが使われていました。白い花をつけることから、エルダーは数々の地母神の像にささげられています。

　エルダーのなかには魔女や精霊が棲んでいるといわれます——枝を切ると「血のような」赤い樹液を流すからです。エルダーの木を伐採する前には、次の文句を唱える習わしがありました。

　　エルホーン女神様、その枝をくださいまし。
　　もし私が木になれたなら、
　　私の枝を差し上げましょう。

　初めてエルダーの木を切るときには、まずは木の前でひざまずき、この文句を唱えます。3回唱え終わるまでに魔女や精霊が立ち退いてくれるそうです。

魔法の使い方

エルダーを身に着けていると、どんな攻撃を受けても撃退することができます。出入り口や窓の上に吊るしておくと、家から悪霊が出ていってくれます。

また、悪意を持った魔法使いにエンチャントメント（魔法）や呪いをかけられたかもしれないというときには、その魔法使い自身にそのエンチャントメントか呪いを解除させるパワーもあります。エルダーの実を持ち歩くと、悪霊やネガティブなものから守られます。

庭で育てると、エルダーは魔術による破壊行為から家を守ってくれ、雷避けの役割も果たしてくれます。

人や場所、モノを祝福するには、エルダーの葉と実を、その人や場所、モノの名において四方にまきます。そのあと、残ったエルダーの葉と実を少し、その人や場所、モノそのものにかけるだけです。

熱を下げるには、そうっと黙って、エルダーの小枝を土のなかに突っ込みます。また、歯痛は悪霊の仕業だと考えられていた時代があり、エルダーの小枝をかむと歯痛が和らぐそうです。歯痛が和らいできたら、かんだ小枝を塀のなかに置いて、こんな言葉を唱えましょう。「悪霊よ、立ち去るがよい！」

リウマチを予防するには、エルダーの小枝で結び目を3つか4つ作り、それをポケットに入れて持ち歩きましょう。

緑色のエルダーの小枝でイボをこすったら、その小枝を泥のなかに埋めて腐らせると、イボが治ることがあります。

自宅近くで育ったエルダーは、その家に繁栄をもたらしてくれます。エルダーの杖を家のそばに置いておくと、泥棒やヘビが寄りつきません。

エルダーを結婚式で使うと、その夫婦は幸運に恵まれるといわれ、妊婦がエルダーの木にキスをすると、生まれてくる赤ん坊が幸せになるといわれています。

もし眠れないなら、枕の下にエルダーの実を置いておきましょう。きっとぐっすりと眠れるでしょう。

エルダーを持ち歩いていると、不倫の誘惑にかられることがありません。エルダーの枝でフルートを作り、それを吹くと精霊を呼び出すことができます。深夜に人里離れた場所でやるのがベストです。

エルダーの木を燃やすのは危ないと広く信じられており、実際にジプシー（ロム）のなかには、薪として使うのを厳しく禁じる人々もいました。ただ魔法使いは何世紀も前から魔法の杖を作るのにエルダーの木を使っていました。

エルム ♥
ELM

学名	*Ulmus glabra*
注意事項	G
ほかの呼び名	Elven, English Elm, European Elm, セイヨウハルニレ
ジェンダー	女性
支配惑星	土星
支配元素	水
神	北欧神話の戦争と死の神オーディン
パワー	愛情

魔法の使い方

かつては小人たちの間で人気があったことから、「エルベン」としても知られていました。今では雷に打たれないよう守ってくれます。持ち歩くと、異性が惹きつけられます。

エレキャンペーン ♡🛡
ELECAMPANE

学名	Inula helenium
注意事項	P N D+
ほかの呼び名	Alantwurzel（ドイツ語）, Alycompaine, Aunee（フランス語）, Elf Dock, Elfwort, Horseheal, Nurse Heal, Scabwort, Velvet Dock, Wild Sunflower
ジェンダー	男性
支配惑星	水星
支配元素	風
パワー	愛情、守護、超能力（サイキックパワー）

魔法の使い方

　エレキャンペーンを身に着けると、恋人を惹きつけることができます。ピンク色の布地にエレキャンペーンの葉か花を何枚か縫いつけてもよいですし、サシェを作ってもよいでしょう。また、守護用に持ち歩くのもよいでしょう。とくに水晶占い（スクライング）をしているときに、炭の上で葉をいぶすと、超能力（サイキックパワー）が冴えてきます。

エンダイブ ♡♡
ENDIVE

学名	Cichorium endivia
ほかの呼び名	キクチシャ、ニガチシャ
ジェンダー	男性
支配惑星	木星
支配元素	風
パワー	欲望、愛情

魔法の使い方

　エンダイブで魔法を使うなら、6月27日か7月25日に、金貨か雄ジカの角を使って掘り起したものがベスト。収穫の方法は問わず、エンダイブをお守り

として身に着けると、異性を引き寄せることができます。お守りは生のまま使い、3日おきに取り替えること。サラダにして食べると、一緒に食べた相手は性欲がみなぎってきます。

オーク
OAK

学名	主として *Quercus alba*（ホワイトオーク）
注意事項	樹皮の外用：Sk Br F Ca
ほかの呼び名	White Oak, Duir, Jove's Nuts, Juglans（ラテン語）, ナラ
ジェンダー	男性
支配惑星	太陽
支配元素	火
神	ケルト神話に登場する最高神ダグザ、ローマ神話の光の源初神ディアヌス、ローマ神話の最高神ユーピテル、北欧神話の雷神トール、ギリシャ神話のオリンポスの主神ゼウス、ローマ神話の出入り口と扉の神ヤヌス、ギリシャ神話の大地の女神レアー、フリギアの大地母神キュベレ、ギリシャ神話の魔法の女神ヘカテ、ギリシャ神話の牧羊神パーン、ギリシャ神話の女神エラト
パワー	守護、健康、金運、治癒・治療（ヒーリング）、性的能力、多産・豊穣、幸運

儀式での使い方

　オークはイギリスやヨーロッパ大陸の初期の入植者の食物源であったことから、先史時代になると崇められるようになりました。

　ケルト文化の司祭であるドルイド僧は、言い伝えによると、オーク材がなければ儀式に参加することはなく、「ドルイド」と「オーク」という言葉には関連性があるという説もあります。崇拝の対象となる偶像はオーク材で作られ、魔女たちもオークの木の下で踊っていました。

魔法の使い方

オークのように長寿で強い木は、自然と不思議な力で私たちの身の安全を守ってくれます。オークの小枝2本を赤い糸で束ねて、腕の長さが同じ十字架を作ると、悪霊から身を守るパワフルなお守りになります。これは家のなかに吊るしておくとよいでしょう。

ドングリを窓辺に置いておくと、稲妻から家を守ってくれ、オークの樹皮を1枚持ち歩くと、あらゆる危害からその人を守ってくれます。

オークの木から落ちてくる葉を拾うことができたら、その冬の間はずっと風邪をひきません。家のなかに病人がいたら、オーク材を燃やして家のなかを暖めると、病気が「引き揚げて」いきます（もちろん、こんなことができるのは暖炉がある家だけでしょうけど！）。不死や長寿を願って、また若々しさを保つためにドングリを持ち歩くと、病気や疼痛の予防にもなります。

新月のときにドングリを植えると、近い将来にお金が入ってくること間違いなしです。ドングリを持ち歩くとたくさんの子宝に恵まれるようになり、性的能力も高まります。オークの樹皮を1枚持ち歩くと、幸運が寄ってきます。

オークの木の種類はほかにもあります。基本的にどれも同じパワーを持っていますが、どう作用するのかがそれぞれ異なります。オークをよく観察し、願い事をしていると、そのパワーのすばらしさが見えてきます。

オーツ
OATS

学名	*Avena sativa*
注意事項	G
ほかの呼び名	Groats, Oatmeal, Joulaf, オートムギ、カラスムギ、エンバク
ジェンダー	女性
支配惑星	金星
支配元素	土
パワー	金運

魔法の使い方

オーツは商売繁盛、繁栄や金運アップの魔法に使います。

オールスパイス
ALLSPICE

学名	*Pimenta dioica*
注意事項	G
ほかの呼び名	Eddo, Madere, Basheen, Kouroubaga, ヒャクミコショウ、ピメント
ジェンダー	男性
支配惑星	火星
支配元素	火
パワー	金運、幸運、治癒・治療(ヒーリング)

魔法の使い方

　オールスパイスのインセンスを焚いて金運や幸運を呼び込みます。ミックスハーブに加えてもよいでしょう。治癒・治療(ヒーリング)効果を高めるためにも使われます。ピメントの項も参照。

オニオン
ONION

学名	*Allium cepa*
注意事項	G
ほかの呼び名	Oingnum, Onyoun, Unyoun, Yn-leac, タマネギ
ジェンダー	男性
支配惑星	火星
支配元素	火
神	エジプト神話の女神イシス
パワー	守護、悪魔祓い、治癒・治療（ヒーリング）、金運、予知夢、欲望

儀式での使い方

　古代の権威ある典拠によると、オニオンは古代エジプトのいくつかの都市で崇拝され、宣誓するときに引き合いに出されることもありました。

魔法の使い方

　小さな白いオニオンを手に取り、頭の部分が黒色の留め針を奥まで突き刺したら、それを窓際に置いておきます。そうすると悪霊が家のなかに入ってこなくなります。オニオンの花は飾りになり、守護の効果もあるため、乾燥させて家のなかに置いておくと、ユニークで魅力的な守護のお守りになります。オニオンを持ち歩くと毒を持つ野獣から身を守ってくれます。植木鉢や庭で育てたオニオンも、悪霊から身を守ってくれます。

　半分または4分の1に切ったオニオンを家に置いておくと、悪いものや悪霊だけでなく、病気も吸収してくれます。治療に使うには、オニオンの切り口を体の悪い部分にこすりつけ、病気がオニオンのなかに入り込んでいくのを思い描きます。その後、タマネギをたたきつぶします（燃やすか、または粉々に打ち砕いたら土のなかに埋めます）。

　アメリカ・ニューイングランド地方の入植者たちは、出入り口の上にオニオンをひもで結んで吊るし、伝染病から身を守っていました。同じ目的で、切ったオニオンを台所の流しの下に置いておくという習慣もありました。イボを治

すにはスライスしたオニオンでイボをこすり、そのオニオンを右肩の後ろに投げ捨てます。そうしたら後ろを振り向かずにその場を立ち去ること。ベッドの支柱に大きな赤オニオンを結びつけておくと、そのベッドで眠っている人が病気にならないよう守ってくれ、病気になったあとの療養でもサポートしてくれます。

　絶対にオニオンの皮を地面に投げつけてはいけません。あなたの幸運や成功を投げ捨てるようなものだからです。そうではなく、オニオンは焚き火か調理用レンジのなかで燃やしましょう。そうすれば裕福になります。

　オニオンを枕の下に置いておくと、予知夢を見ることができます。何かを決断しなければならないときには、オニオンをこすって選択肢を1つずつ書いていきます。書き終わったら、そのオニオンを暗いところに置いておきます。最初に芽が出たオニオンがあなたへの答えです。

　古代の権威ある典拠によると、オニオンを食べると「情欲が呼び起こされる」、すなわち性欲が増してくるといいます。また魔法の剣や刀をきれいに清めるには、その刃身を生のオニオンの切り口にこすりつけます。また花嫁の後ろでオニオンを投げつけると、その花嫁の涙を投げ捨てることになります。

オフィオグロッスム
ADDER'S TONGUE

学名	*Ophioglossum spp.*（ハナヤスリ属）
ほかの呼び名	American Adder's Tongue, Serpent's Tongue, Adder's Mouth, Yellow Snowdrop, Dog's Tooth Violet, ハナヤスリ、アダーズタンファーン
ジェンダー	女性
支配惑星	月
支配元素	水
パワー	治癒・治療（ヒーリング）

魔法の使い方

　オフィオグロッスムを数枚、冷水に浸してから傷口やあざに当てて（さらに

包帯のようなもので上から押さえて)、オフィオグロッスムが温まってくるのを待ちます。温まってきたら濡れたままのオフィオグロッスムを泥のなかに埋めます。傷は治るでしょう。

オリーブ 💧🛡♡
OLIVE

学名	*Olea europaea*
注意事項	実：G
ほかの呼び名	Olivier, Itm, Mitan
ジェンダー	男性
支配惑星	太陽
支配元素	火
神	ギリシャ神話の女神アテナ、ギリシャ神話の主神アポロ、ギリシャ神話の平和の女神イレーネ、ローマ神話の女神ミネルバ、エジプト神話の太陽神ラー
パワー	治癒・治療(ヒーリング)、平和、多産、豊穣、性的能力、守護、欲望

儀式での使い方

太古のむかしには、オリーブ油を灯火として燃やして神殿を照らすのに使われていました。

魔法の使い方

オリーブの葉の上にアテナ神の名を書き、それを頭部に押しあてるか、体に貼りつけると、頭痛が治るといわれています。オリーブ油はむかしから聖油として使われており、治療・治癒(ヒーリング)に役立てられていました。

オリーブの葉を部屋にまく、または部屋に置いておくと、あたり一帯に穏やかなバイブレーションが広がります。

オリーブを食べると、男性は子宝や生殖能力に恵まれ、性欲もアップします。古代アテナイ人の花嫁は、オリーブの葉で作った冠をかぶって、子宝に恵まれますようにと願いました。

オリーブの小枝をドアの上から吊るしておくと、あらゆる悪霊から家を守ってくれます。煙突の上に置いておくと避雷効果があります。オリーブの葉を身に着けると幸運が訪れます。

オリス ♡🛡
ORRIS

学名	*Iris germanica var. florentina*
注意事項	G
ほかの呼び名	Florentine Iris, Queen Elizabeth Root, イリス、ニオイアヤメ
ジェンダー	女性
支配惑星	金星
支配元素	水
神	ギリシャ神話の美と愛の女神アフロディーテ、エジプト神話の女神イシス、エジプト神話の神オシリス、ギリシャ神話のゼウスの妻ヘラ、ギリシャ神話の虹の神イリス
パワー	愛情、守護、占い

魔法の使い方

イリスの根はオリスルートと呼ばれ、むかしから、恋人を見つけたり、見つかったらその恋を長続きさせたりするのに使われています。オリスルートを丸ごと持ち歩く、パウダー状にしたものは、サシェに加える、シーツや衣服にまく、体にこすりつける、また家のまわりにまくとよいでしょう。

オリスルートは「愛の絵を描くパウダー」としても知られています。日本では悪霊から身を守ってくれるものとして使われています。家の軒下に根と葉を吊るしておいたり、お風呂に入れたりして身辺保護に使っていました。根を丸ごと短いひもか糸に通して振り子(ペンデュラム)を作り、それを首からぶら下げていると、疑問に思っていたことの答えが見つかります。

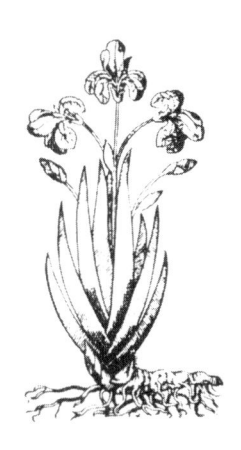

オルキス ♥
CUCKOO-FLOWER

学名	*Orchis* spp.（オルキス属）、主として *O. morio*（green-winged orchid）
ジェンダー	女性
支配惑星	金星
支配元素	水
パワー	多産・豊穣、愛情

魔法の使い方

摘んだばかりのオルキスの塊茎は愛の魔法に使われています。妊娠を促すために身に着けるとよいでしょう。大きな塊茎を身に着けると男の子が生まれ、小さい塊茎を使えば女の子が生まれるそうです。

オレアンダー ♥
OLEANDER

学名	*Nerium oleander*
注意事項	有毒
ほかの呼び名	Rose Bay, Dog Bane, Ceylon Tree, Adelfa, セイヨウキョウチクトウ
ジェンダー	女性
支配惑星	土星
支配元素	土
パワー	愛情

魔法の使い方

イタリアの魔法の考え方（非科学的な考え方）では、オレアンダーのどこかの部分を家のなかに置いておくと、その家の住人はいろんな病気や不面目、不幸に見舞われるとされていますが、愛の魔法にもオレアンダーがよく使われています。ただし、けっして内用しないこと。

オレゴングレープ
OREGON GRAPE

学名	*Berberis aquifolium*
注意事項	P
ほかの呼び名	California Barberry, Oregon Grape Root, Rocky Mountain Grape, Trailing Grape, Wild Oregon Grape, ヒイラギメギ
ジェンダー	女性
支配元素	土
パワー	金運、人気

魔法の使い方

オレゴングレープの根を持ち歩くと、お金が貯まり、経済的に安定します。また人気も高まります。

オレンジ
ORANGE

学名	*Citrus sinesis*
注意事項	G
ほかの呼び名	Love Fruit
ジェンダー	男性
支配惑星	太陽
支配元素	火
パワー	愛情、占い、幸運、金運

魔法の使い方

オレンジの乾燥させた皮と種子は愛のサシェに加え、花は結婚の喜びにつながるように作ったサシェに加えます。摘みたての花や乾燥させた花を入れたお風呂に入ると、より魅力的になれるでしょう。

オレンジを食べているときに、答えが欲しい問題について考えてみましょう。この答えは「イエス」か「ノー」、つまり白黒はっきりしたものでなけれ

ばなりません。オレンジの種子の数を数え、もし偶数だったら答えは「ノー」。もし奇数なら答えは「イエス」です。

オレンジの皮は、商売繁盛・繁栄のパウダー、インセンス、ミックスハーブに加えて使います。中国ではむかしからオレンジは幸運や繁栄のシンボルだと考えられています。

儀式ではオレンジジュースがワインの代わりに飲まれています。オレンジの皮を煎じて飲むと、その後の酒酔いを防いでくれます。

また、オレンジの花から抽出して作った芳香蒸留水(ハーブウォーター)は恋の特効薬や精力剤になるので、お風呂に加えて使いましょう。

ガーデニア
GARDENIA

学名	*Gardenia* spp.（クチナシ属）, 主として *G. jasminoides*（ガーデニア）
注意事項	G
ほかの呼び名	クチナシ
ジェンダー	女性
支配惑星	月
支配元素	水
パワー	愛情、平和、治癒・治療(ヒーリング)、霊性

魔法の使い方

摘みたての花を病に伏している人の部屋か祭壇(オールター)の上に置いておくと、治療の助けになります。治癒・治療(ヒーリング)のインセンスやミックスハーブに、乾燥させたガーデニアの花びらを加えてもよいでしょう。

乾燥させたガーデニアを部屋のまわりにまいておくと、穏やかなバイブレーションが生まれます。月(ムーン)のインセンスに加えてもよいでしょう。

ガーデニアは恋愛のまじないや儀式の最中に良い精霊を呼び寄せるのにも使われています。ガーデニアは霊的に極めて高いバイブレーションを持っています。

ガーリック 🛡💧✝♡
GARLIC

学名	*Allium sativum*
注意事項	N
ほかの呼び名	Ajo（スペイン語）, Poor Man's Treacle, Stinkweed, ニンニク
ジェンダー	男性
支配惑星	火星
支配元素	火
神	ギリシャ神話の魔法の女神ヘカテ
パワー	守護、治癒・治療(ヒーリング)、悪魔祓い、欲望、盗難防止

儀式での使い方

　かつてはヘカテを崇拝する祭りの日に食べ、ヘカテへのささげ物として三叉路に置いておく習慣がありました。

魔法の使い方

　むかしは疫病や天災から身を守るためにガーリックを身に着ける習慣がありました。今でも病気の症状を和らげるのに使われています。やり方は簡単。皮をむいた生のガーリックの小球根で体の悪い部位の上をこすり、こすったガーリックを流水に投げ入れるだけです。

　むかしは肝炎予防のまじないにガーリックが使われていました。やり方を説明しましょう。ガーリックの小球根13個をより糸に通し、それを首に巻きつけて13日間過ごします。最終日の真夜中になったら、2本の通りが交わるところまで歩いていき、そこで首に巻いたガーリックのネックレスを外し、それを後ろ向きに投げ捨てます。そうしたら、けっして後ろを振り向かずに走って家まで帰ること。たったこれだけです。

　ガーリックはとくに安全祈願のお守りとしても使われています。船乗りは遭難から身を守るため、海に出るときにはガーリックを持っていきます。中世の兵士は護身具としてガーリックを身に着けていました。古代ローマの兵士は度胸をつけるためにガーリックを食べていました。

家のなかに置いて、悪霊に侵入されないようにしたり、泥棒や盗人に押し入られないようにしたりもします。また、ドアの上から吊るして、妬ましそうな目で見る人を撃退します。新築の家では、ガーリックはとくに家内安全のお守りになります。

　ガーリックを身に着けると、悪天候や怪物に遭遇しません（登山家が身に着けています）。また、敵からも一撃を食らわずに済みます。

　もし悪霊がそばにいたら、ガーリックをかんで追い払います。パウダー状のガーリックを床にまいてもよいでしょう（しばらくは強烈なにおいがするので、それが気にならなければですが）。子どもたちの枕の下に置いておくと、子どもたちが眠っている間も安心です。

　そのむかし、花嫁はポケットにガーリックの小球根を1つ入れて幸運を祈り、自分とその記念すべき日に悪霊が寄りつかないよう願いました。調理で使う前の鍋やフライパンにガーリックをこすりつけると、食べ物を汚染しかねない悪いバイブレーションを浄化することができます。

　ガーリックを食べると精力がアップします。ガーリックで磁石（または磁鉄鉱）をこすると、その磁石（または磁鉄鉱）からは魔力が失われます。

カウスリップ
COWSLIP

学名	*Primula veris*
注意事項	G
ほかの呼び名	Arthritica, Artetyke, Buckles, Cuy, Drelip, Fairy Cup, Frauenschlussel（ドイツ語）, Herb Peter, Key Flower, Key of Heaven, Lady's Key, Lippe, Our Lady's Keys, Paigle, Paralysio, Password, Peggie, Plumrocks, キバナノクリンザクラ
ジェンダー	女性
支配惑星	金星
支配元素	水
神	北欧神話の母神フレイア
パワー	治癒・治療（ヒーリング）、若さ、宝探し

魔法の使い方

　来客を望まないときには、玄関前のポーチの下に置いておくと、客はがっかりしてその家から遠ざかっていくでしょう。持ち歩いたり身に着けたりすれば若々しさが保たれ、一度失われた若さも取り戻すことができます。カウスリップには人を癒す香りがあります。一方の手でたくさんの花をつかむと、秘宝を探すときに役に立つでしょう。

カウチグラス ♡♡✝
WITCH GRASS

学名	*Elymus repens*
注意事項	根：G
ほかの呼び名	Couch Grass, Dog Grass, Quick Grass, Witches Grass、シバムギ
ジェンダー	男性
支配惑星	木星
支配元素	水
パワー	幸福、欲望、愛情、悪魔祓い

魔法の使い方

　カウチグラスを持ち歩く、またはベッドの下にまいておくと、新しい恋人を魅了することができます。

　また、カウチグラスは、あらゆる種類の魔法解除や呪い解除の儀式にも使われ、煮出し液を敷地のまわりにまいて、実在する悪い気を追い払います。また、身に着けると、憂うつな気分が晴れてきます。（アンクロッシング）

カクタス 🛡
CACTUS

注意事項	有毒なものはほとんどないが、摂取するのは食用のものだけにすること。
ほかの呼び名	サボテン
パワー	守護、純潔・貞節

魔法の使い方

　トゲがあるため、カクタスには種類を問わず防護作用があります。

　室内で育ったカクタスは、不法な侵入や夜盗から守ってくれるだけでなく、ネガティブなものを吸収してくれます。屋外で育てる場合には、家のそばに各方角に向けて1つずつ植えると、さらに家を守ってくれます。

　カクタスのトゲは、伝統的な呪い返しの道具である「魔女の瓶」（訳注　瓶の

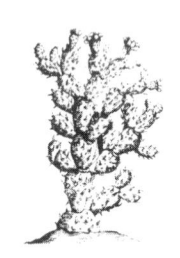

なかにそれにふさわしいハーブや小物を詰めて作るが、効果を高めるために最後に瓶のなかに排尿することも多いらしい）に入れたり、ろうそくや木の根っこにシンボルや言葉を刻んだりするときに使われることもあります。

魔女の瓶に入れたり、シンボルや言葉を刻んだら、そのトゲを持ち歩いたり埋めたりすると、パワーは全開になります。

カシュー
CASHEW

学名	*Anacardium occidentale*
注意事項	実：G
ほかの呼び名	Mbiba, Kasui, Mkanju
ジェンダー	男性
支配惑星	太陽
支配元素	火
パワー	金運

魔法の使い方

カシューは繁栄や金運アップの魔法に使われます。

カスカラサグラダ
CASCARA SAGRADA

学名	*Frangula purshiana*
注意事項	P N Lt I Ab Ii Ch-12
ほかの呼び名	Sacred Bark, Bitter Bark, Ecorce Sacree, Yellow Bark, Cittim Bark
パワー	法律問題、金運、守護

魔法の使い方

家のまわりにカスカラサグラダの煎じ液をまいてから裁判所や審理に出かけると、裁判に勝つための支えになります。また金運アップの魔法にも使われま

す。お守りとして身に着けると、悪霊や魔術から身を守ってくれるでしょう。

カッシア ♥
QUASSIA

学名	*Picrasma excelsa*（ジャマイカニガキ、ジャマイカカッシア）と *Quassia amara*（アメリカニガリ、スリナムカッシア）
注意事項	P
ほかの呼び名	Bitter Ash
パワー	愛情

魔法の使い方

　カッシアは恋愛のミックスハーブに入れ、恋人を惹きつけたり、2人の関係を維持したりするのに使われています。

　パウダー状にしたカシア材は、インセンスのベースに使われます。

カバカバ
KAVA-KAVA

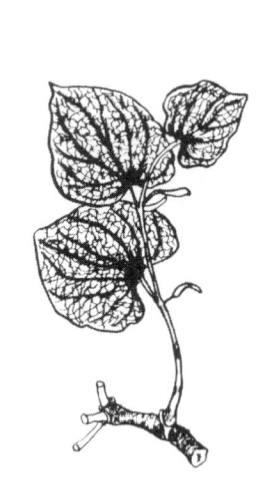

学名	*Piper methysticum*
注意事項	P N Pa D+
ほかの呼び名	Ava, Ava Pepper, Ava Root, Awa Root, Intoxicating Pepper
ジェンダー	女性
支配惑星	土星
支配元素	水
神	ハワイ4大神の愛と平和の神ロノ、創造の神カネ、海の神カナロア
パワー	直感力、守護、幸運

儀式での使い方

　ハワイ諸島やポリネシア諸島では、むかしから儀式に使われています。

魔法の使い方

カバカバの根を煎じて飲むと悪霊から守られ、幸運が訪れるといわれます。

煎じ液をそのまま冷蔵庫で一晩寝かしておき、翌日に冷えた煎じ液を飲むと、超能力(サイキックパワー)が高まったり、直感力が冴えたりします。ただし、飲みすぎると腎臓を悪くするおそれがあるので要注意です。

カメリア
CAMELLIA

学名	*Camellia japonica*
ほかの呼び名	ツバキ
ジェンダー	女性
支配惑星	月
支配元素	水
パワー	財産

魔法の使い方

カメリアは富と豪奢をもたらしてくれることから、そのような魔法に使われています。金運アップや商売繁盛を祈願する儀式の最中には、祭壇の上の花瓶に水を入れ、そこに摘んだばかりのカメリアを挿しておきます。

カモミール・ジャーマン
CHAMOMILE, GERMAN

学名	*Matricaria chamomilla*
ほかの呼び名	Ground Apple, Heermannchen（ドイツ語）, Chamaimelon, Camomyle, ジャーマンカモミール, ジャーマンカミツレ
ジェンダー	男性
支配惑星	太陽
支配元素	水

魔法の使い方

　ジャーマンカモミールは、心を落ち着かせて安眠できるインセンスや、コールドロンと呼ばれる魔女の釜などで煎じて魔法をかけた液体「魔女の調合液」に使われます。お金を呼び込むのにも使われます。

　快活な性質があるため、ジャーマンカモミールは、むかしから呪いや魔術と闘うときに使われています（カモミール・ローマンの項目も参照）。

カモミール・ローマン
CHAMOMILE, ROMAN

学名	*Chameamelum nobile*
注意事項	P
ほかの呼び名	Camomyle, Chamaimelon, Ground Apple, Heermannchen（ドイツ語）、Manzanilla（スペイン語）, Maythen, Whig Plant, ローマンカモミール、ローマカミツレ
ジェンダー	男性
支配惑星	太陽
支配元素	水
パワー	金運、睡眠、愛情、浄化

魔法の使い方

　ローマンカモミールは金運を呼び込むのに使われます。ギャンブラーが煎じ液で手を清め、必勝祈願をすることもあります。

　安眠や瞑想のインセンスとしても使われています。恋人を魅了したいときには、煮出し液を入浴剤として使うとよいでしょう。

　さらに、ローマンカモミールは浄化や守護のハーブでもあります。敷地のまわりにまいておくと、あなたに向けられた呪いや魔術が解かれるでしょう（訳注　カモミール・ジャーマンの項目を参照）。

カラムス
CALAMUS

学名	*Acorus calamus*
注意事項	有毒：ショウブ(Calamus)の名で売られているものも数種類あるが、そのうち2種はとても危険なので内用しないこと。
ほかの呼び名	Gladdon, Myrtle Flag, Myrtle Grass, Myrtle Sedge, Sweet Cane, Sweet Flag, Sweet Grass, Sweet Root, Sweet Rush, Sweet Sedge, Lubigan, ショウブ、スイートフラッグ
ジェンダー	女性
支配惑星	月
支配元素	水
パワー	幸運、治癒・治療(ヒーリング)、金運、守護

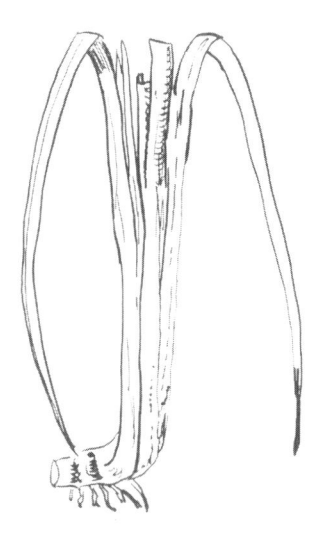

魔法の使い方

種子はビーズのように糸でつないで、治癒・治療(ヒーリング)のインセンスやサシェにして使います。

小さな根を台所の四隅に置いておくと飢えや貧しさで苦しまずに済みます。

カラムスを育てると育てた人に幸運が訪れます。また、呪いの効果を高め、定着させるのにも使われます。

ガランガル
GALANGAL

学名	*Alpinia officinarum*（リョウキョウ；小ガランガル）と *A. galanga*（ナンキョウソウ；大ガランガル）
注意事項	G
ほかの呼び名	Chewing John, China Root, Colic Root, East India Catarrh Root, Galingal, Galingale, Gargaut, India Root, Kaempferia Galanga, Low John the Conqueror, Rhizoma Galangae
ジェンダー	男性
支配惑星	火星
支配元素	火
パワー	守護、欲望、健康、金運、超能力（サイキックパワー）、魔法解除

魔法の使い方

　ガランガルは実にさまざまな魔法に使われます。身に着けたり持ち歩いたりすると、その人の身の安全が守られ、幸運もやって来ます。

　銀貨と一緒に革製のサシェに入れておくと、お金が貯まります。パウダー状のガランガルを燃やすと、魔法や呪いが解けます。性欲増進には、持ち歩いてもよいですし、家のまわりに散りばめてもよいでしょう。

　ガランガルを身に着けていると、超能力（サイキックパワー）が鋭く働き、身に着けている人の健康も守られます。もしガランガルが手に入らなければ植物の分類で同じ科に属するジンジャー（ショウガ）で代用してもかまいません。

カルダモン ♡♡
CARDAMON

学名	*Elettaria cardamomum*
注意事項	G
ほかの呼び名	ショウズク
ジェンダー	女性
支配惑星	金星
支配元素	水
神	ハイチで崇拝されるブードゥー教の女神エルズリー
パワー	性欲、愛情

魔法の使い方

　カルダモンの砕いた種子をホットワインに加えると、簡単な精力剤になります。アップルパイの生地に練り込んで焼くと、おいしい愛のペストリーのでき上がり。愛のサシェやインセンスに加えてもよいでしょう。

カレートゥリー 🛡
CURRY

学名	*Murraya koenigii*
ほかの呼び名	オオバゲッキツ、カレーノキ、ナンヨウザンショウ
ジェンダー	男性
支配惑星	火星
支配元素	火
パワー	守護

魔法の使い方

　夕暮れどきにカレートゥリーを燃やすと、悪霊の影響力を排除することができます。

カレンデュラ
MARIGOLD

学名	*Calendula officinalis*
注意事項	G
ほかの呼び名	Bride of the Sun, Calendula, Drunkard, Goldes, Holigolde, Husbandman's Dial, Marybud, Marygold, Mary Gowles, Ruddes, Ruddles, Spousa Solis, Summer's Bride, ポットマリーゴールド、キンセンカ ※日本で言うマリーゴールド（英名 Tagetes タジェット）は別植物なので注意。
ジェンダー	男性
支配惑星	太陽
支配元素	火
パワー	守護、予知夢、法律問題、超能力（サイキックパワー）

魔法の使い方

　カレンデュラは、太陽が最も熱く最も強い光を放つ正午に摘むと、心が強くなり、同時に癒されます。

　カレンデュラの花冠を戸口の側柱に吊るしておくと、悪霊が家のなかに入れなくなります。また、ベッドの下にまいておくと、眠っている間のあなたを守ってくれ、そのときに見た夢を実現してくれます。つまり、予知夢を見るということです。とくに効果を発揮するのは、あなたから何かを盗んだ泥棒を見つけたいときです。

　カレンデュラをお風呂に入れると、出会った人すべてから尊敬され、賞賛されます。

　まばゆいばかりの花を見つめていると視力が良くなり、ポケットに入れて持ち歩いていると、裁判ではあなたに有利な判決が下されます。

　少女が素足のままカレンデュラの花びらに触れると、その少女は鳥の言葉が分かるようになるといいます。

カンファートゥリー
CAMPHOR

学名	*Cinnamomum camphora*
注意事項	✕：小児の顔に向けて使ってはならない。
ほかの呼び名	Kafoor, Camphire, Chang Nao、クスノキ
ジェンダー	女性
支配惑星	月
支配元素	水
パワー	純潔・貞節、健康、予言

魔法の使い方

香りを吸って性欲を抑えます。同じ目的でベッド際に置いておくのもよいでしょう。カンファートゥリーの袋（またはカンファートゥリーの樹皮）を首に巻いておくと、風邪やインフルエンザにかかりません。

カンファートゥリーは占いのインセンスに使われることもあります。

キャスター
CASTOR

学名	*Ricinus communis*
注意事項	有毒 ひまし油：P I Ab Lt（+8〜10日間）
ほかの呼び名	Palma Christi, Palms Christi Root, Mamona, Makula Kula, Mbono, Mdogo, Racznick、トウゴマ、ヒマ
パワー	守護

魔法の使い方

キャスターは邪眼やあらゆるネガティブなものからしっかりと守ってくれます。悪いものを吸収します。

キャットニップ
CATNIP

学名	*Nepeta cataria*
注意事項	P
ほかの呼び名	Cat, Catmint, Catnep, Catrup, Cat's Wort, Field Balm, Nepeta, Nip, イヌハッカ、チクマハッカ
ジェンダー	女性
支配惑星	金星
支配元素	水
神	ネコの女神バースト
パワー	ネコの魔法、愛情、美容、幸福

魔法の使い方

　飼いネコに与えると、あなたとネコの間に心の絆が生まれます。ネコを酔わせることもできます。

　キャットニップは、普通はバラの花びらと一緒に愛のサシェに入れて使われています。キャットニップを手のひらで温めてからだれかの手を握ると、その人と永遠の友情を築くことができるでしょう（少なくともあなたが魔法で使ったキャットニップをどこか安全な場所にしまっておくかぎりは、ですが）。

　家の近所で育ったキャットニップやドアの上から吊るしてあるキャットニップは、良い霊や幸運を運んできてくれます。また、美貌にさらに磨きをかけたり幸福度を増したりするための魔法にも使われています。

　大きな葉は、アイロンをかけてから魔法の教科書に挟んでしおりとして使います。

キャベツ 🕊
CABBAGE

学名	*Brassica oleracea*
注意事項	G
ジェンダー	女性
支配惑星	月
支配元素	水
パワー	幸運

魔法の使い方

もしあなたが結婚し、2人の結婚生活と敷地の庭に幸せが訪れてほしいと願うなら、まずは初めての共同作業として、庭にキャベツを植えること。

キャラウェイ 🛡❤🍷
CARAWAY

学名	*Carum carvi*
注意事項	G
ほかの呼び名	Kummel, Alcaravea, ヒメウイキョウ
ジェンダー	男性
支配惑星	水星
支配元素	風
パワー	守護、性欲、健康、盗難防止、精神力

魔法の使い方

　アダムの最初の妻で、魔物の母といわれるリリスから身を守る守護の役目を果たしてくれるほか、悪霊や邪悪な存在、ネガティブなものが仕掛けたあらゆる仕業からも守ってくれます。そのために持ち歩く人も多いようです。キャラウェイシード（種子）を何粒か入れたオブジェは盗難防止になります。

　また、種子は忠誠心を高めるのにも使われ、サシェやお守りに入れておくと、友を引き寄せてくれます。クッキーやパン、ケーキの生地に練り込んで焼くと、性欲を抑えられます。種子をかむと、意中の異性の愛を勝ち取れます。

記憶力もアップします。小さな袋に種子を入れて、子どものベッドの上に置いておくと、その子が病気にならないように守ってくれます。

キャロット ♡
CARROT

学名	*Daucus carota*
注意事項	P
ほかの呼び名	Bird's Nest, Philtron, Gizri, Queen Ann's Lace, ニンジン
ジェンダー	男性
支配惑星	火星
支配元素	火
パワー	多産・豊穣、性欲

魔法の使い方

キャロットを食べると性欲が増し、性的不能が改善します。種子を食べると女性は妊娠しやすくなります。

キャロブ
CAROB

学名	*Ceratonia siliqua*
注意事項	実：G
ほかの呼び名	Caaroba, Caroba, Carobinha, Chocolate, イナゴマメ
パワー	防護、健康

魔法の使い方

持ち歩いたり身に着けたりして、健康状態を良好に保ちます。魔除けにもなります。

キューカンバー 💧
CUCUMBER

学名	*Cucumis sativus*
注意事項	G
ほかの呼び名	Cowcucumber, Agurk, Haswey, Kheyar, Lekiti, Gurka, キュウリ
ジェンダー	女性
支配惑星	月
支配元素	水
パワー	純潔・貞節、治癒・治療(ヒーリング)、多産・豊穣

魔法の使い方

キューカンバーの実を食べると強い情欲が抑えられます。皮を額の上にピタッと貼るように置くと頭痛が和らぎます。種子を食べると妊娠しやすくなります。

キリンケツヤシ ♥🛡✝
DRAGON'S BLOOD

学名	*Daemonorops draco*
注意事項	G
ほかの呼び名	Blood, Blume, Calamus Draco, Draconis Resina, Sanguis Draconis, Dragon's Blood Palm
ジェンダー	男性
支配惑星	火星
支配元素	火
パワー	愛情、守護、悪魔祓い、性的能力

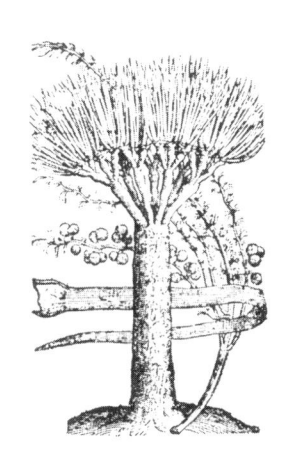

魔法の使い方

キリンケツヤシの木から採れる樹脂は、気持ちが定まらない相手を誘惑し、戻ってきてもらうときに焚いて使います。これは一般的に、女性が夜に窓を開け、近くに腰かけて外を見つめながら行います。

キリンケツヤシのスティックを枕やマットレスの下に置いて眠ると、性的不全が治るといわれています。乾燥させた樹脂は、持ち歩く、家のまわりにまく、またはインセンスにして焚くと、強力な守護のお守りになります。また、キリンケツヤシを燃やすと、悪霊やネガティブなものが寄ってきません。

少量のキリンケツヤシをほかのインセンスに加えると、その人の性的能力や精力がアップします。

にぎやかな家族を静かにさせるには、少量のキリンケツヤシをパウダー状にし、それに砂糖と塩をミックスしたら瓶に入れます。瓶にしっかりとふたを閉め、家族のだれにも見つかりそうにない場所に置いておきましょう。これで平穏と静寂が訪れるでしょう。

ギレアドバルサムノキ
BALM OF GILEAD

学名	Abies balsamea、Cedronella canariensis、Commiphora gileadensis、Populus balsamifera、P. jackii
注意事項	G
ほかの呼び名	Balessan, Balsam Tree, Balsumodendron Gileadensis, Bechan, Mecca Balsam
ジェンダー	女性
支配惑星	金星
支配元素	水
パワー	愛情、霊の顕現、守護、治癒・治療（ヒーリング）

魔法の使い方

ギレアドバルサムノキのつぼみを持ち歩くと、傷ついた心が癒されたり、新しい恋が引き寄せられたりします。また、赤ワインに浸しておくと、簡単なラブドリンクのでき上がり。ギレアドバルサムノキを燃やすのは、精霊を呼び出すときのだいじな理由になります。守護や治癒の目的で持ち歩くのもよいでしょう。

同じ名前の植物がたくさんあるため、自分が買ったり摘んだりしている植物が何という名前の植物なのか、きちんと確かめておきましょう！

クベブ ♥
CUBEB

学名	*Piper cubeba*
注意事項	熟していない実：Ne
ほかの呼び名	Tailed Pepper
ジェンダー	男性
支配惑星	火星
支配元素	火
パワー	愛情

魔法の使い方

果皮が肉質で、液汁の多い液果状のクベブの実は、愛のサシェや魔法に使われます。

クミン
CUMIN

学名	*Cuminum cyminum*
注意事項	G
ほかの呼び名	Cumino, Cumino Aigro, Sanoot, Kimoon, マキン, バキン, ウマゼリ
ジェンダー	男性
支配惑星	火星
支配元素	火
パワー	守護、忠節、悪魔祓い、盗難防止

魔法の使い方

ドイツやイタリアでは、木の精がパンを盗まないよう、パン生地にクミンを

入れて焼きます。クミンシード（種子）には「保持の才」があります。つまり、日持ちのするモノが盗まれないよう未然に防ぐことができるのです。

　守護用に、クミンはフランキンセンス（乳香）と一緒に焚きます。床にまいて悪霊を追い払います。塩と一緒にまくこともあります。花嫁が身に着けると、結婚式からネガティブなものを追い払うことができます。

　愛の魔法にも使われています。愛する人にあげると、その人の忠誠心が高まります。クミンシードをワインに浸しておくと、精力剤ができます。

　クミンを持ち歩くと気持ちが落ち着きます。もし自分で育てるつもりなら、立派なクミンが育つように願って、かならず種子をまきながらまじないの言葉を唱えなければなりません。このことを肝に銘じておくこと！

グラウンドアイビー
GROUND IVY

学名	*Glechoma hederacea*
ほかの呼び名	Alehoof, Cat's Foot, Gill-Go-Over-The-Ground, Haymaids, Hedgemaids, Lizzy-Run-Up-The-Hedge, Robin-Run-In-The-Hedge, Tunhoof, Field Balm, Runaway Robin, セイヨウカキドオシ
パワー	占い

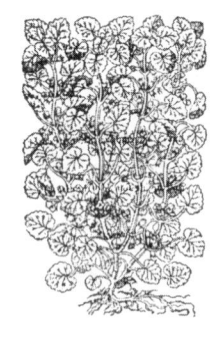

魔法の使い方

　自分にネガティブな魔法をかけているのがだれなのかを見極めるときに、グラウンドアイビーを使います。グラウンドアイビーを黄色いろうそく受けのまわりに置いて、火曜日にろうそくに火を灯します。そうすると、その人物が脳裏に浮かんできます。

グラウンドセル 🍷💧
GROUNDSEL

学名	*Senecio vulgaris*, *S.* spp.
注意事項	X
ほかの呼び名	Groundeswelge（アングロサクソン語："Ground-Swallower"）、Ground Glutton、Grundy Swallow、Sention、Simson、ノボロギク
ジェンダー	女性
支配惑星	金星
支配元素	水
パワー	健康、治癒・治療（ヒーリング）

魔法の使い方

グラウンドセルは歯痛が起きないようにと願って持ち歩き、痛くなったらそれを止めるお守りとして持ち歩きます。虫歯にならないよう、歯の健康を保つのに持ち歩くこともあります。

グラス 🛡
GRASS

パワー	超能力（サイキックパワー）、守護

魔法の使い方

緑色のグラス（イネ科の植物の総称）を一束、家の正面にある窓の上から吊るしておくと家に悪霊が近寄らず、魔除けになります。グラスで結び目を作り、家のまわりに置いておいてもよいでしょう。グラスの葉身を持ち歩いていると、超能力（サイキックパワー）が高まります。

願い事をするには、緑色のグラスで石の上に願い事をなぞります。単にグラスを石にこすりつけて緑色のシミを作るだけでもよいでしょう。また、欲しいものを視覚化したら、その石を土に埋めるか、流水に投げ入れましょう。

クラブモス 🛡
CLUB MOSS

学名	*Lycopodium clavatum*
注意事項	X
ほかの呼び名	Foxtail, Lycopod, Selago, Vegetable Sulfur, Wolf Claw, Moririr-Wa-Mafika, ヒカゲノカズラ
ジェンダー	女性
支配惑星	月
支配元素	水
パワー	守護、不思議な力

魔法の使い方

　まずは流水で洗い流すようにして身を清めたら、パンとワインをクラブモスに供し、小さな穂（指状）の部分か、銀色の葉身をつかんで引き抜きます。そうすると、クラブモスに不思議な力がみなぎってきます。このように正しいやり方で集めたクラブモスは身を守り、神の祝福を与えてくれます。

クリーバーズ 🛡
CLEAVERS

学名	*Galium aparine*
注意事項	G
ジェンダー	女性
支配惑星	土星
支配元素	火
パワー	関係、約束、守護、粘り強さ

魔法の使い方

　クリーバーズは、織物にくっついたり、まつわりついたりすることから、ロープマジック（結び目を使ったマジック）に使うことができます。

クリサンテムム
CHRYSANTHEMUM

学名	*Chrysanthemum* spp.（キク属）、主として *C. morifolium*
注意事項	有毒
ほかの呼び名	Mum, キク
ジェンダー	男性
支配惑星	太陽
支配元素	火
パワー	守護

魔法の使い方

クリサンテムムの煮出し液は二日酔いに効きます。クリサンテムムの花を身に着けると、神の怒りに触れずに済みます。庭で育ったクリサンテムムは、育てた人を悪霊から守ってくれます。

クリスマスローズ
HELLEBORE, BLACK

学名	*Helleborus niger*
注意事項	有毒
ほかの呼び名	Melampode, Christmas Rose, Winter Rose
ジェンダー	女性
支配惑星	土星
支配元素	水

魔法の使い方

外出する前に、パウダー状にしたクリスマスローズを自分の前にまきます。そうすると目立たなくなります（透明になります）。クリスマスローズは悪魔祓いの儀式にも使われており、一時はアストラル投射（「用語集」を参照）を誘発するのにも使われていました。多くの有毒なハーブと同じように、とにかく

危険なので使用しないこと。

グレイン 🛡
GRAIN

パワー	守護
ほかの呼び名	穀粒

魔法の使い方

　災害から自分の身を守るには、寝室のまわり全体にグレインをまきます。近くにいない子どもたち（学校に行っている間など）を守るには、一握りのグレインを、子どもたちが家を出たあとに、その子たちに向かって投げつけます。グレインを投げつけているところを子どもたちに見られていないことを確かめること。それぞれの穀物の項目を参照。

グレインズオブパラダイス ♡🕊♡💰
GRAINS OF PARADISE

学名	*Aframomum melequeta*
注意事項	G
ほかの呼び名	African Pepper, Guinea Grains, Mallaquetta Pepper, Melequeta
ジェンダー	男性
支配惑星	火星
支配元素	火
パワー	欲望、幸運、愛情、金運、願望

魔法の使い方

　グレインズオブパラダイスは、恋愛、欲望、幸運、そして金運アップのまじないやサシェに使われます。

　願い事をするときに使われるハーブの1つでもあります。何本かのグレイン

オブパラダイスを手に持ち、願い事をしてからその木を少しずつ四隅に投げます。まずは北の方角に投げたら、東の方角、南の方角に投げ、最後に西の方角に投げます。

グレープ
GRAPE

学名	主として *Vitis vinifera*（ヨーロッパブドウ）
注意事項	G
ほかの呼び名	ブドウ
ジェンダー	女性
支配惑星	月
支配元素	水
神	ギリシャ神話のぶどう酒と豊穣の神ディオニソス、ローマ神話の酒神バッカス、古代エジプト神話の愛と幸運の女神ハトホル
パワー	多産・豊穣、超能力（サイキックパワー）、金運、ガーデンマジック

魔法の使い方

　古代ローマには、グレープの絵を庭の塀に描いて子だくさんを願う習慣がありました。グレープまたはレーズンを食べると、多くの子宝に恵まれるほか、超能力（サイキックパワー）も冴えてきます。金運アップのまじないを唱えている間は、グレープを祭壇（オールター）の上に置いておきます。

クローバー
CLOVER

学名	*Trifolium* spp.
注意事項	G、レッドクローバー：ＰＢ
ほかの呼び名	Honey, Honeystalks, Shamrock, Three-Leaved Grass, Trefoil, Trifoil
ジェンダー	男性
支配惑星	水星
支配元素	風
パワー	守護、金運、愛情、忠誠、悪魔祓い、成功祈願

魔法の使い方

●二葉

　二葉のクローバーを見つけたら、恋人もすぐに見つかるはずです。

●三葉

　三葉のクローバーは、守護のお守りとして身に着けるとよいでしょう。

●四葉

　男性が四葉のクローバーを身に着けると、兵役を免除される可能性があります。四葉のクローバーは、正気を失わないように守ってくれます。また、超能力(サイキックパワー)の働きを良くしてくれるため、霊の存在に気づくことがあります。四葉のクローバーを身に着けている人は、金(ゴールド)、金運、財宝がもたらされます。

　もし好きな人と一緒に四葉のクローバーを食べると、結果的に２人は相思相愛の関係になります。四葉のクローバーの上に小麦を７粒置いておくと、妖精が現れるのを見ることができます。

　一方の靴のなかに四葉のクローバーを敷いてから外出すると、新しい恋人、しかも金持ちの恋人に出会うチャンスが増えるでしょう。

●五葉

　五葉のクローバーにはお金を引き寄せるパワーがみなぎっているので、身に

着けているとよいでしょう。

●シロツメクサ

シロツメクサは魔法解除に使われていることから、身に着けたり、敷地のまわりにまいたりするとよいでしょう。

●アカツメクサ

アカツメクサを浴槽に入れて入浴すると、お金がからんだどんな契約にも対応できるようになります。

アカツメクサは精力剤にも使われています。さらに、煮出し液をまいておくと悪霊を追い払うこともできます。

●全般

クローバーは、もしあなたが所有する土地で育ったら、そこからヘビを追い払ってくれます。左足の靴の底にクローバーを敷いたら、一旦それを忘れること。悪霊が近寄らなくなります。

クローバーを右胸の上に飾ると、どんな請負仕事もうまくいきます。

もし恋に破れたら、心臓の近くに、青いシルクの布を下にしてクローバーを飾ってみること。そうすると、あなたが立ち直るのをクローバーが助けてくれるでしょう。

クローブ 🛡✝♥💰
CLOVE

学名	*Syzygium aromaticum*
注意事項	G
ほかの呼び名	Mykhet, Carenfil, チョウジ
ジェンダー	男性
支配惑星	木星
支配元素	火
パワー	守護、悪魔祓い、愛情、金運

魔法の使い方

インセンスとして火を灯すと、クローブは富を引きつけ、敵対する勢力やネガティブな力をはねつけてくれます。また、精神的に豊かなバイブレーションを生み出し、周囲を浄化してくれます。

他人にあなたの陰口をやめさせるには、クローブのインセンスに火を灯すとよいでしょう。クローブを身に着けたり持ち歩いたりすると、異性が惹きつけられます。家族を亡くした人には慰めになります。

クローブピンク 🛡💧
CARNATION

学名	*Dianthus carophyllus*
注意事項	Sk Dg
ほかの呼び名	Gillies, Gilliflower, Jove's Flower, Nelka, Scaffold Flower, Sops-In-Wine, カーネーション
ジェンダー	男性
支配惑星	太陽
支配元素	火
神	ローマ神話の最高神ユーピテル
パワー	守護、体力、治癒・治療(ヒーリング)

魔法の使い方

エリザベス朝時代には、クローブピンクを身に着けていると、絞首台で不慮の死を遂げずに済むといわれていました。万能の守護の魔法にも使われます。

病み上がりの人の部屋に置かれたクローブピンクは、その人にパワーとエネルギーを与えてくれます。治癒・治療(ヒーリング)のおまじないにも使われています。治療の儀式の間に、切り取ったばかりのクローブピンク（赤い花がベスト）を祭壇(オールター)の上に置きます。乾燥させた花をサシェやインセンスに加えてもよいでしょう。

クロッカス ♥
CROCUS

学名	*Crocus vernus*
注意事項	X
ジェンダー	女性
支配惑星	金星
支配元素	水
パワー	恋愛、直感力

魔法の使い方

クロッカスが大きく育つと、異性を引き寄せてくれます。クロッカスをミョウバンと一緒に香炉(インセンスバーナー)のなかで燃やすと、あなたから何かを奪い取った盗人の幻が見えることがあります。古代エジプトでは、そうやって使われていたそうです。

クロッカス・クロスオブゴールド
CLOTH-OF-GOLD

学名	*Crocus angustifolius*
注意事項	X
パワー	動物の言葉の理解

魔法の使い方

クロッカス・クロスオブゴールドは、鳥や動物の言葉を理解する能力を与えてくれます。

クロッカス・クロスオブゴールドを集めるときには、裸足になって両足をきれいに洗い、白い衣服を着ること。パンとワインをささげたら、そっと果実をもぎ取ります。それを身に着けると、そのような能力が得られます。

ケイパー ♡♡
CAPER

学名	*Capparis spinosa*
ほかの呼び名	Fakouha, Lasafa, Shafallah, ケッパー、カーブル、トゲフウチョウボク
ジェンダー	女性
支配惑星	金星
支配元素	水
パワー	性的能力、欲望、愛情

魔法の使い方

ケイパーをほんの少し食べるだけで、男性の性的不全が治ります。ケイパーは恋愛や欲望の魔法にも使われています。

ケルプ 🛡
KELP

学名	*Laminaria digitata*
ほかの呼び名	コンブ
支配惑星	木星
支配元素	水
パワー	旅、守護

魔法の使い方

ケルプは長い航海に出るときのお守りとして使われます。

ゲンチアナ ♥
GENTIAN

学名	*Gentiana lutea*
注意事項	U Dg
ほかの呼び名	Bitter Root, Yellow Gentian, Ho chwurzel
ジェンダー	男性
支配惑星	火星
支配元素	火
パワー	愛情、力強さ

魔法の使い方

お風呂に入れたりサシェに加えたりして、恋愛成就を願います。どんなインセンスでもサシェでも、ゲンチアナを加えるだけで絶大な力強さが得られます。魔法や呪いを解くのにも使われています。

ゴース
GORSE

学名	*Ulex europaeus*
ほかの呼び名	Broom, Frey, Furze, Fyrs, Gorst, Goss, Prickly Broom, Ruffet, Whin, ハリエニシダ
ジェンダー	男性
支配惑星	火星
支配元素	火
神	ローマ神話の最高神ユーピテル、北欧神話の雷神トール
パワー	守護、金運

魔法の使い方

優れた魔除けになります。イギリスでは、妖精が入ってこないように家を守るため、生け垣にはトゲのあるゴースを使います。妖精は生け垣を突き抜けることができないからです。ゴースは、金(ゴールド)を引きつける力があることから、金運アップの魔法にも使われています。

ゴーツルー
GOAT'S RUE

学名	*Galega officinalis*
ほかの呼び名	French Honeysuckle, Rutwica, Lavamani
ジェンダー	男性
支配惑星	水星
支配元素	風
パワー	治癒・治療(ヒーリング)、健康

魔法の使い方

治癒・治療(ヒーリング)の儀式に使われています。ゴーツルーの葉は、靴のなかに入れておくと、リウマチの治療や予防ができます。

ゴード
GOURD

学名	*Lagenaria siceraria*
注意事項	ゴードのなかには有毒なものもあるため、口にするのは食用として販売されているものだけにすること。
ほかの呼び名	ヒョウタン
ジェンダー	女性
支配惑星	月
支配元素	水
パワー	守護

魔法の使い方

ゴードを玄関口に吊るしておくと、魅惑されずに済みます。ゴードの切ったものを何枚かポケットか財布に入れておくと魔除けになります。

悪霊を脅かしてみるには、ゴードのなかに乾燥させたビーンを入れてガラガラを作るとよいでしょう。また、乾燥させたゴードの上部を切って、なかに水を一杯に入れ、水晶占い(スクライング)をするときにボウルとして使います。

コーパル
COPAL

学名	*Bursera fagaroides*
注意事項	B. fugaroides：G
ジェンダー	男性
支配惑星	太陽
支配元素	火
パワー	愛情、浄化

魔法の使い方

とくにメキシコでは、恋愛と浄化のインセンスに使われています。

1片のコーパルはポペットの心臓を象徴しています。

世界には300種類以上のコーパルが存在しますが、どのコーパルにもやや甘

い芳香があることから、恋愛の魔法に使われることが多いようです。一般に入手できるコーパルにはそれぞれユニークな特性があります。

　アステカ（またはブラック）コーパルは、ほかのコーパルとは違い、松脂のにおいがします。マニラコーパルはとくにほのかな甘い香りがします。ほかに現在入手できる数少ないコーパルとしては、マヤコーパル、マニラコーパル、そしてゴールデンコーパルがあります。

ゴールデンシール
GOLDEN SEAL

学名	*Hydrastis canadensis*
注意事項	P Lt
ほかの呼び名	Eye Balm, Eye Root, Ground Raspberry, Indian Dye, Indian Paint, Jaundice Root, Orange Root, Tumeric Root, Warnera, Wild Curcurma, Yellow Puccoon, Yellow Root
ジェンダー	男性
支配惑星	太陽
支配元素	火
パワー	治癒・治療（ヒーリング）、金運

魔法の使い方

　金運アップの魔法のほか、治療の儀式にも使われています。

ゴールデンロッド
GOLDENROD

学名	*Solidago* spp.（アキノキリンソウ属）、主として *S. odora* (anisescented goldenrod)、*S. virgaurea* (European goldenrod、アキノキリンソウ)、*S. canadensis* (Canada goldenrod、セイタカアワダチソウ)、*S. gigantea* (giant goldenrod)
注意事項	P Sg K
ほかの呼び名	Aaron's Rod, Blue Mountain Tea, Goldruthe, Gonea Tea, Sweet Scented Goldenrod, Solidago, Verg d'Or, Wound Weed, Woundwort、アキノキリンソウ、セイタカアワダチソウ
ジェンダー	女性
支配惑星	金星
支配元素	風
パワー	金運、占い

魔法の使い方

まだ見ぬ恋人に会ってみたいなら、ゴールデンロッド（の小花）を身に着けること。その人はすぐに現れるでしょう。

ゴールデンロッドを手に持ったとき、失くしたモノや隠れているモノのほうを向いて花がうなずいたら、その方向にお宝が眠っているということ。もし家の玄関ドア近くに突然生えてきたら、それは、そこに住む家族に思いがけない幸運が訪れるというしるしです。

ゴールデンロッドは金運アップの魔法にも使われます。

コーン
CORN

学名	*Zea mays*
注意事項	種子、毛：G
ほかの呼び名	Giver of life, Maize, Sacred Mother, Seed of Seeds、トウモロコシ
ジェンダー	女性
支配惑星	金星
支配元素	土
パワー	守護、幸運、占い

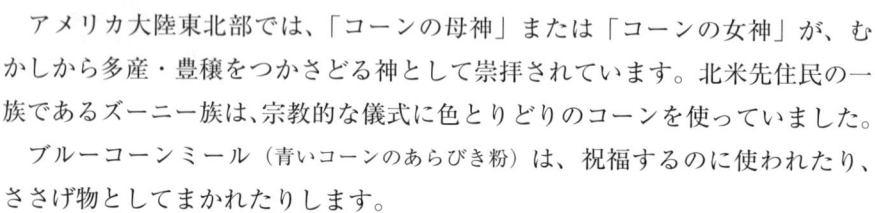

儀式での使い方

　アメリカ大陸東北部では、「コーンの母神」または「コーンの女神」が、むかしから多産・豊穣をつかさどる神として崇拝されています。北米先住民の一族であるズーニー族は、宗教的な儀式に色とりどりのコーンを使っていました。
　ブルーコーンミール（青いコーンのあらびき粉）は、祝福するのに使われたり、ささげ物としてまかれたりします。

魔法の使い方

　穀物貯蔵庫に手を突っ込んで、コーンの穂を引き抜きます。そして穂についているコーンの数を数えてみましょう。12粒を1歳として計算すると、あなたの年齢になるはずです。
　コーンの穂をベビーカーのなかに敷いておくと、赤ちゃんがネガティブなパワーの影響を受けずに済みます。コーンの茎を束ねて鏡の上に吊るしておくと、その家に幸運が訪れ、レッドコーンの実で作ったネックレスは、鼻血の予防になります。
　古代メソアメリカ（中米。メキシコからパナマまでの地域）の人々は、コーンの花粉を使って雨を降らせていました。おそらく空中に放り投げたのでしょう。
　かつて、アメリカの山岳地帯では、難産のときにコーンの穂軸を丸太小屋の玄関口（またはベッドの下）で燃やして分娩を早めていました。

コーンフラワー ♥
BACHELOR'S BUTTONS

学名	*Centaurea cyanus*
注意事項	G
ほかの呼び名	Devil's Flower, Red Campion, Bluet, Hurtlesickle, Blue Bottle, ヤグルマギク
ジェンダー	女性
支配惑星	金星
支配元素	水
神	イングランド伝承に登場するいたずら好きの妖精ロビングッドフェロー
パワー	愛情

魔法の使い方

女性がコーンフラワーの花を胸に着けると、男性の愛情を引き寄せることができます。また花を摘んだら、それをポケットに入れておきます。枯れてしまうかみずみずしさを保っているかによって、恋愛がうまくいくか失恋するかが分かります。

ココナッツ
COCONUT

学名	*Cocos nucifera*（ココヤシ）の果実
ほかの呼び名	Niyog, Ranedj
ジェンダー	女性
支配惑星	月
支配元素	水
パワー	浄化、守護、純潔・貞節

魔法の使い方

むかしから、ココナッツは純潔の魔法や安全祈願の儀式に使われています。ココナッツを半分に割り、ジュースを抜き取って空にしたら、そこに適切な安全祈願のハーブを詰め、密封してふたをします。それを土に埋めておくと、あ

なたの地所の安全が守られます。

ココナッツを丸ごと家に吊るしておくと、守護のお守りになります。

ゴツコーラ
GOTU KOLA

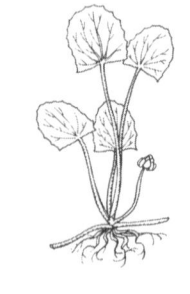

学名	*Centella asiatica*
注意事項	G
ほかの呼び名	Indian Pennywort, Hydrocotyle, ゴツコラ、ツボクサ
パワー	瞑想

魔法の使い方

ゴツゴーラは瞑想のインセンスに使われています。瞑想する前に（瞑想中にではありません）少量を焚きます。

コットン
COTTON

学名	*Gossypium* spp.（ワタ属）、主として G. *barbadense*（ピマワタ）
注意事項	根皮：P
ほかの呼び名	ワタ
ジェンダー	女性
支配惑星	月
支配元素	土
パワー	幸運、治癒・治療（ヒーリング）、守護、雨乞い、フィッシングマジック

魔法の使い方

コットン生地をシュガーポットに入れておくと幸運がついて来ます。同じように、夜明けと同時にコットン生地を右肩の後ろに投げると、幸運がやって来ます。後者の場合、幸運はその日のうちにやって来ます。

痛む歯にコットン生地をあてておくと歯痛がおさまります。中庭にコットンを植えたりまいたりすると幽霊が逃げていくそうです。またコットンを丸めて酢に漬けておくか窓の下枠に置いておくと、悪霊を追いつめることができます。

失った恋を復活させるためには、コットン生地にコショウを何粒か置いて、それを包んでサシェを作ります。でき上がったサシェを身に着けると、魔法がうまく作用します。サシェを作るのに、また魔法で布地が必要なときにはコットン生地が最適です（ウールが一番ですけれどね）。

もし風の強い日に釣りに行くなら、コットンの実を20粒持っていくとよいでしょう。そして、その20粒を水際に置き、少なくとも1粒はかじってみること。コットンを燃やすと雨が降ります。

コリアンダー
CORIANDER

学名	*Coriandrum sativum*
注意事項	G
ほかの呼び名	Chinese Parsley, Cilantro, Cilentro, Culantro, Uan-Suy, Stinkdillsamen, Hu-Sui、コエンドロ、シャンツァイ、コウサイ、パクチー
ジェンダー	男性
支配惑星	火星
支配元素	火
パワー	愛情、健康、治癒・治療（ヒーリング）

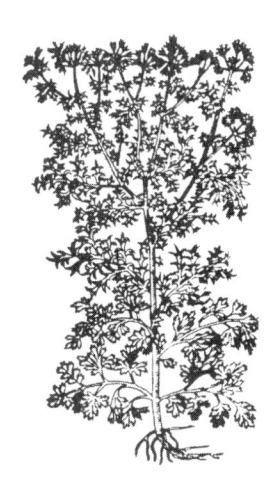

魔法の使い方

コリアンダーはむかしから恋愛のサシェや魔法に使われています。パウダー状にした種子をホットワインに加えると、効き目のある精力剤ができます。

種子は治癒・治療（ヒーリング）に、とくに頭痛を和らげるのに使われています。同じ目的で身に着けてもよいでしょう。妊婦がコリアンダーを食べると、頭の良い子が生まれるそうです。

コルツフット ♥
COLTSFOOT

学名	*Tussilago farfara*
注意事項	P N X
ほかの呼び名	Ass's Foot, British Tobacco, Bull's Foot, Butterbur, Coughwort, Pas d'ane, Sponnc, Foal's Foot, フキタンポポ
ジェンダー	女性
支配惑星	金星
支配元素	水
パワー	愛情、直感力

魔法の使い方

　コルツフットは愛のサシェに加えます。また、平穏や静けさの魔法に使います。葉を吸うと、直感力が目覚めます。

コルディリネフルティコーサ
TI

学名	*Cordyline fruticosa*
注意事項	G
ほかの呼び名	Good Luck Plant, Ki（ハワイ語）、ティ（Ti）、センネンボク
ジェンダー	男性
支配惑星	木星
支配元素	火
神	ハワイの生命の神カネ、ハワイの愛と平和の神ロノ、火の女神ペレ
パワー	守護、治癒・治療(ヒーリング)

魔法の使い方

　コルディリネの葉は、航海中に持っていると嵐を寄せつけず、身に着けていると溺れ死ぬことはありません。家のまわりにコルディリネを植えると、一種

の防護壁になります。防護壁には緑色のコルディリネを使うこと。けっして赤いコルディリネを使ってはなりません。赤いコルディリネは火の女神ペレにささげられており、むかしから、赤いコルディリネを植えると、その家主には不幸が訪れるといわれています。

ベッドの下に置いたコルディリネの葉1枚は、眠っている人を守ってくれ、コルディリネの葉を額の上でこすると、頭痛が和らいできます。

コロンバイン ♥
COLUMBINE

学名	*Aquilegia canadensis*（カナディアンコロンバイン）、*A. vulgaris*（コモンコロンバイン）
注意事項	種子：有毒
ほかの呼び名	Lion's Herb
ジェンダー	女性
支配惑星	金星
支配元素	水
パワー	勇気、愛情

魔法の使い方

コロンバインに手をこすりつけると、勇気や大胆な気持ちが沸いてきます。持ち歩いてもよいでしょう。

種子は愛の香りとして使われています。種子を細かく砕いたら、手や体にこすりつけると、恋人を惹きつけることができます。この魔法は男性にも女性にも有効です。

コンフリー 🛍
COMFREY

学名	*Symphytum officinale*
注意事項	X
ほかの呼び名	Assear, Black Wort, Boneset, Bruisewort, Consohda, Consound, Gum Plant, Healing Herb, Knit Back, Knit Bone, Miracle Herb, Slippery Root, Wallwort, Yalluc, Gavez, Smeerwartel, Karakaffes, Ztworkost、ヒレハリソウ
ジェンダー	女性
支配惑星	土星
支配元素	水
パワー	旅の安全、金運

魔法の使い方

　コンフリーを身に着けたり持ち歩いたりすると、旅先での身の安全が守られます。また、少量をスーツケースに入れておくと、紛失や盗難の被害に遭わずに済みます。コンフリーの根は金運アップの魔法にも使われています。

サイプレス
CYPRESS

学名	*Cupressus sempervirens*
注意事項	P
ほかの呼び名	Tree of Death、イトスギ、セイヨウヒノキ、イタリアンサイプレス、コモンサイプレス、ホソイトスギ
ジェンダー	女性
支配惑星	土星
支配元素	土
神	古代アーリヤ人の男神ミトラ、ローマ神話の冥府の神プルートー、ギリシャ神話の美と愛の女神アフロディーテ、ギリシャ神話の狩猟と純潔の女神アルテミス、ギリシャ神話の太陽神アポロ、ギリシャ神話のアフロディーテの息子で愛の神キューピッド、ローマ神話の最高神ユーピテル、ギリシャ神話の魔法の女神ヘカテ、ギリシャ神話の青春の女神ヘーベー、中央アジアの預言者ゾロアスター
パワー	長寿、治癒・治療(ヒーリング)、慰め、守護

儀式での使い方

古代ミノア人は神の象徴としてサイプレスを崇拝し、その崇拝をキプロスからクレタ島に広めました。エジプトでは棺を作るのに使われていました。

魔法の使い方

サイプレスは危機のときに、とくに友人か親族が亡くなったときに使います。葬儀のときに身に着けたり持っていたりすると、気持ちが落ち着き、深い悲しみが和らぐでしょう。

サイプレスの木が家の近所に生えていたら、家はしっかりと守られます。その大きな枝には守護や祝福のパワーがあるのです。サイプレスは永遠と不死を象徴していることから、むかしから長寿を願ってサイプレス材を持ち歩く習慣があります。

サイプレスから治療用の枝を作るには、サイプレスの木から3カ月以上かけてゆっくりと枝を1本切り落とします。これは「治療の杖」(ヒーリングスティック)ともいわれ、治癒・

治療の儀式でのみ使うこと。病人の悪い気を払うには、罹患した部位に触れてから杖の先を炎のなかに突っ込み、あとでそれを洗い清めます。また、神のご加護を求める祈りにも使われます。

　サイプレスの樹は乾燥させてインセンスとして使いますが、同じように、根と円錐(訳注　種子を産出する部分)もやはり治癒・治療に使われています。

　サイプレスの小枝を墓所に投げて、亡き人の冥福を祈ります。

　サイプレス材の木槌は、かつて泥棒捜しに使われていたことがありますが、分かっているかぎりでは、正確な使い方は忘れ去られてしまっています。

サザンウッド ♥♥🛡
SOUTHERNWOOD

学名	*Artemisia abrotanum*
注意事項	P
ほかの呼び名	Appleringie, Boy's Love, Garde Robe, Lad's Love, Maid's Ruin, Old Man, キダチヨモギ
ジェンダー	男性
支配惑星	水星
支配元素	風
パワー	愛情、欲望、守護

魔法の使い方

　サザンウッドは愛の魔法に使われています。持ち歩いても寝室に置いておいてもよいでしょう。欲望をかき立てるため、ベッドの下に置いて使うこともあります。インセンスにして火を灯すと、あらゆるトラブルから守ってくれ、その煙はヘビを追い払ってくれます。

サッサフラス
SASSAFRAS

学名	*Sassafras albidum*
注意事項	Lt D+
ほかの呼び名	Saxifrax, Ague Tree, Cinnamon Wood
ジェンダー	男性
支配惑星	木星
支配元素	火
パワー	健康、金運

魔法の使い方

　サッサフラスを財布や札入れに入れておくとお金が貯まります。また、そのためにサッサフラスを燃やしてもよいでしょう。治癒・治療（ヒーリング）を助けるサシェやまじないに使われることもあります。

サフラン
SAFFRON

学名	*Crocus sativa*
注意事項	D+ P
ほかの呼び名	Autumn Crocus, Crocus, Karcom, Krokos, Kunkuma（サンスクリット語）, Saffer（アラビア語）, Spanish Saffron
ジェンダー	男性
支配惑星	太陽
支配元素	火
神	ギリシャ神話の性愛をつかさどる神エロス、月と多産・豊穣の女神アシュトレト
パワー	愛情、治癒・治療、幸福、風起こし、欲望、体力、超能力

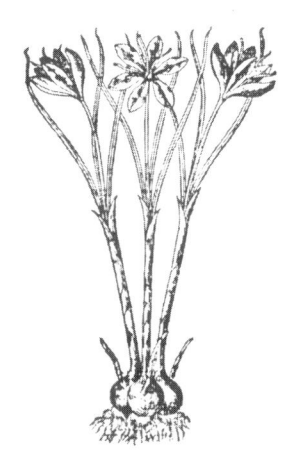

儀式での使い方

　古代フェニキアには、サフランを三日月形のケーキに入れて焼き、女神アシュトレトを崇拝しながらそれを食べる習慣がありました。

魔法の使い方

　サフランは愛のサシェや情欲を引き起こすサシェに加えるとよいでしょう。治癒・治療(ヒーリング)の魔法にも使われ、煎じ液は治療の儀式の前に手を清めるときに使われています。

　むかしのペルシャ(現イラン)では、妊婦がサフランの球根とミズゴケで作ったサフランボールをみぞおちの上に置いて安産を祈りました。

　煎じ液を飲むと、未来を予測できるようになります。サフランを摂取するだけで憂うつな気分を晴らすこともできますが、「サフランを食べすぎると浮かれ死にするぞ！」と警告を発していた作家もいます。

　家のなかにサフランがあると、トカゲが入ってきません。またサフランの花飾りをかぶっていると、酩酊しません(ただ、友人たちの話のネタにされるのは間違いありません)。 アイルランドでは、シーツをサフランの煎じ液ですすぎ洗いすると、寝ている間に手足が丈夫になるといわれていました。また、古代ペルシャの人々は、サフランを使って風を起こしていました。

サボリー・サマー
SAVORY, SUMMER

学名	*Satureja hortensis*
注意事項	G
ほかの呼び名	Herbe de St. Julien, Garden Savory
ジェンダー	男性
支配惑星	水星
支配元素	風
パワー	精神力

魔法の使い方

　サマーサボリーは、持ち歩いたり身に着けたりすると、気持ちが強くなります。

サルサパリラ ♡🌿
SARSAPARILLA

学名	*Smilax aspera*、*S. ornata*
注意事項	G
ほかの呼び名	Bamboo Briar
ジェンダー	男性
支配惑星	木星
支配元素	火
パワー	愛情、金運

魔法の使い方

　サルサパリラは、シナモンやサンダルウッドのパウダーとミックスして、それを敷地にまくと、お金が集まってきます。恋愛の魔法にも使われています。

サンダルウッド 🛡★💧✝
SANDALWOOD, WHITE

学名	*Santalum album*
注意事項	Pk Pl
ほかの呼び名	Sandal, Santal, White Sandalwood, White Saunders, Yellow Sandalwood, ビャクダン
ジェンダー	女性
支配惑星	月
支配元素	水
パワー	守護、願望、治癒・治療(ヒーリング)、悪魔祓い、精神性

魔法の使い方

　守護、ヒーリング、悪魔祓いの魔法をかけている間にパウダー状にしたサンダルウッドを燃やします。ラベンダーとミックスすると、精霊を呼び出すインセンスができます。

　サンダルウッドの香り豊かな木質には霊的に極めて高いバイブレーションがあるため、降霊術の会や満月の儀式のときに、フランキンセンスとミック

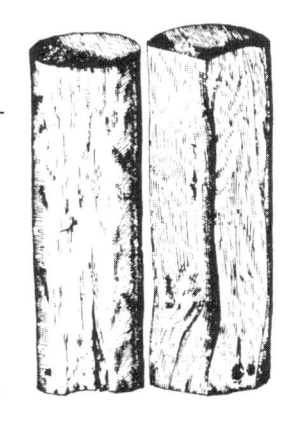

スして燃やすとよいでしょう。サンダルウッドの切りくずに願い事を書いて、香炉(インセンスバーナー)か大釜に入れて燃やします。

　切りくずが燃えているときに魔法の流れが作られるのですが、そのときに自分の願い事を視覚化するのを忘れないように。

　サンダルウッドのネックレスは守護のお守りになり、身に着けると精神的な気づきを促してくれます。

　パウダー状のサンダルウッドをまいておくと、その場からネガティブなものが一掃されます。インセンスのベースにも使われています。

サンダルウッド・レッド ♥
SANDALWOOD, RED

学名	*Pterocarpus santalinus*
ほかの呼び名	コウキ
ジェンダー	女性
支配惑星	金星
支配元素	水
パワー	愛情

魔法の使い方

　レッドサンダルウッドは、燃やすと恋を運んできてくれます。ネガティブなものをきれいに浄化したいときには、その場にレッドサンダルウッドをまくとよいでしょう。

サンフラワー ★♀
SUNFLOWER

学名	*Helianthus annuus*
注意事項	G
ほかの呼び名	Corona Solis, Marigold of Peru, Solo Indianus, ヒマワリ
ジェンダー	男性
支配惑星	太陽
支配元素	火
パワー	多産・豊穣、願望、健康、英知

魔法の使い方

　妊娠を望む女性がサンフラワーの種子を食べるようです。天然痘（疱瘡）にかからないようにするために、サンフラワーの種子を首のまわりに巻きつけます。袋に入れてぶら下げても、ネックレスのようにして身に着けてもよいでしょう。

　夕暮れどきに願い事をしながらサンフラワーを摘むと、その願い事がとてつもなく壮大なものでないかぎり、次の夕暮れどきまでにはかなうでしょう。

　ベッドの下にサンフラワーを置いて寝ると、ある問題の本質を知ることができます。もし高潔な人になりたいなら、サンフラワーの茎の圧搾ジュースを体に塗りましょう。

　庭で育ったサンフラワーはペスト（黒死病）にかからないよう身を守ってくれ、そのサンフラワーを育てた庭師に最高の幸運を授けてくれます。

シーダー
CEDAR

学名	*Cedrus spp.*（ヒマラヤスギ属） 主として *C. libani*（レバノンスギ）
注意事項	葉、実：P
ジェンダー	男性
支配惑星	太陽
支配元素	火
パワー	治癒、浄化、金運、守護

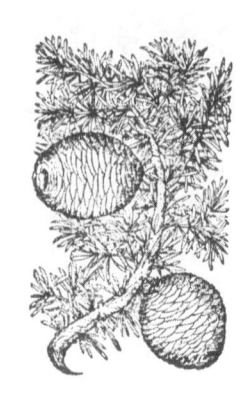

魔法の使い方

　シーダーの煙には浄化作用があります。また、悪い夢ばかりを見る傾向を改善してくれます。シーダーの小枝を燃やしていぶし、インセンスとして使います。鼻風邪を治すには、アメリカ先住民が浄化のために発汗浴をするときに使う高温岩石の上にシーダーの小枝を置いておきます。

　家のなかに吊るしておくと、避雷効果があります。シーダーの枝を削って3本脚に形作り、その脚を立てて家の近くの地面に立てておくと、家をあらゆる悪から守ってくれるでしょう。財布のなかにシーダーを1枚入れておくと金運がアップします。また金運アップのインセンスにも使われています。シーダーを愛のサシェに加え、それを焚くと、超能力(サイキックパワー)が呼び起こされます（原注　シーダーの代用としては、エンピツビャクシンがよく使われます）。

シクラメン 🛡🕊♡
CYCLAMEN

学名	*Cyclamen spp.*
注意事項	高用量ではおそらく X
ほかの呼び名	Groundbread, Pain de Porceau（フランス語：Sow Bread）, Sow-Bread, Swine Bread
ジェンダー	女性
支配惑星	金星
支配元素	水
神	ギリシャ神話の魔法の女神ヘカテ
パワー	多産・豊穣、守護、幸福、欲望

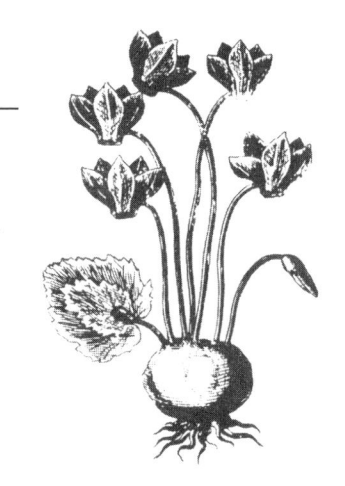

魔法の使い方

　寝室で育てたシクラメンは、その部屋で眠る人を守ってくれ、シクラメンが育ったところでは、有害な魔法をかけてもまったく効果がないそうです。

　シクラメンは妊娠を促し、情熱をより熱く燃やすのにも使われており、花は心の苦しみを取り除いてくれます。

シスル 🛡💧✚🪄
THISTLE

学名	*Carduus* spp.（ヒメアザミ属）, *Cirsium* spp.（アザミ属）, *Silybum* spp.（オオアザミ属）などの総称。主として *Carduus* spp.
注意事項	老木：X
ほかの呼び名	Lady's Thistle, Thrissles, アザミ
ジェンダー	男性
支配惑星	火星
支配元素	火
神	北欧神話の雷神トール、ローマ神話の技術・工芸の女神ミネルバ
パワー	体力、守護、治癒・治療、悪魔祓い、魔法解除

魔法の使い方

　シスルを入れたボウルを部屋に置いておくと、その部屋のなかの霊が力づけられ、あらゆる活力がよみがえってきます。シスル（またはその一部）を持ち歩けば、エネルギーや体力が養われます。

　庭で育ったシスルは泥棒除けになります。植木鉢や玄関前の階段などで育ったシスルは、悪霊を追い払ってくれます。シスルの花をポケットに入れて持ち歩くと守護のお守りになります。暖炉の火のなかに投げ入れたシスルは落雷に遭わないよう家を守ってくれるでしょう。

　もしあなたが呪われている、または魔法をかけられているなら、シスルの糸を織って作ったシャツを身に着けると、その呪いや魔法、その他あらゆる魔術を解除することができます。魔法解除のポペットにもシスルを詰めます。悪霊を退治するために、家のなかやほかの建物のなかにシスルを散りばめることもあります。

　シスルは治癒・治療（ヒーリング）の魔法にも使われているほか、男性がシスルを持ち歩いているとステキな恋愛ができます。また、シスルは、身に着けたり持ち歩いたりすると憂うつな気分を吹き飛ばしてくれます。

　イングランドでは、魔法使いたちが自分の縄張りで一番背の高いシスルを選んで、魔法の杖や歩行用のステッキとして使っていました。

　霊を呼び出すには、沸騰したお湯のなかにシスルを数本入れます。火を止めたらその脇に横になるか、または座ります。水蒸気が立ち上ってきたら霊の名を呼び、注意深く耳を傾けてみましょう。霊があなたの問いに答えてくれるでしょう。

シトロン
CITRON

学名	*Citrus medica*
注意事項	G
ほかの呼び名	Sukake, Forbidden Fruit, Rough Lemon
ジェンダー	男性
支配惑星	太陽
支配元素	風
パワー	超能力(サイキックパワー)、治癒・治療(ヒーリング)

魔法の使い方

　シトロンを食べると、超能力(サイキックパワー)が働くようになります。シトロンは治癒・治療(ヒーリング)の魔法やインセンスにも使われています。

シナモン
CINNAMON

学名	*Cinnamomum verum*
注意事項	+F：P Lt
ほかの呼び名	Sweet Wood, Ceylon Cinnamon
ジェンダー	男性
支配惑星	太陽
支配元素	火
神	ローマ神話の愛と美の女神ビーナス、アフロディーテ
パワー	霊性、成功、治癒・治療(ヒーリング)、体力、超能力、欲望、守護、愛情

儀式での使い方

　古代ヘブライ人は、シナモンオイルを聖油の1つとして使っていました。古代ローマの寺院の装飾には、シナモンの葉を編んでリースにした模様が使われています。古代エジプトでは、ミイラにして防腐保存するときにシナモンが使

われていました。

魔法の使い方

　インセンスにして焚くと、霊性が高いバイブレーションが引き出され、治療を助け、金運を高めてくれます。また、超能力(サイキックパワー)を刺激し、守護のバイブレーションを生み出してくれます。

　同じ目的で、シナモンでサシェや煮出し液を作ってもよいでしょう。

ジャスミン
JASMINE

学名	*Jasminum officinale*（コモンジャスミン）, *J. grandiflorum*（スパニッシュジャスミン）, *J. odoratissimum*（イエロージャスミン）
注意事項	J. grandiflorum の花：G
ほかの呼び名	Jessamin, Moonlight on the Grove, Peot's Jessamine, Anbar, Yasmin, ソケイ
ジェンダー	女性
支配惑星	月
支配元素	水
神	ヒンドゥー教の最高神ビシュヌ
パワー	愛情、金運、予知夢

魔法の使い方

　乾燥させたジャスミンの花をサシェや愛情のミックスハーブに加えて使うと、精神的な恋愛（肉体的な恋愛の対語）が体験できます。

　また、花を持ち歩く、燃やす、または身に着けると、富やお金を引き寄せることができます。花を寝室で燃やすと予知夢が見られ、花の香りをかぐと眠気が誘発されます。

シャロット
SHALLOT

学名	*Allium cepa Aggregatum group*
注意事項	G
ほかの呼び名	エシャロット
ジェンダー	男性
支配惑星	火星
支配元素	火
パワー	浄化

魔法の使い方

シャロットを入れたお風呂に入れば、逆境をはねのけられます。

シュガーケイン ♥♡
SUGAR CANE

学名	*Saccharum officinarum*
注意事項	G
ほかの呼び名	Ko（ハワイ語）, サトウキビ
ジェンダー	女性
支配惑星	金星
支配元素	水
パワー	愛情、欲望

魔法の使い方

　シュガーケイン（砂糖）はむかしから、惚れ薬や精力剤に使われています。愛する人のことを考えながら、茎の随の部分をかむとよいでしょう。

　シュガーケインは、悪霊を追い払うために、また儀式や魔法をかける前にその場を浄化してきれいにするときにも使われています。

ジュニパー
JUNIPER

学名	*Juniperus communis*
注意事項	P Lt（一度に最長4〜6週間）
ほかの呼び名	Enebro, Gemeiner Wachholder, Geneva, Gin Berry, Ginepro, Gin Plant, セイヨウネズ
ジェンダー	男性
支配惑星	太陽
支配元素	火
パワー	守護、盗難防止、愛情、悪魔祓い、健康

魔法の使い方

　ヨーロッパでは至るところで守護用に使われていますが、盗難防止にもなります。おそらく地中海沿岸諸国の魔女たちが使った最初のインセンスの1つでしょう。

　ジュニパーをドアの上から吊るしておくと、悪い力や悪意を持った人から守ってくれます。悪魔祓いの儀式では燃やして使われます。ジュニパーの小枝を持ち歩くと、事故に遭わず、野生動物にも襲われないといわれ、幽霊や病気からも守ってくれます。

　愛情のミックスハーブにも加えて使うとよいでしょう。実を持ち歩くと男性の性的能力が高まります。

　持ち歩く、または燃やすことで、ジュニパーは超能力(サイキックパワー)を高めてくれるほか、悪魔や呪いの解除、ヘビ除けに役に立ちます。

ジョーパイウィード ♥
JOE-PYE WEED

学名	*Eupatorium spp.*（フジバカマ属）、主として *E. purpureum*
注意事項	X N Br
ほかの呼び名	Gravelroot, Hempweed, Joe-Pie, Jopi Weed, Trumpet Weed
パワー	愛情、尊敬

魔法の使い方

　葉を何枚か口のなかに含んでからセックスするとかならずうまくいきます。

　葉を何枚か持ち歩くと、尊敬の眼差しで見られ、出会う人みなに好意を抱かれます。

ジョブズティアーズ
JOB'S TEARS

学名	*Coix lacryma-jobi*
注意事項	P
ほかの呼び名	Tear Grass、ジュズダマ
ジェンダー	女性
支配惑星	月
支配元素	水
神	ヒンドゥー教の最高神ビシュヌ
パワー	治癒・治療（ヒーリング）、願望、幸運

魔法の使い方

　ジョブズティアーズの種子を糸に通してネックレスを作り、子どもの首にかけておくと、乳歯が生えるときの助けになります。同じようにして大人が首にかけると、咽喉炎や風邪に効果を発揮します。種子が痛みや疾患を吸収してくれるからです。

　種子を3粒持ち歩くと幸運が訪れます。願い事の魔法をかけるには、種子（ヨブの「涙」としても知られています）を7粒握り締めながら願い事をしたら、

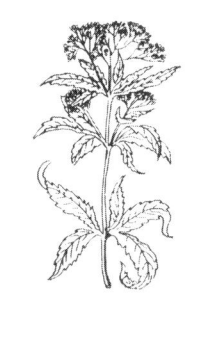

それを流水に投げ入れます。ほかにも、7粒の種子を数えながら願い事に集中し、その種子を1週間持ち歩いていると、願いがかなうというものがあります。

シンクフォイル
CINQUEFOIL

学名	*Potentilla c anadensis*, *P. erecta*（トーメンティル）[G], *P. reptans*（クリーピングシンクフォイル）
ほかの呼び名	Crampweed, Five Finger Blossom, Five Finger Grass, Five Fingers, Goosegrass, Goose Tansy, Moor Grass, Pentaphyllon, Silver Cinquefoil, Silverweed, Sunkfield, Synkefoyle
ジェンダー	男性
支配惑星	木星
支配元素	火
パワー	金運、守護、予知夢、睡眠

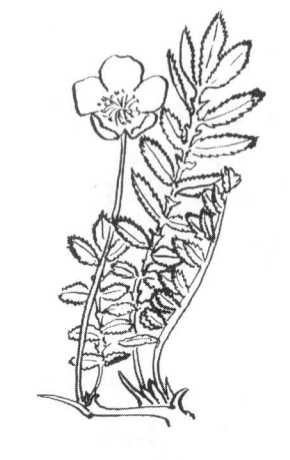

魔法の使い方

　5本の指のような形をした葉は、愛情、金運、健康、パワー、英知を象徴していることから、シンクフォイルを持ち歩くと、愛情、金運、健康、パワー、英知が得られます。また、守護の目的で、ドアの上から吊るしたりベッドの上に置いたりします。シンクフォイルの葉の煮出し液で額や手を9回洗うと、魔術や呪いを洗い流すことができます。

　もし7枚の小葉をつけたシンクフォイルの小枝を見つけたら、それを枕の下に置いて眠れば、きっと夢のなかに将来の恋人か伴侶が現れるでしょう。シンクフォイルを袋に入れてベッドにぶら下げておくと、一晩じゅうぐっすり眠れるでしょう。

　シンクフォイルを持ち歩いていると、政治家に陳情するときに説得力を持って話すことができ、たいていその願いはかないます。だから訴訟のときにも使われているのです。また、シンクフォイルをサシェに加え、お風呂に入れて身を清めるのに使うとよいでしょう。

シンコナ
CINCHONA

学名	Cinchona calisaya、C. pubescens（レッドシンコナ、アカキナノキ）
ほかの呼び名	キナノキ
パワー	幸運、守護

魔法の使い方

シンコナの樹皮を1枚持ち歩くと幸運が訪れます。また、身体への攻撃や悪霊からも守られます。

ジンジャー
GINGER

学名	Zingiber officinale
注意事項	乾燥させた根：+ＦＰＳｇ　フレッシュ：Ｇ
ほかの呼び名	African Ginger、ショウガ
ジェンダー	男性
支配惑星	火星
支配元素	火
パワー	愛情、金運、成功、知力・体力

魔法の使い方

ジンジャーを食べると「体が温まる」ため、魔法を使う前に食べると、パワーが増します。とくに愛の魔法をかけるときにはパワーが倍増します。ジンジャーをかなり使うからです。

ジンジャーの根をそのまま植えて育てると、金運がアップします。また根をパウダー状にしたものをポケットやお金に散布してもよいでしょう。

成功祈願の魔法をかけるときや、魔法の成功を祈願するときにもジンジャーが使われています。

太平洋に浮かぶドブ島で暮らす民族は、魔法をかけるときにジンジャーを大量に使います。まずはジンジャーをかんでから、病気が「居座っている」部位

を目がけてそれを吐きつけます。そうやって病気の治療に使います。また、海辺にいるときには、かんだジンジャーを接近してくる嵐に向かって吐きつけて嵐を止めるそうです。

スイートバイオレット

VIOLET

学名	Viola odorata
注意事項	葉：G
ほかの呼び名	Blue Violet, Sweet Violet, ニオイスミレ
ジェンダー	女性
支配惑星	金星
支配元素	水
神	ローマ神話の愛と美の女神ビーナス
パワー	守護、幸運、愛情、欲望、願望、平和、治癒・治療

魔法の使い方

スイートバイオレットの花を持ち歩くと、「邪悪な精霊たち」から身を守ってくれ、運命や運勢にも変化が訪れます。ラベンダーとミックスすると強力な惚れ薬になり、性欲もアップします。春にスイートバイオレットの初花を摘むと、一番の願い事がかなうでしょう。

古代ギリシャ人は、気持ちを落ち着かせたり眠りを誘ったりするのにスイートバイオレットを身に着けました。

スイートバイオレットで花飾りを作って頭上に載せると、頭痛やめまいがおさまり、スイートバイオレットの葉をグリーンのサシェに入れて身に着けると、けがが癒え、悪霊によるけがの悪化を防ぐことができます。

スイートピー
SWEETPEA

学名	*Lathyrus odoratus*
注意事項	D+ X
ジェンダー	女性
支配惑星	金星
支配元素	水
パワー	友情、貞節、勇気、体力

魔法の使い方

摘みたてのスイートピーの花を身に着けると、人が集まってきて、新たな友情を育むことができます。

スイートピーを持ち歩いたり手に持っていたりすると、すべてのものがあなたに真実を語ってくれます。寝室にスイートピーを置いておくと、あなたの貞節が守られ、身に着けると勇気や体力が備わります。

スウィートグラス
SWEETGRASS

学名	*Hierochloe odorata*
パワー	降霊術

魔法の使い方

魔法をかける前に、スウィートグラスを燃やして良い精霊を呼び出します。

スカルキャップ ♥💍
SCULLCAP

学名	*Scutellaria lateriflora*（ブルースカルキャップ）、*S. galericulata*（マーシュスカルキャップ）
注意事項	G
ジェンダー	女性
支配惑星	土星
支配元素	水
パワー	愛情、忠誠、平和

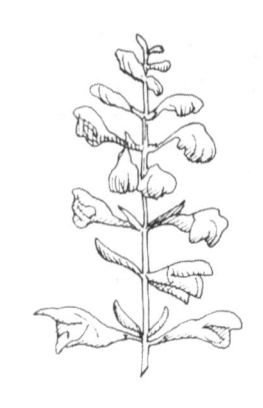

魔法の使い方

　スカルキャップは、リラクゼーションや平和の魔法に使われています。女性が身に着けると、夫がほかの女性に魅了されないように守ってくれます。

スカンクキャベッジ
SKUNK CABBAGE

学名	*Symplocarpus foetidus*
注意事項	Ks
ほかの呼び名	Meadow Cabbage, Pole Cat Weed, Skunk Weed, Suntull, Swamp Cabbage、ザゼンソウ
ジェンダー	女性
支配惑星	土星
支配元素	水
パワー	法的問題

魔法の使い方

　日曜日にスカンクキャベッジを少しベイリーフで包むと、幸運を呼び寄せるお守り（タリスマン）になります。裁判にも効果を発揮します。

スキル SQUILL

学名	*Drimia maritima*
注意事項	有毒
ほかの呼び名	Red Squill, Sea Onion, White Squill, Gray Nicker、カイソウ
ジェンダー	男性
支配惑星	火星
支配元素	火
パワー	金運、守護、魔法解除

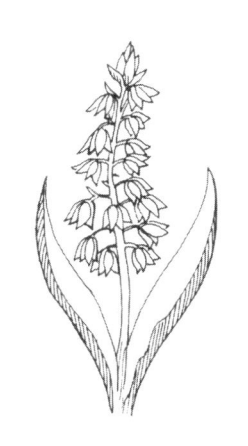

魔法の使い方

　スキルは古典時代から魔法に使われています。窓の上に吊るしておくと、家庭を守ることができます。金運を引き寄せるにはスキルを1枚、広口瓶かケースのなかに入れ、そこにさらに銀貨を加えるとよいでしょう。もしだれかに呪いをかけられていると感じたら、スキルを持ち歩きましょう。スキルがその呪いを解いてくれるはずです。

スターアニス STAR ANISE

学名	*Illicium verum*
注意事項	G（*Illicium verum* のみ）
ほかの呼び名	Badiana, Chinese Anise、ハッカク、トウシキミ、ダイウイキョウ
ジェンダー	男性
支配惑星	木星
支配元素	風
パワー	超能力（サイキックパワー）、幸運

魔法の使い方

　種子をインセンスとして燃やすと、超能力（サイキックパワー）が増します。超能力を増すため

に、ネックレスとして身に着けてもよいでしょう。
　祭壇にパワーを与えるため、祭壇上の四隅に1つずつ置くこともあります。幸運を呼ぶお守りとして持ち歩いたりもします。種子を使えば、ステキな振り子（ペンデュラム）ができます。

スティリンジア
STILLINGIA

学名	*Stillingia sylvatica*
注意事項	N M
ほかの呼び名	Queen's Delight, Queen's Root, Silver Leaf, Stillingia, Yaw Root
パワー	超能力（サイキックパワー）

魔法の使い方

　根を燃やして超能力（サイキックパワー）を養います。もし何かを失くしたら、スティリンジアを燃やして出てきた煙の流れを追っていくと、失くしたモノが隠されている場所にたどり着くでしょう。

ストロー
STRAW

ほかの呼び名	ワラ
パワー	幸運、イメージマジック（「用語集」を参照）

魔法の使い方

　ストローは幸運を呼ぶ植物なので、多くは小さな袋に入れて持ち歩きます。家庭円満のお守り（タリスマン）としては、使い古しの蹄鉄とストローを数本、小さな袋に縫い込み、それをベッドの上か下に置いておけばよいでしょう。
　ストローを使って小さな人型（イメージ）を作ることもでき、それをポペットに使うことができます。ストローは妖精たちを魅了します（妖精はストローのなかに棲ん

でいるという話もあります)。

ストロベリー・ワイルド
STRAWBERRY

学名	*Fragaria vesca*
注意事項	葉：G
ほかの呼び名	Poziomki, Tchilek, Jordboer, エゾヘビイチゴ
ジェンダー	女性
支配惑星	金星
支配元素	水
神	北欧神話の母神フレイア
パワー	超能力(サイキックパワー)、幸運

魔法の使い方

ワイルドストロベリーは「愛の食べ物」として食卓に出され、葉は幸運を呼ぶお守りとして持ち歩く習慣があります。また妊婦が妊娠によるお腹の痛みを和らげたいときに、ワイルドストロベリーの葉を入れた小さな包みを持ち歩くこともあります。

ストロベリートゥリー
ARBUTUS

学名	*Arbutus unedo*
注意事項	G
ほかの呼び名	イチゴノキ
ジェンダー	男性
支配惑星	火星
支配元素	火
神	ローマ神話の扉の蝶番の女神カルディア
パワー	悪魔祓い、守護

魔法の使い方

古代ローマ人は邪悪なものを追い払ったり幼児を守ったりするのにストロベリートゥリーを使っていました。悪魔祓いにも使われており、こうした使い方は古代ギリシャ時代から続いています。

スナップドラゴン
SNAPDRAGON

学名	*Antirrhinum majus*
注意事項	葉：×
ほかの呼び名	Calf's Snout、キンギョソウ
ジェンダー	男性
支配惑星	火星
支配元素	火
パワー	守護

魔法の使い方

スナップドラゴンのどこかの部分を身に着けていると、他人にだまされなくなります。種子を首に巻きつけていると、キツネにつままれずに済みます。

もし屋外にいて、近くに悪霊がいるのを感じたら、スナップドラゴンを踏みつけながら、または花を手でつかみながら、悪霊が通りすぎるのを待ちましょう。

守護の儀式を執り行うときには、摘みたてのスナップドラゴンを挿した花瓶を祭壇の上に置いておくとよいでしょう。

もしだれかに悪いエネルギー（魔術や呪いなど）を送られたら、後ろに鏡がついた祭壇（オールター）の上にスナップドラゴンを数本置いておきましょう。呪い返しをすることができます。

スネークルート
SNAKEROOT

学名	*Aristolochia serpentaria*
注意事項	X
ほかの呼び名	Pelican Flower, Radix Viperina, Serpentary Radix, Serpentary Rhizome, Snagree、Snagrel, Snakeweed, Virginian Snakeroot
パワー	幸運、金運

魔法の使い方

　スネークルートの根は、幸運を呼ぶお守りとして、また魔術や呪いを解く護符として持ち歩くとよいでしょう。これを持っていると、お金が貯まるともいわれています。

スネークルート・メリーランドブラック
SNAKEROOT, BLACK

学名	*Sanicula marilandica*
ほかの呼び名	Poziomki, Tchilek, Jordboer
ジェンダー	男性
支配惑星	火星
支配元素	火
パワー	愛情、欲望、金運

魔法の使い方

　恋人を惹きつけるためには、スネークルート・メリーランドブラックを身に着けるとよいでしょう。また、同じ目的で寝室に置いたりお風呂に入れたりしてもよいでしょう。持ち歩くと、お金を引き寄せることができます。

スパイダーワート ♥
SPIDERWORT

学名	*Tradescantia* spp.（ムラサキツユクサ属）、主として *T. virginiana*（*Virginia spiderwort*、オオムラサキツユクサ）
注意事項	Sk
ほかの呼び名	Spider Lily、ムラサキツユクサ
パワー	愛情

魔法の使い方

北米の先住民ダコタ族は、愛情を引き寄せるために、スパイダーワートを持ち歩いていました。

スパニッシュモス 🛡
SPANISH MOSS

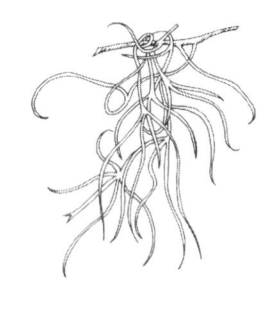

学名	*Tillandsia usneoides*
注意事項	G
ほかの呼び名	チランジア、エアープランツ
パワー	守護

魔法の使い方

室内で育ったスパニッシュモスは、守護の効果があります。守護のポペットの詰め物に使ったり、サシェに加えたりしてもよいでしょう。

スリッパリーエルム
SLIPPERY ELM

学名	*Ulmus rubra*
注意事項	小枝：G
ほかの呼び名	Indian Elm, Moose Elm, Red Elm, アカニレ
ジェンダー	女性
支配惑星	土星
支配元素	風
パワー	陰口をやめさせる

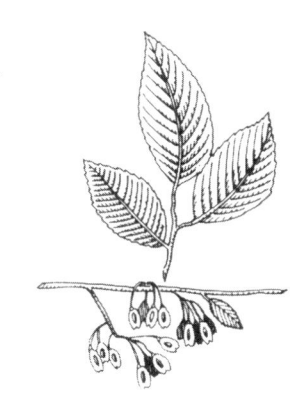

魔法の使い方

　スリッパリーエルムを燃やし、その炎のなかに結び目を作った黄色いひもか糸を投げ入れます。そうすれば、あなたに対する陰口やうわさ話は消えていくでしょう。

　スリッパリーエルムを子どもの首に巻きつけたり、首の近くに着けさせたりすると、その子が大きくなったら説得力のある話し方ができるようになるでしょう。

スロー
SLOE

学名	*Prunus spinosa*
注意事項	Lt、フレッシュな花と種子：X
ほかの呼び名	Blackthorn, Mother of the Wood, Wishing Thorn, スピノサスモモ
ジェンダー	男性
支配惑星	火星
支配元素	火
パワー	悪魔祓い、守護

魔法の使い方

出入り口に吊るしておく、または持ち歩いていると、邪悪なものや災難を撃退してくれ、悪魔やネガティブなバイブレーションを払い除けてくれます。スロー材で占い棒や願い事をかなえる棒が作られることもあります。

この「願い事をかなえる棒」はあらゆるタイプの魔法に使われており、実際に何にでも使える便利な魔法の杖です。

セージ 🛡★
SAGE

学名	*Salvia officinalis*
注意事項	P Lt D+
ほかの呼び名	Garden Sage, Red Sage, Sawge
ジェンダー	男性
支配惑星	木星
支配元素	風
パワー	不死、長寿、英知、守護、願望

魔法の使い方

セージは、長寿、ときには不死を願って使われています。そのためには、セージを毎日か、または5月に食べるとよいでしょう。なぜなら、ヨーロッパには「長生きしたい者は、5月にセージを食するべし」という言葉があるからです。

セージを持ち歩くと英知が養われ、セージの葉は治癒・治療(ヒーリング)や金運アップのさまざまな魔法に使われています。恐ろしい邪眼に捕まらないように身を守るには、動物の小さな角にセージを詰めて、それを身に着けておくこと。

セージについては、ガーデニングにまつわるちょっと奇妙な話があります。1つ目は、自分の庭にセージを植えると縁起が悪いということです——見知らぬ人が庭でゴソゴソと何かをしているところを発見してしまうかも。2つ目は、セージをびっしり植えると不幸が訪れるので、ほかの植物と一緒に寄せ植えにするということ。ちなみに、ヒキガエルはセージが大好きだそうです。

もし願い事をかなえたければ、セージの葉に願い事を書き、それを枕の下に

隠して、3晩その枕で眠ること。もし一度でもその願い事の夢を見たら、それは現実のものになるということです。もしその夢を見なかったら、それをセージのせいだと言って痛めつけないよう、土のなかに埋めてしまうこと。

セージブラッシュ ✝
SAGEBRUSH

学名	*Artemisia spp.*（ヨモギ属）、特に *A. tridentata*
注意事項	P Lt D+
ほかの呼び名	White Sage
ジェンダー	女性
支配惑星	金星
支配元素	土
パワー	浄化、悪魔祓い

儀式での使い方

むかしから、アメリカ先住民の儀式ではセージブラッシュを燃やす習慣があります。

魔法の使い方

セージブラッシュを入れたお風呂に入ると、過去の害悪や悪行をすべて洗い流し、体を清めることができます。

セージブラッシュを燃やすと、邪悪な力が立ち退いてくれます。治癒・治療（ヒーリング）にも有効です。

セサミ 🧂♡
SESAME

学名	*Sesamum indicum*
注意事項	G（重篤なアレルギー反応が報告されている）
ほかの呼び名	Til, Hoholi, Bonin, Ufuta, Ziele, Logowe, ゴマ
ジェンダー	男性
支配惑星	太陽
支配元素	火
神	ヒンドゥー教の群集の神ガネーシャ
パワー	金運、欲望

魔法の使い方

セサミの種子を食べると欲望が沸いてきます。セサミの種子を入れた広口瓶のふたを開けっ放しにして部屋に置いておくと、その家にはお金が集まってきます。月に一度、種子を入れ替えること。例の有名なまじないの言葉「ひらけ、ゴマ（open sesame）！」は隠されている宝物を発見し、秘密の通路をあばき、カギのかかったドアを開けるための伝説的な力がセサミにあることを示したものです（訳注　諸説ある）。

セネガ 🛡🧂
RATTLESNAKE ROOT

学名	*Polygala senega*
注意事項	根：P Ga Gu
ほかの呼び名	Seneca Snakeroot, Mountain Flax, Seneca Snakeroot, Seneka, ラトルスネークルート
パワー	守護、金運

魔法の使い方

セネガの煮出し液をお風呂に加えたり、衣服を洗ったあとのゆすぎ水に加えたりして使うと、あなたに危害を加えようとする人から身を守ることができま

す。アメリカ先住民のある部族には、ガラガラヘビにかまれないよう身を守るために持ち歩く習慣がありました。また、煮出し液を手か足にこすりつけるように塗ると、お金が貯まります。

ゼラニウム
GERANIUM

学名	*Pelargonium* spp. 主として *P.* × *hortorum*（ゼラニウム）、 *P. graveolens*（ローズゼラニウム）、 *P. odoratissimum*（アップルゼラニウム）
注意事項	GLiverleaf, Liverweed, Trefoil
ジェンダー	女性
支配惑星	金星
支配元素	水
パワー	多産・豊穣、健康、愛情、守護

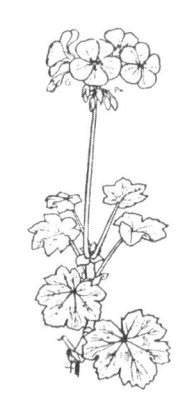

魔法の使い方

　種類を問わず、どのゼラニウムにも守護の効果があるため、庭で育ててもよいですし、摘んだばかりの切り花を花瓶に挿しておいてもよいでしょう。
　ゼラニウムはヘビ除けにもなります。こんなことわざがあるぐらいです。

　　ゼラニウム咲くところ　ヘビは寄りつかず

　もし魔女の小屋の近くに赤いゼラニウムの畑があれば、ゼラニウムが来客をその動きで伝えていたようです。花には魔力が注入されているので、見知らぬ人が近づいてくると、その方角を指して、もうすぐ客人が到着することを告げるそうです。
　大量の赤いゼラニウムはとても守護の効果が強く、健康増進にも効果があります。ピンクの花をつけるゼラニウムは愛の魔法に使われ、白い花をつけるゼラニウムは生殖能力を高めるといわれています。
　現代メキシコの土着の呪医、祈祷師である「クランデロ」は、赤いゼラニウ

ムを、摘んだばかりのヘンルーダとペパーツリーの枝と一緒にして、ブラシをかけるように軽くこすって患者を清め、治療の儀式を行っています。

　ローズゼラニウムは、葉にとても強い芳香があり、守護のサシェに使われています。また、摘んだばかりの葉でドアノブや窓を拭くと、守護の効果が得られます。どのニオイゼラニウムにもさまざまな魔法特性がありますが、そのほとんどが芳香から来るものです（ナツメグ、レモン、ペパーミントなどの香り）。ナツメグの香りがするゼラニウムは、ナツメグとまったく同じパワーを持ちます。同様に、ほかの香りがするゼラニウムは、その植物とまったく同じパワーを持ちます。

セランダイン
CELANDINE

学名	*Chelidonium majus*
注意事項	有毒
ほかの呼び名	Celydoyne, Chelidoninum, Devil's Milk, Garden Celandine, Greater Celandine, Kenning Wort, Swallow Herb, Swallow-Wort, Tetterwort, クサノオウ
ジェンダー	男性
支配惑星	太陽
支配元素	火
パワー	守護、逃避、幸福、法律問題

魔法の使い方

　セランダインはあらゆる不当な監禁やおとり捜査から逃れるのを助けてくれます。そのためには、肌に近づけて持ち歩き、３日ごとに取り替えましょう。

　セランダインを身に着けると、元気になり、楽しくなります。抑うつ症も治ります。身に着けていると裁判に有利に働きます。守護のハーブとしても使われています。

セロリ ♡
CELERY

学名	*Apium graveolens*
注意事項	ＰＲ
ほかの呼び名	Aipo, Karafs, Elma
ジェンダー	男性
支配惑星	水星
支配元素	火
パワー	精神力、欲望、超能力(サイキックパワー)

魔法の使い方

　種子をかむと集中力が高まります。また眠りを誘う魔法の枕に使います。
　オリス根と一緒にセロリの種子を燃やすと超能力(サイキックパワー)が高まります。セロリの茎は、種子と同じように、食べると性欲が沸いてきます。
　魔女はほうきに乗って空を飛ぶ前にセロリを食べていたといわれています。そうすれば目が回って空から落っこちたりしないんですって！

センダン
CHINA BERRY

学名	*Melia azedarach*
注意事項	有毒
ほかの呼び名	Chinatree, Ku Lian Pi, チャイナベリー
パワー	幸運

魔法の使い方

　センダンの種子は幸運を呼ぶお守り(チャーム)として使われており、生活に変化をもたらすために持ち歩いてもよいでしょう。

セントーリー
CENTAURY

学名	*Centaurium spp.*（シマセンブリ属），主として *C. erythraea*（コモンセントーリー）
注意事項	G
ほかの呼び名	Christ's Ladder, Feverwort, ヤグルマソウ
ジェンダー	男性
支配惑星	太陽
支配元素	火
パワー	ヘビ駆除

魔法の使い方
セントーリーを燃やすときや、いぶすときに出る煙でヘビを駆除します。

セントジョーンズワート
ST. JOHN'S WORT

学名	*Hypericum perforatum*
注意事項	有毒：D DI* モノアミン酸化酵素阻害薬（訳注　抗パーキンソン薬の分類の1つで、モノアミン酸化酵素［MAO］の働きを阻害することによって、脳内ドーパミンなどの物質を増やす作用をする薬剤の総称。MAO阻害剤［MAOI］と呼ばれる）の薬効を高める場合がある。
ほかの呼び名	Amber, Fuga daemonum（ラテン語：Scare-Devil), Goat Weed, Herba John, John's Wort, Klamath Weed, Sol Terrestis, Tipton Weed, セイヨウオトギリソウ
ジェンダー	男性
支配惑星	太陽
支配元素	火
神	北欧神話の光の神バルドル
パワー	健康、守護、体力、愛情、恋占い、幸福

魔法の使い方

　セントジョーンズワートを身に着けると、発熱や風邪の予防になり、兵士はどんな手段でも太刀打ちできないほど強くなります。愛情も引き寄せてくれます。夏至の日または金曜日に摘み、それを身に着けると、精神疾患を寄せつけず、憂うつも治ります。

　広口瓶のなかに入れる、または窓辺に吊るしておくと、落雷や火災、悪霊から守られます。花も葉もこのような目的に使われています。幽霊や霊媒、その他悪事を働く精霊が家に近づかないようにするには、セントジョーンズワートを夏至の火にかざす、または窓際に吊るすなど、乾燥させてから使います。また、精霊や悪魔を追い出すには、セントジョーンズワートを燃やすとよいでしょう。

　枕の下にセントジョーンズワートを置いておくと、未婚女性は将来の夫の夢を見ることができます。儀式で使ったり、ほかにはだれが魔法使いなのかを見抜くのに持ち歩いたりします。自白を強要するために、告発された魔女の口にセントジョーンズワートをくわえさせた、という時代もあります。

セントポーリア
AFRICAN VIOLET

学名	*Saintpaulia ionantha*
注意事項	G
ほかの呼び名	アフリカンバイオレット、アフリカスミレ
ジェンダー	女性
支配惑星	金星
支配元素	水
パワー	霊性、守護

魔法の使い方

　セントポーリアの紫色の花や苗木を屋内で育てると、家族が精神的に豊かになります。成長した苗木には守護の効果もあります。

センナ ♥
SENNA

学名	*Senna alexandrina* または *S. marilandica*
注意事項	P N
ほかの呼び名	Senna alexandrina は Senna 以外に Alexandrian sennna など、S. marilandica は Aamerican Senna, Wild Senna, Locust Plant など
ジェンダー	男性
支配惑星	水星
支配元素	風
パワー	愛情

魔法の使い方

センナは恋愛占いに使います。

ソロモンシール 🛡✝
SOLOMON'S SEAL

学名	*Polygonatum odoratum*（センテッドソロモンシール、アマドコロ）, *P. multiflorum*（*David's harp*）, *P. biflorum*（スムーズソロモンシール）
注意事項	P. biflorum berry は X（子どもの場合）
ほかの呼び名	Dropberry, Lady's Seal, St. Mary's Seal, Sealroot, Sealwort, Solomon Seal, アマドコロ
ジェンダー	女性
支配惑星	土星
支配元素	水
パワー	守護、悪魔祓い

魔法の使い方

家の四隅に置かれた根はその家を守ってくれます。あらゆる種類の悪魔祓いや守護の魔法に使われており、根の煎じ液をあたりにまくと、悪霊を一掃する

ことができます。ソロモンシールは奉献のインセンスにも使われます。

ターニップ
TURNIP

学名	*Brassica rapa*
注意事項	根：G（極めて大量に摂取しないかぎり）
ほかの呼び名	カブ
ジェンダー	女性
支配惑星	月
支配元素	土
パワー	守護、関係解消

儀式での使い方

サムハイン祭（「用語集」を参照）のときには、大きなターニップにくぼみを作り、そのなかにそうろくを立てる習慣がありました。このろうそく立てを持ち歩く、あるいは窓際に置いて、悪霊を追い払っていました。

魔法の使い方

もしあなたに取り巻きがいて、ひとりにしてほしいと言っても聞き入れられない場合には、ターニップを盛った皿を取り巻きたちの前に置いておきます。そうすれば分かってもらえるでしょう。

家のなかに置かれたターニップは、あらゆる姿形のネガティブなものを追い払ってくれます。

ターメリック
TURMERIC

学名	Curcuma longa
注意事項	G
ほかの呼び名	Olena（ハワイ語）、秋ウコン、キゾメグサ
パワー	浄化

魔法の使い方

　ターメリックはむかしからハワイの魔法で浄化に使われています。塩水とターメリックを混ぜたものを浄化したい場所にまくとよいでしょう。コルディリネフルティコーサの葉を一緒に混ぜる場合もあります。また、ターメリックを守護用に床の上や魔法陣のまわりに散りばめてもよいでしょう。

タイム
THYME

学名	Thymus vulgaris
注意事項	G
ほかの呼び名	Common Thyme, Garden Thyme, タチジャコウソウ
ジェンダー	女性
支配惑星	金星
支配元素	水
パワー	健康、治癒・治療（ヒーリング）、睡眠、超能力（サイキックパワー）、愛情、浄化、勇気

魔法の使い方

　タイムを燃やすと健康になります。そういう目的でタイムを身に着けてもよいでしょう。ヒーリングの魔法にも使われています。

　枕の下に置くと、ぐっすりと気持ちよく眠れて悪夢を見ません。超能力（サイキックパワー）を養うときには、タイムを身に着けると助けになります。また、タイムの小枝を髪に飾っている女性は、たまらない魅力を放ち、異性を惹きつけてやみません。

タイムは浄化のハーブでもあります——古代ギリシャ人はタイムを燃やして寺院を清めました。したがって、タイムは、多くは魔法の儀式の前に燃やし、その場をきれいに浄化するのに使われます。春にマジョラムとタイムを使ったお風呂に入ると、魔法の洗浄効果で過去の悲哀や不幸がすべて洗い流されます。

また、タイムは、持ち歩いたりにおいをかいだりすると、勇気や活力が沸いてきます。タイムを身に着けると、妖精を見ることができるようになります。

ダチュラ
DATURA

学名	*Datura spp.*（チョウセンアサガオ属）、主として *D. stramonium*（チョウセンアサガオ）、*D. metel*（シロバナヨウシュチョウセンアサガオ）
注意事項	有毒：とても毒性が強いため、絶対に口にしないこと。敏感肌の人は、触っただけでも皮膚が炎症を起こすことがある。
ほかの呼び名	Devil's Apple, Ghost Flower, Jimsonweed, Love-Will, Mad Apple, Madherb, Manicon, Stinkweed, Sorcerer's Herb, Thornapple, Toloache, Witches' Thimble, Yerba del Diablo（スペイン語：Herb of the Devil）、チョウセンアサガオ
ジェンダー	女性
支配惑星	土星
支配元素	水
パワー	悪魔祓い、睡眠、守護

儀式での使い方

ダチュラは、神々や霊界との媒介役として病魔退散の祈祷や予言を行うシャーマンの儀式など、何世紀も前から宗教的な儀式に使われています。アステカ人は、ダチュラを聖なる植物だと考えていました。

魔法の使い方

ダチュラは、家のまわりにまいて魔法を解くのに使われています。また、悪霊が寄りつかないよう、身を守ってくれます。眠れない夜が何日も続いている

ときには、ダチュラの葉を何枚か、両足の靴のなかに入れ、それをベッドの下に置き、つま先を一番近い壁に向けておくと眠れるようになります。

帽子の上に数枚のダチュラの葉を置いて、その帽子をかぶると、その人は卒中（発作）や日射病にかかりません。

タ

ダッチマンズブリーチズ ♥
DUTCHMAN'S BREECHES

学名	*Dicentra cucullaria*
注意事項	X
ほかの呼び名	ツノコマクサ
パワー	愛情

魔法の使い方

ダッチマンズブリーチズの根を身に着けて、異性を惹きつけます。

ダッフォディル ♥
DAFFODIL

学名	*Narcissus spp.*（スイセン属）
注意事項	有毒
ほかの呼び名	Asphodel, Daffy-Down-Dilly, Fleur de Coucou, Goose Leek, Lent Lily, Narcissus, Porillon, スイセン
ジェンダー	女性
支配惑星	金星
支配元素	水
パワー	愛情、多産・豊穣、幸運

魔法の使い方

愛の魔法をかけている間は、祭壇（オールター）の上に花を置いておきます。または携帯し

ながら愛の魔法をかけてもよいでしょう。摘みたての花を寝室に置いておくと、妊娠の可能性がアップします。摘んだダッフォディルを心臓のすぐそばに飾ると、かならず幸運が訪れます。

タバコ
TOBACCO

学名	主として N. tabacum
注意事項	有毒
ほかの呼び名	Tabacca, Tabak, Taaba
ジェンダー	男性
支配惑星	火星
支配元素	火
パワー	治癒・治療（ヒーリング）、浄化

儀式での使い方

シャーマンの候補者は、シャーマンになるための訓練の一環として、幻覚を起こすために、タバコの絞り液を飲まなければなりません。アメリカ先住民の一部の部族は、むかしからタバコを宗教的な儀式に使っています。確かに、今でもタバコを神聖なものと考える人は多くいます。

魔法の使い方

南アメリカの先住民は、精霊たちと対話ができるようにとタバコを吸います。また、川の神の怒りを鎮めるため、船旅に出るときにタバコを川に投げ込む習慣があります。

インセンスとしてタバコに火を灯すと、ネガティブなものや精霊を（良い霊も悪い霊も）すべて浄化してくれます。また耳痛を治すには、タバコの煙を耳に吹き込みます。

もし悪夢を見ているなら、それは病気の兆候かもしれません。その病気にかからないようにするには、起床したらすぐに流水で体を洗い、あなたから悪霊を追い払ってくれた水の精へのささげ物としてタバコを流水に投げ入れるとよ

いでしょう。

　魔法では、硫黄をはじめ、タバコと関係があるチョウセンアサガオやナス科の植物の代用としてタバコが使われています。

　今でも多くの喫煙者がいますが、タバコは生命にもかかわる有害な植物でもあります。

タマリスク
TAMARISK

学名	*Tamarix spp.*（ギョリュウ属）
注意事項	G
ほかの呼び名	Oingnum, Onyoun, Unyoun, Yn-leac, ギョリュウ
ジェンダー	女性
支配惑星	土星
支配元素	水
神	メソポタミア神話の最高神アヌ
パワー	悪魔祓い、守護

魔法の使い方

　タマリスクには、少なくとも4000年前から悪魔祓いに使われていたという長い歴史があります。悪魔祓いの儀式の最中は、タマリスクの木の枝を手に持ち、葉を周囲にまいて、悪魔や悪霊を追い払います。最良の結果を得るには、金の斧と銀の剪定ナイフでタマリスクを切ること。

　タマリスクを燃やしているときに出る煙はヘビを追い払ってくれます。また、タマリスクの杖は、古代カルデア人が占いに使っていました。

タマリンド ♡
TAMARIND

学名	*Tamarindus indica*
ほかの呼び名	Tamarindo（スペイン語）, Sampalok, Tchwa, Mkwayu
ジェンダー	女性
支配惑星	土星
支配元素	水
パワー	愛情

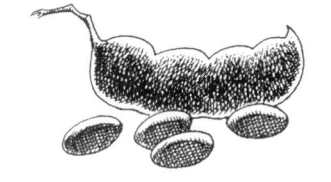

魔法の使い方

タマリンドを携帯すると、愛する人を引き寄せることができます。

ダミアナ ♡♡
DAMIANA

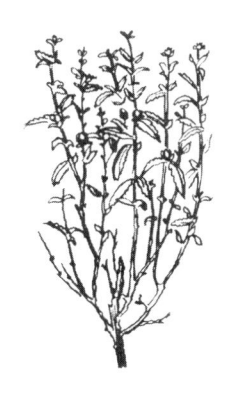

学名	*Turnera diffusa*
注意事項	G
ほかの呼び名	Mexican Damiana
ジェンダー	男性
支配惑星	火星
支配元素	火
パワー	欲望、愛情、直感力

魔法の使い方

ダミアナの煮出し液は欲望をみなぎらせます。欲望の魔法にも使われています。焚くと直感力が目覚めます。

ダルス ♡
DULSE

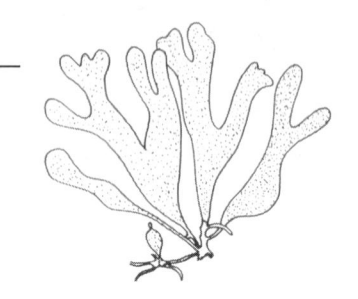

学名	*Palmaria palmata*
注意事項	H Lt
ジェンダー	女性
支配惑星	月
支配元素	水
パワー	欲望、調和

魔法の使い方

さまざまなドリンクに加えると精力剤になります。家のまわりにまくと、調和が生まれます。

ダルスは海の儀式でも使われています。たいていは波間に投げ入れて、海の精たちの怒りを鎮めるのに使います。高所からポンと投げて、風の精たちとコンタクトを取るときにも使います。

ダレア
PAROSELA

学名	*Dalea spp.*（ダレア属）
ほかの呼び名	Citrus Plant, Desert Rue, パロセラ
パワー	狩猟

魔法の使い方

アメリカ先住民は、魔法の補佐役になるとして、ダレアを身に着けて狩猟に出かけました。

タンジー
TANSY

学名	*Tanacetum vulgare*
注意事項	P
ほかの呼び名	Buttons、ヨモギギク
ジェンダー	女性
支配惑星	金星
支配元素	水
パワー	健康、長寿

魔法の使い方

　タンジーの花びらを少量、靴のなかに入れておくと、長引く発熱を下げてくれます。ギリシャ神話では、この植物をオリュンポス12神の給仕としてゼウスに近侍する美少年ガニュメデスにあげたところ、彼が不死身の体を手に入れたことから、タンジーを長生きするために持ち歩く習慣が生まれました。ちなみに、アリはタンジーが嫌いだそうです。

ダンデライオン
DANDELION

学名	*Taraxacum officinale*
注意事項	葉：G、根：Bb Bi Gi
ほかの呼び名	Blowball, Cankerwort, Lion's Tooth, Piss-a-Bed, Priest's Crown, Puffball, Swine Snout, White Endive, Wild Endive、タンポポ
ジェンダー	男性
支配惑星	木星
支配元素	風
神	ギリシャ神話の魔法の女神ヘカテ
パワー	予言、願望、霊の呼び出し

魔法の使い方

　自分の寿命を知りたいときには、ダンデライオンの種子を吹き飛ばしてみましょう。頭の部分に残った種子の数と同じ年数だけ生きられるといわれています。

　時間を知るには、綿毛の球を３回吹き飛ばしましょう。残った種子の数が時間を表します。

　コーヒー豆のように根を乾燥させ、炒ってから挽いて細かくするとティーになります。こうして煎じた液は、超能力(サイキックパワー)を養ってくれます。このティーは、まだ湯気が出ている状態でベッドの脇に置いておくと霊を呼び出してくれます。

　愛する人にメッセージを送るには、ダンデライオンの綿毛の球をその人の方角に向けて吹き飛ばし、伝えたいメッセージを心のなかに思い描きます。ダンデライオンを家の北西の隅に埋めておくと順風が吹いてきます。

チェストナット ♡
CHESTNUT

学名	*Castanea spp.*（クリ属）、主として *C. sativa*（ヨーロッパグリ）、*C. dentata*（アメリカグリ）
注意事項	G
ほかの呼び名	クリ
ジェンダー	男性
支配惑星	木星
支配元素	火
パワー	愛情

魔法の使い方

　愛の魔法に使います。愛する人にあげてもよいでしょう。

チェリー ♡
CHERRY

学名	*Prunus avium*
注意事項	種としおれた葉：X
ほかの呼び名	Sweet Cherry, Mazzard Cherry, サクランボ
ジェンダー	女性
支配惑星	金星
支配元素	水
パワー	愛情、占い

魔法の使い方

　むかしから、恋人を刺激したり、その人の愛情を引き寄せるときにはチェリーが使われています。恋人を見つけるステキな魔法があります。髪の毛で三つ編みを1本作り、チェリーの木に結びつけるというものです。

　少し複雑なのが次に紹介する愛の魔法です。この種のやや複雑な魔法は、もしお望みならもっと簡単なものにすることもできます。まずはあなたの年齢と同じ数だけチェリーの種子を集めます。

　新月の晩から一晩に1個ずつ、種子に穴を開けます。月が欠けている間は穴を開けないこと。つまり、1カ月の間に最大14個まで穴を開けてもよいということです。穴開け作業が終わったら、次の新月が起きるまで待ちます。そうしたらその種子を赤色かピンク色の糸に通し、それを毎晩、14日間続けて、左ひざに結びつけます。そのままの状態で眠り、次の朝、結んだ糸をほどきます。これも14日間続けて行います。そうすると、未来の夫か妻がやって来ます。

　あと何年生きられるのかが知りたければ、まずは熟したチェリーをたくさんつけた木のまわりをぐるぐる走って回り、それからその木を揺らしてみましょう。そのときに落ちてきたチェリーの数があなたの寿命です（木は激しく揺らすこと！）。

　むかしの処方せんに「血」と書かれていたら、チェリージュースを代用として使うこともできます。

チコリ
CHICORY

学名	*Cichorium intybus*
注意事項	G
ほかの呼び名	Succory, Wild Cherry, Wild Succory
ジェンダー	男性
支配惑星	太陽
支配元素	風
パワー	障害物除去、不可視性、好意、質素倹約

魔法の使い方

　チコリは、あなたの人生に突如浮上してくるあらゆる障害物を取り除くのに使われます。そのためには持ち歩くとよいでしょう。

　チコリを持っている人は透明人間になれると考えられていた時代もあります。また、カギに押し当てると、そのカギのかかった箱やドアを開けることもできるとも考えられていました。

　ただ、この２つの目的を達成するには、夏至の正午か真夜中に、物音ひとつ立てず、そっと金色のナイフを使ってチコリを摘んでこなければなりません。

　チコリの煮出し液を体に塗ると、偉大な人物から目をかけてもらえたり、好意を寄せられたりします。また、持ち歩くと質素倹約を続けることができます。

チックウィード 💍♥
CHICKWEED

学名	*Stellaria media*
注意事項	G：化学肥料を使わずに栽培、収穫した場合。
ほかの呼び名	Adder's Mouth, Indian Chickweed, Passerina, Satin Flower, Star Chickweed, Starweed, Starwort, Stellaire（フランス語）, Stitchwort, Tongue Grass, Winterweed, Qoqobala, ハコベ
ジェンダー	女性
支配惑星	月
支配元素	水
パワー	忠誠、愛情

魔法の使い方

チックウィードは恋人を惹きつけるため、あるいは恋愛関係を続けるために持ち歩いたり、まじないに使ったりします。

チューリップ ♥🛡
TULIP

学名	*Tulipa spp.*
注意事項	G
ジェンダー	女性
支配惑星	金星
支配元素	土
パワー	繁栄・商売繁盛、愛情、守護

魔法の使い方

チューリップを身に着けると、貧困や悪運に見舞われずに済むといわれます。

「チューリップ」はトルコ語の「ターバン」を語源とし、中東諸国ではターバンのなかにチーリップの花を忍ばせて守護のお守りにすることが多いそうで

す。愛の魔法をかけている間は、チューリップを祭壇(オールター)の上に置いておきます。

チリペッパー 💍🪄❤️
CHILI PEPPER

学名	*Capsicum spp.*（トウガラシ属）
注意事項	G
ほかの呼び名	Red Pepper, トウガラシ
ジェンダー	男性
支配惑星	火星
支配元素	火
パワー	忠誠、魔法解除、愛情

魔法の使い方

　パートナーが今よりももっと良い関係を求めていると感じたら、乾燥させた大きなチリペッパーを2本買ってきて、その2本を交差させたら、赤色かピンク色のリボンで結んでつなぎます。それを枕の下に置いておくと、結婚生活で相手に忠誠を尽くし続けることができます。

　自分が呪いをかけられていたら、家のまわりにレッドペッパーをまいて呪いを解きます。

　チリペッパーは、相手を燃え上がらせたり、相手のエロチック度を確かめたりする愛のパウダーとしても使われています。

ディアーズタン ♡
DEERSTONGUE

学名	*Trilisa odoratissima, Frasera speciosa*
注意事項	X
ほかの呼び名	Vanilla Leaf, Wild Vanilla, Hound's Tongue
ジェンダー	男性
支配惑星	火星
支配元素	火
パワー	欲望、超能力(サイキックパワー)

魔法の使い方

ディアーズタンは身に着けたり持ち歩いたりして男性を惹きつけます。ベッドの上にまいておくのもよいでしょう。身に着けると超能力(サイキックパワー)も高まります。

ティー
TEA

学名	*Camellia sinensis*
注意事項	D+ LT（発酵させた茶葉のみ）
ほかの呼び名	Black Tea, China Tea, Cha, チャ
ジェンダー	男性
支配惑星	太陽
支配元素	火
パワー	財宝、勇気、体力

魔法の使い方

ティーの葉を燃やすと、将来は間違いなく裕福になります。また、あらゆる金運アップのミックスハーブやサシェにティーの葉を加えるとよいでしょう。

ティーは、勇気や体力を与えてくれるお守りにも入れられます。煮出し液は、欲望のミックスティーのベースになります。

デイジー ♡♡
DAISY

学名	*Chrysanthemum leucanthemum*［オックスアイデイジー（フランスギク）］, *Bellis perennis*［デイジー（ヒナギク）］
注意事項	有毒
ほかの呼び名	Bairnwort, Bruisewort, Eyes, Field Daisy, Llygady Dydd（ウェールズ語：Eye of the Day）, Maudlinwort, Moon Daisy
ジェンダー	女性
支配惑星	金星
支配元素	水
神	北欧神話の母神フレイア、ギリシャ神話の狩猟と純潔の女神アルテミス、北欧神話の雷神トール
パワー	欲望、愛情

魔法の使い方

　デイジーの初花を摘んだ人には、自分では抑えきれない「浮気心」が生まれてしまうといわれています。

　デイジーの根を枕の下に入れて眠ると、去っていった恋人が戻ってくるかもしれません。デイジーを身に着けると、恋人がやって来ます。

ディタニーオブクリート 🔥
DITTANY OF CRETE

学名	*Origanum dictamnus*
注意事項	G
ジェンダー	女性
支配惑星	金星
支配元素	水
パワー	霊の顕現、アストラル投射

魔法の使い方

　ディタニーオブクリートを焚くと、そこが霊の顕現にとって絶好の場所にな

ります——香炉(インセンスバーナー)から立ち上る煙のなかに幽霊が現れます。

　ディタニーオブクリートはバニラ、ベンゾイン、サンダルウッドを（花なら花、茎なら茎と、どれも同じ部分を）ミックスして、アストラル投射用のインセンスを作ってもよいでしょう（「用語集」を参照）。試してみる前に、少量のディタニーオブクリートを焚いてみましょう。

　ディタニーオブクリートの煮出し液には有害な野生動物を寄せつけない特性があるため、野生動物を見に行くときには、あらかじめ体に塗りつけておきましょう。

デイトパーム
PALM, DATE

学名	*Phoenix dactylifera*（デートパーム、ナツメヤシ）, *P. roebelenii*（ピグミーデートパーム、シンノウヤシ）
注意事項	G
ほかの呼び名	ナツメヤシ
ジェンダー	男性
支配惑星	太陽
支配元素	風
神	ローマ神話の太陽神アポロ、ギリシャ神話の狩猟と純潔の女神アルテミス、ギリシャ神話の魔法の女神ヘカテ、古代エジプトの女神イシス、古代エジプトの太陽神ラー
パワー	多産・豊穣、性的能力

魔法の使い方

　デイトパーム（デーツ）は、たわわに実をつけることから多産・豊穣の木として有名です。デイトパームの実かヤシの葉を何枚か持ち歩くのはそのためです。女性が食べると妊娠しやすくなります。また、性的能力を取り戻したいという男性は種子を持ち歩くとよいでしょう。

　パームが育つ場所では、パームが荒れ模様の天気からあたりを守ってくれ、家の玄関付近にパームの葉を置いておくと、悪霊や超自然な生き物が家のなか

に入ってこなくなります。

ティファ ♡
CAT TAIL

学名	*Typha* spp.（ガマ属）, 主として *T. capensis*（ケープ・ブルラッシュ）
注意事項	G
ほかの呼び名	Tabua, Ibhuma, Balangot、ガマ
ジェンダー	男性
支配惑星	火星
支配元素	火
パワー	性欲

魔法の使い方

セックスをしたいけれど楽しめないという女性は、ティファをいつも持ち歩くとよいでしょう。

ディル 🛡♡♡♡
DILL

学名	*Anethum graveolens*
注意事項	G
ほかの呼び名	Aneton, Dill Weed, Dilly, Garden Dill, Chebbit, Sowa, Keper, Hulwa, Buzzalchippet、イノンド、ジラ
ジェンダー	男性
支配惑星	水星
支配元素	火
パワー	守護、金運、欲望、愛情

魔法の使い方

ドアに吊るしたり守護のサシェに入れておいたりすると、その家を守ってく

れます。ベビーカーのなかに置いておくと、赤ん坊を守ってくれます。ドアの上に置いておくと、あなたに悪意や妬みを抱いている人間は、一切あなたの家に入れなくなります。

　ディルはその種子の数の多さから、金運アップの魔法に使われています。お風呂に入れると、得も言われぬ幸福感に浸ることができます。また、ディルの香りをかいだり食べたりすると性欲が刺激されます（だからディルのピクルスが好まれているのですね！）。ディルの香りをかぐと、しゃっくりが治まります。

デビルズシューストリング
DEVIL'S SHOESTRING

学名	*Viburnum spp.*（カマズミ属）、主として *V. alnifolium*
注意事項	G
パワー	守護、ギャンブル運、パワー、雇用

魔法の使い方

　首に巻きつけていると、悪霊が寄りつかず、身に着けている人が毒殺されないよう、不測の事態からも守ってくれます。ギャンブラーは、デビルズシューストリングを幸運のお守りとして持ち歩いています。

　根を細切りにしたら、それを瓶に入れ、ウイスキーとカンフル精（筋肉痛、挫傷、打撲、捻挫などの消炎、鎮痛に効果のある薬）を注ぎ込みます。何かのパワーが必要なときには、根を取り出して、それで手をこするとよいでしょう。要するに、根はそれぞれの願望に見合ったやり方で使うこと（お金が欲しいなら、根をお金の近くや財布のなかに入れておくなど）。

　職探しをしているときにデビルズシューストリングを１本持ち歩いていると役に立ちます（仕事中に問題が発生したときには問題解決に役に立ちます）。また、給料アップを要求するときにも持ち歩いているとよいでしょう。

デビルズビット
DEVIL'S BIT

学名	*Succisa pratensis*
ほかの呼び名	Ofbit
ジェンダー	男性
パワー	悪魔祓い、愛情、守護、幸運

魔法の使い方

首のまわりに巻きつけていると、悪霊を追い払ってくれ、身に着けている人を守ってくれます。女性を魅了するのにも使われています。幸運を運んできてくれます。

トゥルーユニコーンルート
AGUE ROOT

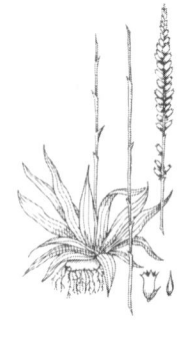

学名	*Aletris farinosa*
注意事項	DI* オキシトシン（訳注 愛情ホルモンといわれている。ピトシン）を中和する。
ほかの呼び名	Ague Grass, Bitter Grass, Black Root, Crow Corn, Stargrass, Starwort, True Unicorn Root, Unicorn Root, Aletris, Blazing Star
パワー	守護

魔法の使い方

トゥルーユニコーンルートを家のまわりにまいておいたり、サシェにして持ち歩いたりすると、邪悪なものが寄りつきません。また、魔法解除や邪悪なものを排除する（アンクロッシングする）儀式やミックスハーブにも使われます。

トードストゥール
TOADSTOOL

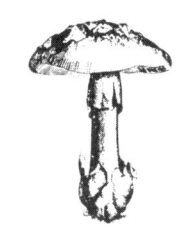

注意事項	有毒
ほかの呼び名	毒キノコ
パワー	雨乞い

魔法の使い方

誤ってトードストゥール（毒キノコ）をつぶすと雨が降りますが、わざとつぶしても雨が降るのかどうかは疑問です。

トードフラックス
TOADFLAX

学名	*Linaria vulgaris*
注意事項	X
ほかの呼び名	Churnstaff, Doggies, Dragon Bushes, Flax Weed, Fluellin, Gallwort, Pattens and Clogs, Rabbits, Ramsted, Toad、ホソバウンラン
ジェンダー	男性
支配惑星	火星
支配元素	火
パワー	守護、魔法解除

魔法の使い方

トードフラックスは、それを身に着けている人から悪霊を遠ざけるための護符として使われています。また、魔法を解くときにも使われます。

トーメンティル 🛡♡
TORMENTIL

学名	*Potentilla erecta*
注意事項	G
ほかの呼び名	Biscuits, Bloodroot, Earthbank, Ewe Daisy, Five Fingers, Flesh and Blood, Septfoil, Shepherd's Knot, Thormantle, タチキジムシロ
ジェンダー	男性
支配惑星	太陽
支配元素	火
神	北欧神話の雷神トール
パワー	守護、愛情

魔法の使い方

トーメンティルの煎じ液を飲むと守護の効果が得られ、愛する人に飲ませると、2人の愛は長続きします。霊能者がこの煎じ液を飲むのは、一生精霊に憑かれないように身を守るためだそうです。家のなかに吊るしておくと悪霊が寄りつかず、持ち歩くと恋愛が引き寄せられます。

ドダー ♡
DODDER

学名	*Cuscuta glomerata, C. europaea*（ヨーロピアンドダー）
注意事項	PVD
ほかの呼び名	Beggarweed, Devil's Guts, Fireweed, Hellweed, Lady's Laces, Love Vine, Scaldweed, Strangle Tare, Witches' Hair
ジェンダー	女性
支配惑星	土星
支配元素	水
パワー	愛情、占い、ロープマジック

魔法の使い方

ドダーをむしり取り、それを肩越しに宿主植物を目がけて投げつけます（ドダーは寄生植物）。そして翌日、投げつけた植物のところに戻ってみましょう。もしドダーがまたそこにくっついていたら、例のあの人はあなたのことを愛しています。もしくっついていなかったら、愛していません。

より糸の代わりにドダーの「つる」を結び目を使ったマジック「ロープマジック」に使ってみましょう（結び目はあまりきつくしないこと）。

ドック
DOCK

学名	*Rumex spp.*（スイバ属）, *R. obtusifolius*（broad-leaved dock, エゾノギシギシ）, *R. crispus*（イエロードック）
注意事項	Ks
ほかの呼び名	Yellow Dock
ジェンダー	男性
支配惑星	木星
支配元素	風
パワー	治癒・治療（ヒーリング）、多産・豊穣、金運

魔法の使い方

コモンドックの種子は、金運アップの魔法やインセンスに使われています。煎じ液を作ることもでき、それを事務所のまわりにまいておくと、顧客が集まってくるといわれています。

ドックの種子を女性の左腕に結んでおくと、妊娠しやすくなります。

ドッグウッド ★🛡
DOGWOOD

学名	*Cornus florida*
注意事項	G
ほかの呼び名	Boxwood, Budwood, Dogtree, Florida Dogwood, Flowering Cornel, Flowering Dogwood, Green Osier, Virginia Dogwood, アメリカヤマボウシ, ハナミズキ
パワー	願望、防護

魔法の使い方

　夏至の前夜に、ドッグウッドの樹液をハンカチの上に垂らします。きちんとそのハンカチを持ち歩いていれば、あなたの願い事はかなうでしょう。葉（または樹木）も守護のお守りに入れて使います。

ドッグベイン ♥
DOGBANE

学名	*Apocynum androsaemifolium*
注意事項	X
ほかの呼び名	Rheumatism Weld, Wild Ipecac
パワー	愛情

魔法の使い方

　ドッグベインの花を愛のミックスハーブに入れて使います。

トマト 🛡❤
TOMATO

学名	*Solanum lycopersicum*
注意事項	実：G、葉：X
ほかの呼び名	Love Apples, Kamatis, Guzungu
ジェンダー	女性
支配惑星	金星
支配元素	水
パワー	繁栄、守護、愛情

魔法の使い方

　炉棚（マントルピース）の上に赤い大きなトマトを置いておくと、その家には繁栄がもたらされます。3日おきに取り替えること。

　窓の下枠の上か玄関の敷居の上にトマトを置いておくと、悪霊が家に寄りつきません。悪霊は黄色い花と真っ赤な実を怖がって近づかないため、庭にトマトを植えておくと守護の効果を発揮します。トマトを食べると愛情を呼び起こすパワーがみなぎってきます。

トラガカントゴム
TRAGACANTH GUM

ジェンダー	男性
支配惑星	Earth
支配元素	火
パワー	結合、無意識のなかでの転換

魔法の使い方

　トラガカントゴムは、トラガカントゴムを第5の元素エーテルとブレンドして、深い眠り（つまり無意識の世界）に連れていくのに使われます。また、夢枕の詰め物にも使われます。

トリカブト 🛡
WOLF'S BANE

学名	*Aconitum spp.*（トリカブト属） 主として*A. napellus*（ヨウシュトリカブト）
注意事項	有毒
ほかの呼び名	Aconite, Cupid's Car, Dumbledore's Delight, Leopard's Bane, Monkshood, Storm Hat, Thor's Hat, Wolf's Hat
ジェンダー	女性
支配惑星	土星
支配元素	水
神	ギリシャ神話の魔法の女神ヘカテ
パワー	守護、不可視性

魔法の使い方

　トリカブトを守護のサシェに加えます。とくに吸血鬼やオオカミ人間から身を守るために使われています。オオカミ人間自身が自分を癒すためにもトリカブトを使っていることから、これはまさにぴったりの使い方です。種子をトカゲの皮に包んで持ち歩くと、自由自在に目に見えない姿になることができます。トリカブトは、どの部分であれ、絶対に食べたり肌の上でこすったりしないこと。猛毒があります。

トリリウム
TRILLIUM

学名	*Trillium spp.*（エンレイソウ属）, 主として *T. Erectum*（レッドトリリウム）
注意事項	P
ほかの呼び名	Beth, Beth Root, Indian Root, True Love, エンレイソウ
ジェンダー	女性
支配惑星	金星
支配元素	水
パワー	金運、幸運、愛情

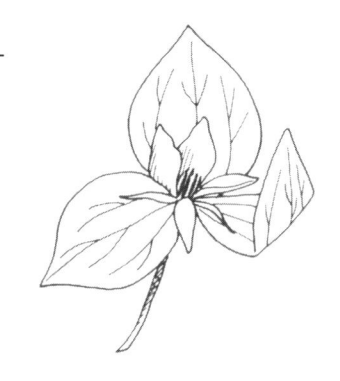

魔法の使い方

トリリウムを携帯するとお金と幸運がもたらされます。根を体にこすりつけると、愛情を引き寄せてくれます。

トンカマメ
TONKA

学名	*Dipteryx odorata*
注意事項	有毒
ほかの呼び名	Coumaria Nut, Tonqua, Tonquin Bean
ジェンダー	女性
支配惑星	金星
支配元素	水
パワー	愛情、金運、勇気、願望

魔法の使い方

　この香り豊かなマメは、愛のサシェやミックスハーブに使われ、愛情を引き寄せるために持ち歩く場合もあります。

　トンカマメを身に着けたり持ち歩いたりすると、お金が貯まり、幸運が訪れ、勇気がみなぎり、病気にもなりません。

　願い事をかなえるには、トンカマメを手に握り、自分の願い事を視覚化しま

す。そのあとでマメを流水のなかに投げ込むとよいでしょう。

ナッツ類 ♡⚓
NUTS

| パワー | 多産・豊穣、繁栄、愛情、幸運 |

魔法の使い方

どのナッツも強力な排卵誘発剤になるため、その目的で持ち歩くとよいでしょう。

繁栄や金運アップを願うミックスハーブにも加えられます。ハート型をしたナッツを持ち歩くと愛情が深まり、ダブルナッツはまさに幸運を呼ぶお守りになります。

ナツメグ
NUTMEG

学名	*Myristica fragrans*
注意事項	D+ X
ほかの呼び名	Qoust, Sadhika, Wohpala, Bicuiba Acu, ニクズク
ジェンダー	男性
支配惑星	木星
支配元素	火
パワー	幸運、金運、健康、忠誠

魔法の使い方

ナツメグはむかしから、幸運を呼ぶお守りとして携帯されています。またスターアニスやトンカマメと一緒にひもで結ぶと、効果抜群のネックレスになります。

ナツメグを持ち歩くと、とくにリウマチ、ヘルペス、神経痛、炎症性の腫れ

物やものもらいの予防になります。ひもで結んだナツメグを赤ん坊の首にかけておくと、乳歯が生えるのを助けてくれます。またナツメグは多くの金運アップ・繁栄のミックスハーブに加えられるほか、同じ目的で、パウダー状にしたナツメグが緑色のろうそくの上にもまかれます。

恋人が自分にずっと忠実であってほしいと願うなら、ナツメグの実を4等分に切り分けます。そのうちの1つは土に埋め、もう1つは崖の上から宙に向かって投げ、もう1つは燃やし、残りの1つはお湯に入れてぐつぐつと煮立てます。そのお湯を一口飲み、そのお湯で煮立てたナツメグをどこに行くときにも持ち歩きます——眠るときにも枕の下に入れておきましょう。そうすると、だれもあなたの恋人を誘惑しようとはしないでしょう。

ネトル
NETTLE

学名	*Urtica dioica*
注意事項	G
ほかの呼び名	Ortiga Ancha, Stinging Nettle, セイヨウイラクサ
ジェンダー	男性
支配惑星	火星
支配元素	火
神	北欧神話の雷神トール
パワー	悪魔祓い、守護、治癒・治療(ヒーリング)、欲望

魔法の使い方

むかしからネトルの守護のパワーが魔法に使われています。呪いを払い除ける、または呪い返しをするには、ポペットにネトルを詰めるか、サシェに入れて持ち歩くとよいでしょう。

また家のまわりにネトルをまくと、悪霊を寄せつけず、送り返すこともできます。ネトルを炎のなかに投げ込むと危険を回避することができ、手で握ると幽霊を追い払うことができます。ヤロウと一緒に持ち歩くと恐怖心が和らぎ、お守りとして身に着けるとネガティブなものを除去することができます。

摘みたてのネトルは、花瓶に挿して病に伏している人のベッド脇に置くと、その人の健康回復の助けになります。

　ネトルは性欲をかきたてるハーブとしても使われることがあり、現代メキシコの降霊術者(スピリチュアリスト)は、清めのお風呂にネトルを使うことを推奨しています。ほかのハーブよりも「肉食性が強い」からです。そのため、より効果的に作用します。

ノーフォークマツ
NORFOLK ISLAND PINE

学名	*Araucaria heterophylla*
ほかの呼び名	シマナンヨウスギ
ジェンダー	男性
支配惑星	火星
支配元素	火
パワー	守護、反飢餓

魔法の使い方

　家のなかか家の近所で育てたノーフォークマツは飢えや悪霊から守ってくれます。

ノットグラス
KNOTWEED

学名	*Polygonum aviculare*
ほかの呼び名	Armstrong, Centinode, Cowgrass, Hogweed, Knotgrass, Nine Joints, Ninety Knot, Pigrush, Pigweed, Red Robin, Sparrow's Tongue, Swynel Grass、ニワヤナギ、ミチヤナギ
ジェンダー	女性
支配惑星	土星
支配元素	土
パワー	拘束・束縛、健康

魔法の使い方

　苦痛や悲嘆を「縛りつける」には、ノットグラスを数本手に持ちます。そしてあなたの苦痛や悲嘆の原因となる問題をノットグラスに注ぎ込みます。するとノットグラスがそれを吸収し、その後燃やしてくれるのが見えるでしょう。また、持ち歩くと目を守ってくれ、目を丈夫にしてくれます。

パーシモン
PERSIMMON

学名	*Diospyros virginiana*
ほかの呼び名	アメリカガキ
ジェンダー	女性
支配惑星	金星
支配元素	水
パワー	性転換、治癒・治療(ヒーリング)、幸運

魔法の使い方

　つい最近まで、アメリカのアラバマ州では、もし女の子が男の子になりたければ、その女の子はまだ青い未熟なパーシモン（渋柿）を9個食べるだけでよいと考えられていたそうです。そうすれば、その子はたったの2週間で女の子から男の子に変身することができるんですって！

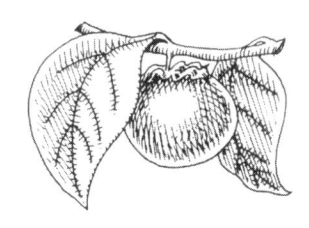

もし恐怖や不安に悩まされているなら、1本のひもで結び目を1つ（1つの恐怖または不安につき1つ）作り、そのひもをパーシモンの木に結びつけましょう。そうすれば、恐怖や不安はおさまるでしょう。

もし幸運にあやかりたいなら、まだ青い未熟なパーシモン（渋柿）を土のなかに埋めるとよいでしょう。

パースレイン
PURSLANE

学名	*Portulaca oleracea*
注意事項	P Ks
ほかの呼び名	Garden Purslane, Golden Purslane, Pigweed、スベリヒユ、ポーチュラカ
ジェンダー	女性
支配惑星	月
支配元素	水
パワー	睡眠、愛情、幸運、守護、幸福

魔法の使い方

パースレインをベッドの上に置いておくと、悪い夢を見て夜中に目が覚めたりすることはありません。パースレインを持ち歩くと、愛情と幸運を呼び寄せ、悪霊を遠ざけてくれます。

兵士は戦場でパースレインを携帯して、自分の身の安全を守りました。パースレインを家のまわりにまくと、そのあたり全体に幸せが広がります。

バーチ 🛡️✝
BIRCH

学名	*Betula pendula*、*B. pubescens*、*B. lenta*
注意事項	G
ほかの呼び名	Beithe, Bereza, Berke, Beth, Bouleau, Lady of the Woods、カバノキ
ジェンダー	女性
支配惑星	金星
支配元素	水
神	北欧神話の雷神トール
パワー	守護、悪魔祓い、浄化

魔法の使い方

　バーチは浄化や洗浄のハーブとして知られており、霊に憑りつかれた人や動物をその小枝で軽くたたいて除霊するのに使われてきました。

　木の部分は守護を得るために使われています。ロシアでは、バーチの幹に赤いリボンを巻きつけて、邪眼を避けるのに使われています。雷避けとしても使われています。

　伝統的な魔女のほうきは、このバーチの小枝で作られていました。かつてはベビーカーも、無抵抗な赤ん坊を守るためにバーチ材で作られていました。

バードック
BURDOCK

学名	*Arctium lappa*
注意事項	G
ほかの呼び名	Bardana, Beggar's Buttons, Burrseed, Clotbur, Cockleburr, Great Burdock, Happy Major, Hardock, Hurrburr, Personata, ゴボウ
ジェンダー	女性
支配惑星	金星
支配元素	水
パワー	守護、治癒・治療(ヒーリング)

魔法の使い方

　家のまわりにバードックを投げると、ネガティブなものが寄りつきません。守護のインセンスに加えたり、守護の魔法に使われたりします。月が欠けていく間にバードックの根を集め、乾燥させてから小さく切って赤い糸に通してビーズのように守護のお守りとして身に着けると、悪霊やネガティブなものから守られます。バードックの葉を左右両方の靴の底に敷いておくと、痛風が治りやすくなります。

バーベイン
VERVAIN

学名	*Verbena officinalis*
注意事項	P
ほかの呼び名	Brittanica, Enchanter's Plant, Herba Sacra, Herb of Enchantment, Herb of Grace, Herb of the Cross, Holy Herb, Juno's Tears, Pigeon's Grass, Pigeonwood, Simpler's Joy, Van-Van, Verbena, Vervan、バーベナ、クマツヅラ
ジェンダー	女性
支配惑星	金星
支配元素	土
神	ウェールズ北部に住む魔女・豊穣の女神ケリドウエン、ローマ神話の戦いと農耕の神マルス、ローマ神話の愛と美の女神ビーナス、チャールズ・ゴッドフリー・リーランド著『アラディア、あるいは魔女の福音』に登場し、ウイッカが崇拝する女神アラディア、エジプト神話の女神イシス、ローマ神話の最高神ユーピテル、北欧神話の雷神トール、ローマ神話のユーピテルの妻・最高女神ユノー
パワー	愛情、守護、浄化、平和、金運、若さ、貞節、睡眠、治癒・治療

儀式での使い方

　古代ローマ時代の司祭は、ユーピテルの祭壇(オールター)をきれいに洗い清めるのにバーベインを使いました。バーベインの小さな束を作り、それで祭壇(オールター)を拭いて掃除するのです。古くからの言い伝えによると、加入の儀式、秘儀の伝授であるイニシエーションを受けたドルイド僧の娘たちは、その地位を得た証として、バーベインの冠をかぶりました。

魔法の使い方

　バーベインは、むかしから夏至の日か、またはおおいぬ座の1等星シリウスが昇ってくるとき、つまり太陽の姿も月の姿も見えないときにに摘む習慣があります。ただ、そんなことをする必要はないのですが……。

　一般にバーベインは愛のミックスハーブや守護の魔法の材料に使われていま

す。魔術師は、身を守るため、バーベインの冠をかぶって降霊術を行います。バーベインのどの部分でもかまいませんが、個人のお守りとして持ち歩くとよいでしょう。家のなかにバーベインを置いておくと、雷や嵐から守られます。

　バーベインの煮出し液を敷地のまわりにまいておくと、悪霊や悪意のある力が寄りつかなくなります。悪魔祓いのインセンスに加えてもよいですし、ほかのハーブの煮出し液に加えてまいてもよいでしょう。また、清めのサシェに加え、それをお風呂に入れて使うことも多いようです。

　乾燥させたバーベインは、平和をもたらすものとして家のまわりに散らしたり、感情の高ぶりを抑えるために身に着けたりしてもよいでしょう。

　バーベインは金運アップや商売繁盛の魔法にも使われています。もしバーベインを庭に埋めておく、または家のなかに置いておくと、富があふれ、植物もよく育つようになります。

　生涯ずっと貞淑でいたければ、新月の初日に、朝日が昇る前に起床し、バーベインを摘んだら（やはり朝日が昇る前に）、つぶして汁を絞り出し、それを飲み干します。古くからの教えによると、そうすれば、7年間は性欲を完全に抑えることができるそうです。

　バーベインを持ち歩くと永遠に若さを保つことができるそうです。また、ベッドの上に置いたり首のまわりに巻いたり、あるいは煎じ液を作って寝る前に飲んだりすると、夢にうなされることがありません。

　バーベインは治癒・治療(ヒーリング)のハーブとしても優れています。バーベインの原液（薄めていないもの）を体に塗りつけると、病気が治り、将来の健康問題も防いでくれます。病後の療養をサポートするにはバーベインの根を1メートルほどの長さの糸で結び、それを患者の首にかけておきます。回復するまでそのままにしておくこと。

　病床に伏している人の生死を知りたければ、バーベインを手に持って、気づかれないように、その人に押し当ててみます。そして、気分はどうかとたずねてみましょう。もし将来に希望を持っていれば、その人の命は助かるでしょう。もしそういう気持ちを持っていなければ、逆の結果になります。

　もし知り合いに何かを盗まれたら、バーベインを身に着けて、その人に立ち向かってみましょう。そうすれば盗まれたものはかならず取り戻せるはずで

す。

　バーベインをベビーカーのなかに置いておくと、その子は裕福に育ち、学ぶことが好きになるでしょう。

　バーベインの液を体に塗りつけると、その人には未来が見え、どんな願い事もかなうといわれています。また、敵を味方にし、恋人を惹きつけ、あらゆるエンチャントメントから身を守ることもできます。バーベインを燃やすと、報われない恋を忘れ去ることができます。

バーリー ♡♦🛡
BARLEY

学名	*Hordeum vulgare*
注意事項	発芽した種子：P
ほかの呼び名	Malt，オオムギ
ジェンダー	女性
支配惑星	金星
支配元素	土
パワー	愛情、治癒・治療(ヒーリング)、守護

魔法の使い方

　恋愛の魔法では、穀物かバーリー湯を使います。

　バーリーを使うと歯痛が治ることがあります。麦わらを石の上で風にさらしながら痛みを思い描き、それを石に伝えます。次にその石を川か流水に向かって投げ入れます。すると痛みが洗い流されていくのが分かるでしょう。

　邪悪なものやネガティブなものを払い除けるのに、バーリーを土にまいておくのもよいでしょう。

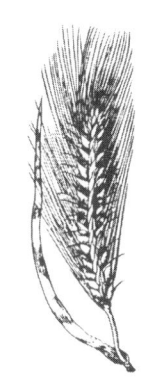

ハイジョンザコンカラー

HIGH JOHN THE CONQUEROR

学名	*Ipomoea purga*、*I. jalapa*
注意事項	有毒
ほかの呼び名	ヤラッパ
ジェンダー	男性
支配惑星	火星
支配元素	火
パワー	金運、愛情、成功、幸福

魔法の使い方

　根の1つにミントオイルを塗り、緑色のサシェに包み込みます。それを持ち歩くと金運がアップします。

　また、やはりこれを持ち歩くと、気分の落ち込みが和らぎ、愛情と成功がもたらされ、あらゆる魔術や呪いからも守られるそうです。魔術や呪いを解いたり無効にしたりするのにも持ち歩くとよいでしょう。

　簡単ですが何にでも使える塗油を作るには、ハイジョンザコンカラーの根を3つ、よく切れるナイフで細かく切り、それを植物油かオリーブオイル、または鉱油の入った瓶に入れます。そしてそのまま数週間、浸しておきます。根を必要な分だけ取り出して使い、残りはオイルに浸したままにしておき、塗油としてろうそくやサシェに塗ります。

ハイドランジア
HYDRANGEA

学名	*Hydrangea spp.*（アジサイ属） 主として *Harborescens*（アメリカノリノキ）
注意事項	X
ほかの呼び名	七変化、アジサイ
パワー	魔法解除

魔法の使い方

ハイドランジアの樹皮を持ち歩く、家のまわりに散布する、または焚くことで魔法を解くことができます。

パイナップル
PINEAPPLE

学名	*Ananas comosus*
注意事項	G
ジェンダー	男性
支配惑星	太陽
支配元素	火
パワー	幸運、金運、貞節

魔法の使い方

　乾燥させたパイナップルを袋に入れ、それをお風呂に入れると、幸運が訪れるといいます。絞り液を加えてもよいでしょう。

　パイナップルジュースを飲むと、性欲を抑えられます。また、乾燥させた皮か生の皮を金運アップのミックスハーブに加えてもよいでしょう。

ハイビスカス ♡♡
HIBISCUS

学名	*Hibiscus* spp.（ハイビスカス属）、主として *H. sabdariffa*（ローゼル）、*H. rosa-sinensis*（チャイニーズハイビスカス、ブッソウゲ）
注意事項	花：G
ほかの呼び名	Kharkady（アラビア語）, Graxa, Gumamela, Shoe flower, Tulipan, ローゼル
ジェンダー	女性
支配惑星	金星
支配元素	水
パワー	欲望、愛情、占い

魔法の使い方

ローゼルの赤い萼（がく）と苞（ほう）は、性欲を強める真っ赤なティーになります。それゆえ、エジプトでは女性がこのティーを飲むことが禁じられています。ハイビスカスの花は愛情のインセンスやサシェにも使われ、熱帯地方の結婚式では花をリースにします。西太平洋に浮かぶドブ島の魔術師は、水を入れた木製のボウルにハイビスカスの花を何枚か落として占います。

パイロットウィード 🛡
PILOT WEED

学名	*Silphium laciniatum*
注意事項	花：G
ほかの呼び名	Bumweed, Compass Point, Rosin Weed
パワー	守護

魔法の使い方

乾燥させたパイロットウィードの根を激しい雷雨のときに燃やすと、落雷を避けることができます。

パイン
PINE

学名	*Pinus spp.*（マツ属）
注意事項	ストローブマツ：G
ほかの呼び名	マツ
ジェンダー	男性
支配惑星	火星
支配元素	風
神	フリギアの大地母神キュベレ、ギリシャ神話の牧羊神パーン、ローマ神話の愛と美の女神ビーナス、フリギアの女神キュベレの夫神アティス、ギリシャ神話のぶどう酒と豊穣の神ディオニソス、ギリシャ神話の神アシュタルテ、ローマ神話の森と農牧の神シルバヌス
パワー	治癒・治療、多産・豊穣、守護、悪魔祓い、金運

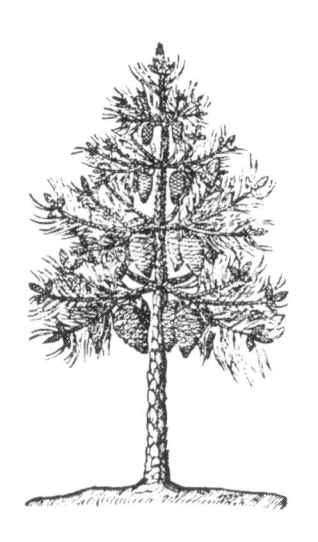

魔法の使い方

マツカサ（マツボックリ）を持ち歩くと生殖能力（女性は妊娠する可能性）が高まります。また、元気な老後を送ることもできます。夏至のときに摘んだ、まだ種子を保持しているマツカサは、最高の魔法の道具になります。そのマツカサを持っている人が毎日、そこからマツの実を取り出して食べると、弾丸に当たらずに済むからです。

冬の間にパインの葉を燃やすと、家が浄化され、きれいになります。床にパインの葉をまいておくと、悪霊を追い払ってくれ、燃やすとネガティブな場所を祓い清めてくれます。お風呂掃除のときにもパインの葉が使われます。また、魔法を送り返したり呪い返しをしたりするときにもパインの葉を燃やします（訳注　呪い返しについては、アグリモニーの項目を参照）。

パインの木の枝をベッドの上に置いておくと病気を寄せつけません。早めに置いておかないと病気が悪化します。日本には、パインの木の枝を家の玄関に置く習慣があります。葉が常緑であることから、家のなかに喜びが絶えなくなるといわれているからです。

パインの葉で作った十字架を暖炉の前に置いておくと、暖炉から悪霊が入っ

てこられなくなります。パインは金運アップの魔法にも使われており、おがくずはインセンスのベースになります。

ハウスリーク ♡🛡♡
HOUSELEEK

学名	*Sempervivum tectorum*
注意事項	G
ほかの呼び名	Hen and Chickens, Sengren, Welcome-Home-Husband-Though-Never-So-Drunk, Welcome-Home-Husband- Though-Never-So-Late
ジェンダー	男性
支配惑星	木星
支配元素	風
パワー	欲望、守護、愛情

魔法の使い方

もし屋根の上に根を張っていたら、避雷針の役割を果たしてくれ、その家に幸運をもたらしてくれます。異性を惹きつけるハーブとしても使われています。そのときはフレッシュハーブをそのまま身に着け、数日ごとに取り替えること。

ハウンズトング
HOUNDSTONGUE

学名	*Cynoglossum officinale*
注意事項	G
ほかの呼び名	Dog-Bur, Dog's Tongue, Gypsy Flower, Sheep Lice, Tongue of Dog, Woolmat
ジェンダー	男性
支配惑星	火星
支配元素	火
パワー	犬の舌を縛りつける

魔法の使い方

靴のなかに入れておくと犬に吠えられなくなります。犬の舌（ハウンズトング）という名のとおり、犬の舌を「縛りつける」からです。

バジル ♥✝🛡
BASIL

学名	*Ocimum basilicum*
注意事項	平均食品摂取量を上回る量：乳幼児の場合はＰＮＸ
ほかの呼び名	Albahaca, American Dittany, "Our Herb," St. Joseph's Wort, Sweet Basil, Witches Herb, Njilika, Balanoi, Feslien
ジェンダー	男性
支配惑星	火星
支配元素	火
神	ヒンドゥー教の神ビシュヌ、ブードゥー教の愛の女神エルズリー（エジリ・フレーダ）
パワー	愛情、悪魔祓い、財産、飛行、守護

魔法の使い方

フレッシュバジルの芳香は、2人の間に共感を生むことから、恋人どうしが相手の本当の気持ちを知りたいというときに使われます。恋愛のインセンスや

サシェに加えるとよいでしょう。

　また、摘んだばかりの葉を肌の上でこすると、愛を呼ぶ天然の香料になります。東欧ではかつて、女性の手からバジルの小枝を受け取った若者は、その女性を愛するようになると信じられていました。

　バジルは恋占いにも使われています。燃えている石炭の上にフレッシュバジルの葉を２枚置きます。もし２枚の葉が、置かれた場所にそのまま留まり、すぐに燃えて灰になったら、２人の結婚（または関係）はうまくいきます。もし少しでもパチパチと音を立てるようなことがあれば、２人の間にはけんかが絶えず、生活に支障が出てくるでしょう。もし２枚の葉が激しく音を立てながら飛んでいったら、これから関係を続けていくのは望ましくないということです。

　もしある人が童貞か、処女か、それともふしだらな人間かを知りたければ、ただフレッシュバジルの小枝をその人の手に置いてください。そうすれば、すぐにその人が「尻軽男（女）」かどうかが分かります。

　バジルをポケットに入れて持ち歩くと、その人に富がもたらされることから、事務所や店舗のレジのなかや入口に何枚か置いておくなど、客寄せのために使われています。

　また、バジルは自分の友人が真の友でいてくれるかどうかを確かめるのにも使われています。その友人が眠っている間に、バジルの粉末を自分の体全体に、とくに心臓の上に振りかけます。そして２人の関係に感謝してみましょう。

　バジルのそばには邪悪なものが寄りつかないことから、バジルを床にまいてもよいでしょう。悪魔祓いのインセンスや清めの入浴剤としても使われています。各部屋に少しずつ置いておくと、守護の効果を発揮します。

　また、ヤギを敷地から追い払うとき、サソリを呼び寄せるとき、また酩酊を防ぐときにも使われます。

　かつて魔女はバジルの絞り液を２分の１カップほど飲んでから宙を飛ぶといわれていました。さらにダイエットにも使われていますが、これは別の人の力を借りながら、かつダイエットをする人がそのことを知らない場合にのみ有効です。そのむかし、もし皿の上にバジルをこっそり敷いて、その上に料理を盛りつけて出すと、女性は（おそらく男性も）その料理をまったく口にすることができなくなるという魔法がありました。

新居祝いにバジルを贈られると、その家には幸運が訪れます。

パセリ ♡🛡
PARSLEY

学名	*Petroselinum crispum*
注意事項	D+PK
ほかの呼び名	Devil's Oatmeal, Percely, Persil, Petersilie, Petroselinum, Rock Parsley
ジェンダー	男性
支配惑星	水星
支配元素	風
神	ギリシャ神話の冥府の王ハデスの妃ペルセフォネ
パワー	欲望、守護、浄化

魔法の使い方

　パセリを食べると、性欲が高まり、受精率も高くなります。しかし、もし今あなたが恋をしているなら、パセリを切ってはなりません。あなたの恋も一緒に切ってしまうことになりますよ。

　パセリは死と結びついており、悪魔だとみなされることもありますが、古代ローマ人はパセリの小枝を毎朝、トーガ（古代ローマの一枚布の上着）に包み込んで守護のお守りにしていました。また、食べ物を載せた皿にパセリを添えて、汚染を防ぎました。

　また、あらゆる逆境や災難をはねのけてもらうため、パセリは清めのお風呂に入れて使われます。パセリで作ったリースを冠のように頭上に載せると、酩酊しにくくなります。

パチョリ 🔲♡
PATCHOULY

学名	*Pogostemon cablin*
注意事項	G
ほかの呼び名	Pucha-Pot, Kablin, 乾燥させたものはカッコウ
ジェンダー	女性
支配惑星	土星
支配元素	土
パワー	金運、多産・豊穣、欲望

魔法の使い方

　パチョリは豊かな大地の香りを放つため、金運や商売繁盛・繁栄のミックスハーブや魔法に使われています。お金の上にまく、財布に入れる、緑色のろうそくの台のまわりに置く、などの使い方があります。

　また、パチョリの土質のため、多産・豊穣のお守り(タリスマン)として使われているほか、ブードゥー教徒の呪術などに用いられるオカルトパウダー「墓所の塵」(グレーブヤードダスト)が必要なときには、その代用にもなります。

　パチョリは愛のサシェやお風呂に入れて使います。ブードゥー教がもとになった現代アメリカのハーブを使ったまじないでは、パチョリが「別離」のために使われていますが、これは現代になってからの考え方で、長い伝統はありません。実際には多くの人を惹きつけ、性欲をアップさせるのに使われています。この点がハーブを使ったまじないとの違いです。

バックウィート
BUCKWHEAT

学名	*Fagopyrum spp.*
注意事項	A
ほかの呼び名	Beechwheat, Brank, French Wheat, Saracen Corn、ソバ
ジェンダー	女性
支配惑星	金星
支配元素	土
パワー	金運、守護

魔法の使い方

　ソバの実（種実）をひいてそば粉を作り、家のまわりに円形にまいておくと、悪霊が寄りつきません。また魔法をかけている間、自分のまわりの床に魔法陣を形作るのにも使われます。数粒のソバの実を金運アップのインセンスに加えてもよいでしょう。また台所に何粒か置いておくと、食べるのに困りません。

バックソーン
BUCKTHORN

学名	*Rhamnus spp.*（クロウメモドキ属）、主として *R. cathartica*（コモンバックソーン）*R. frangula*（アルダーバックソーン）
注意事項	P N Lt I Ab Ii Ch-12　*R. frangula* の樹皮は２年間熟成させてから内用すること。
ほかの呼び名	Hart's Thorn
ジェンダー	女性
支配惑星	土星
支配元素	水
パワー	守護、悪魔祓い、願望、法律問題

魔法の使い方

　古代ギリシャの医者で、薬理学者、植物学者でもあったディオスコリデスに

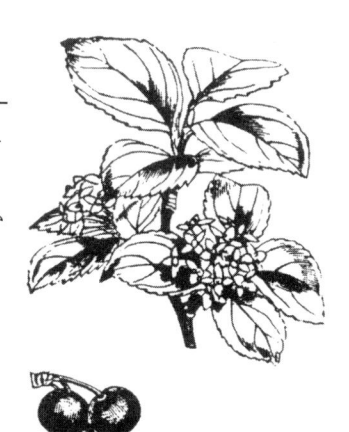

よると、バックソーンの枝を玄関ドアや窓の近くに置いておくと、あらゆる魔法や魔術を払い除けることができるそうです。

バックソーンについては、こんなロマンチックな伝説があります。満月のときに地面にバックソーンを円形にまいてからそのなかで踊ると、小妖精(エルフ)が現れるといいます。踊っている人は、エルフが逃げ出さないうちに、「とまれ！願いをかなえよ」と声をかけなければなりません。すると、エルフは1つだけ願い事をかなえてくれるというのですが……、私としては保証しかねます。あしからず。

バックソーンは法律問題でも使われています（裁判所に行くときに持っていく、または身に着けていくなど）。また、一般的に幸運を呼ぶお守りとしても使われています。

ハックルベリー
HUCKLEBERRY

学名	*Vaccinium spp.*（スノキ属）と *Gaylussacia spp.*（ゲイリュサッキア属）の一部、主として *Vaccinium ovatum*（カリフォルニアハックルベリー）
ほかの呼び名	Whortleberry, Bilberry, Hurtleberry
ジェンダー	女性
支配惑星	金星
支配元素	水
パワー	欲望、守護、夢の魔法、魔法解除

魔法の使い方

ハックルベリーの葉は、サシェにして持ち歩くと幸運が訪れます。また、悪霊を寄せつけず、魔法や呪いを解いてくれます。

自分の夢をすべてかなえるには、寝る直前に寝室で葉っぱを燃やしてみましょう。1週間後には結果が出ているはずです。

パッションフラワー
PASSION FLOWER

学名	*Passiflora incarnata*
注意事項	G
ほかの呼び名	Grandilla, Maracoc, Maypops, Passion Vine, チャボトケイソウ
ジェンダー	女性
支配惑星	金星
支配元素	水
パワー	平和、睡眠、友情

魔法の使い方

　英語名の「パッションフラワー」(情熱の花)とは裏腹に、トケイソウを家のなかに置いておくと、問題やトラブルを鎮静化し、平和をもたらしてくれます。携帯すると友人を引き寄せ、大の人気者になれます。枕の下に置くとぐっすりと眠れます。

バナナ
BANANA

学名	*Musa spp.* (バショウ属)
ほかの呼び名	Maia (ハワイ語), Bacove, Sanging
ジェンダー	女性
支配惑星	金星
支配元素	水
神	ハワイの海神カナロア
パワー	多産・豊穣、性的能力、繁栄

儀式での使い方

　ハワイ島やタヒチ島では、神々に生け贄をささげるときに、人間の代わりにバナナの茎が使われていたことがあります。1819年にハワイでカプ(ハワイのタブー、規則)が廃止されるまで、女性が特定の種類のバナナを食べることは

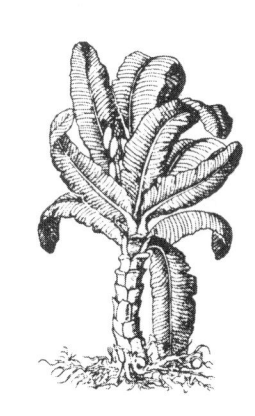

禁止され、この規則を破ると死刑に処されることになっていました。今でもブードゥー教の儀式ではバナナの木が使われますが、バナナの木も花も両性花であることから、儀式では神の象徴とされています。

魔法の使い方

　バナナは多産・豊穣の祈願に、また性的不全の治療に使われています。
　魔法のパワーのおかげでしょうか、バナナの木の下で結婚式を挙げた花嫁は、かならず幸せになるといいます。
　バナナの木はびっしりとたわわに実をつけることから、その葉や花、果実は、金運アップや繁栄・商売繁盛を祈願する魔法に使われています。
　おかしな話ですが、むかしからバナナの木は、折れた場合を除き、絶対に切ってはならないと信じられています。

ハニーサックル
HONEYSUCKLE

学名	*Lonicera spp.*（スイカズラ属）主として、*L. caprifolium*（イタリアンハニーサックル）、*L. japonica*［ジャパニーズハニーサックル（スイカズラ）］
注意事項	*L. japonica* の花：G、*L. spp.* の実：Dg
ほかの呼び名	Dutch Honeysuckle、Goat's Leaf、Woodbine
ジェンダー	男性
支配惑星	木星
支配元素	土
パワー	金運、超能力（サイキックパワー）、守護

魔法の使い方

　緑色のろうそくをハニーサックルの花で飾るとお金が貯まります。また、家にある花瓶に挿しておいても同じ効果があります。花を軽くつぶしてから額の上でこすると、超能力（サイキックパワー）が働きます。もし自宅近くにハニーサックルが生えていたら、幸運が訪れるでしょう。玄関ドアを覆うように生えていたら、家族は熱

病にかかりません。

バニヤン
BANYAN

学名	*Ficus benghalensis*
注意事項	G
ほかの呼び名	Arched Fig, Indian Fig Tree, Indian God Tree, Vada Tree, ベンガルボダイジュ
ジェンダー	男性
支配惑星	木星
支配元素	風
神	ハワイの半神半人の神マウイ
パワー	幸運

儀式での使い方

　バニヤンはヒンドゥー教徒に崇拝されており、寺院の周辺にこの木が植えられています。ハワイやポリネシアの宗教ではマウイ崇拝と結びつけられています。

魔法の使い方

　バニヤンの木の下に腰を下ろすかバニヤンの木を見つめるだけで、幸運が訪れ、バニヤンの木の下で結婚式を挙げるとその夫婦は幸せになれるといいます。

バニラ ♥♡
VANILLA

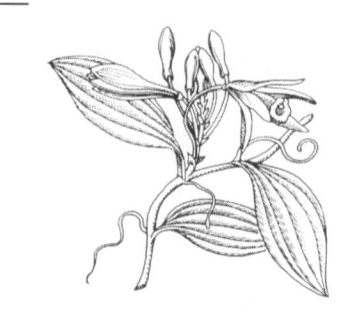

学名	*Vanilla planifolia*（バニラ）、*V. tahitensis*（タヒチバニラ）
注意事項	実：G
ほかの呼び名	Banilje, Tlilxochitl
ジェンダー	女性
支配惑星	金星
支配元素	水
パワー	愛情、欲望、精神力

魔法の使い方

　バニラはランを発酵させたようなもので、愛情のサシェに使われています。香りや風味は、性欲をかき立てると考えられています。シュガーポットにバニラの実を入れておくと、愛情のこもったバイブレーションを砂糖に注入してくれます。そのあとで愛の煎じ薬に甘味を加えるのに、この砂糖を使うとよいでしょう。実を持ち歩くと失われた活力が戻り、前向きな気持ちになれます。

パパイア ♥🛡
PAPAYA

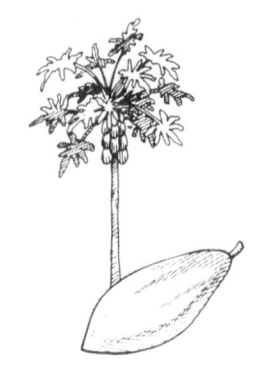

学名	*Carica papaya*
注意事項	G
ほかの呼び名	Paw-Paw, Papao, Put
ジェンダー	女性
支配惑星	月
支配元素	水
パワー	愛情、守護

魔法の使い方

　むかしからパパイアは魔法の儀式に使われています。そのうち一番シンプルなのは、パパイアの大枝のまわりにぼろ切れを結びつけながら、自分の欲しい

ものを思い描くというものです。パパイアの小枝を戸口の上に吊るしておくと、悪霊が家に近づけなくなります。

パパイアの実を食べ、愛する人にも出してあげると恋愛感情が高まります。

パピルス
PAPYRUS

学名	Cyperus papyrus
ジェンダー	男性
支配惑星	水星
支配元素	風
パワー	守護

魔法の使い方

パピルスをボートのなかに置いておくと、クロコダイルに襲われないよう身を守ってくれます。

バレリアン
VALERIAN

学名	Valeriana officinalis
注意事項	G（バレリアンを服用した影響が残っているうちは、車の運転をしないこと）
ほかの呼び名	Ail-Heal, Amantilla, Bloody Butcher, Capon's Trailer, Cat's Valerian, English Valerian, Fragrant Valerian, Garden Heliotrope, Phu, Red Valerian, St. George's Herb, Sete Wale, Set Well, Vandal Root, セイヨウカノコソウ
ジェンダー	女性
支配惑星	金星
支配元素	水
パワー	愛情、睡眠、浄化、守護

魔法の使い方

根はあまり良いにおいがしないので、パウダー状にしたものを守護のサシェに使います。家のなかに吊るしておくと雷除けになり、枕の下に置いておくと睡眠への導入を助けてくれます。バレリアンの小枝を女性の衣服にピンで留めると、男性がまるで子どものように、その女性のあとを「ついて来る」ようになります。バレリアンの根は、愛のサシェにも使われています。夫婦がけんかをしているときに、この植物をその場に持ち込めば、けんかはすぐに丸くおさまるでしょう。

古代ギリシャ人は、バレリアンの小枝を窓の上から吊るして魔除けにしました。バレリアンの根は、パウダー状にしたものを「墓所の塵」（グレーブヤードダスト）として使うこともあります。

パンジー ♥
PANSY

学名	*Viola tricolor*
注意事項	G
ほかの呼び名	Banewort, Banwort（アングロサクソン語），Bird's Eye, Bonewort（アングロサクソン語），Bouncing Bet, Garden Violet, Heart's Ease, Horse Violet, Johnny Jumper, Johnny Jump-Ups, Kiss-Me-At-The-Garden-Gate, Little Stepmother, Love Idol, Love-in-idleness, Love-Lies Bleeding, Loving Idol, Meet-Me-In-The-Entry, Pensée（フランス語），Stepmother, Tittle-My-Fancy, サンシキスミレ
ジェンダー	女性
支配惑星	土星
支配元素	水
パワー	愛情、雨乞い、恋愛占い

魔法の使い方

身に着けたり持ち歩いたりして、愛情を引き寄せます。恋愛占いでも効果て

きめん。たくさんのパンジーをハートの形に植えつけます。もしパンジーが見事な花を咲かせれば、あなたの恋もうまくいくでしょう。

　船乗りの恋人が航海に出るという女性は、パンジーの花壇に海砂を埋めて、日が昇る前に花に水をやれば、きっと彼はあなたのことを想ってくれるようになるはずです。まだ露が残っているうちにパンジーを摘むと、すぐに雨が降ってきます。

バンブー
BAMBOO

学名	*Bambuseae*（タケ連）、主として *Bambusa vulgaris*（ゴールデンバンブー、ダイサンチク）
注意事項	G
ほかの呼び名	Common Bamboo, Ohe（ハワイ語）, Kauayan-kiling, タケ
ジェンダー	男性
神	ハワイ創生神話の月の女神ヒナ
パワー	守護、幸運、魔法解除、願望

儀式での使い方

　中国の寺院ではバンブーが占いに使われており、僧侶がバンブー材の切りくずを信者目がけて投げつけます。切りくずの落ち方によって、良い兆しか悪い兆しかを判断します。

魔法の使い方

　願い事をバンブーの断片に彫ったら、それを人里離れたところで土に埋めます。また、家庭を守るには、五芒星（ペンタグラム）などのシンボルをバンブーの柄に彫ってからそれを敷地に植えるとよいでしょう。

　家の近所で育ったバンブーは、その家とその住人に幸運を運んできてくれます。またバンブー材は変色しないことから、ドアの上に飾っておくと縁起が良いといいます。

バンブーは、サシェに入れて持ち歩く、家の近所で育てる、またはバンブー材をつぶしてパウダー状にして燃やすかのいずれかの方法で、魔法を解くのに使われています。

　中国人は、悪霊が寄りつかないよう、タケを護符として使っています。良い霊を呼び出すには、バンブーで笛を作り、その霊の名前（もしあれば）を彫ったら即興のメロディーを奏でるとよいでしょう。

ヒアシンス ♡🛡
HYACINTH

学名	*Hyacinthus orientalis*
注意事項	X
ジェンダー	女性
支配惑星	金星
支配元素	水
パワー	愛情、守護、幸福

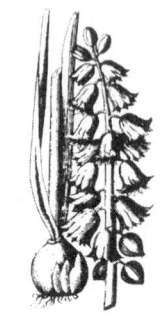

魔法の使い方

　サシェに入れて、分娩の痛みを和らげるのに使います。寝室で育てたヒアシンスは、悪夢を見ないように守ってくれます。ヒアシンスのみずみずしい花の香りをかぐと、深い悲しみや気分の落ち込みが癒されるだけでなく、陶酔からも目覚めさせてくれます。乾燥させた花は、愛のミックスハーブに使います。

ピー 🎲♥
PEA

学名	*Pisum sativum*
ほかの呼び名	エンドウマメ
ジェンダー	女性
支配惑星	金星
支配元素	土
パワー	金運、愛情

魔法の使い方

殻から取り出したピーはビジネスに幸運と利益をもたらします。乾燥させたピーは、金運アップのミックスハーブに使われます。

女性が9つのピーが入ったサヤを見つけたら、それをドアの上から吊るしておくこと。最初にそのサヤの下をくぐって家に入ることを許された男性が、将来その女性の夫になります（女性が独身の場合）。

ビーチ ★
BEECH

学名	*Fagus sylvatica*
注意事項	大量の実：X
ほかの呼び名	Bok, Boke, Buche, Buk, Buke, Faggio, Fagos, Faya, Haya, Hetre, ヨーロッパブナ
ジェンダー	女性
支配惑星	土星
パワー	願望

魔法の使い方

ビーチの小枝をしっかりと手に持ち、引っかいたり彫ったりして願い事を刻み込んだら、それを土に埋めてその場を去ります。後日、もしその場に小枝が

残っていたら、願い事がかなうということです。
　木材や葉を持ち歩くと、クリエイティブな能力が養われます。

ピーチ ♥✝★
PEACH

学名	*Prunus persica*
注意事項	種子、葉、小枝：X
ほかの呼び名	Mizquitl（アステカ語）、モモ
ジェンダー	女性
支配惑星	金星
支配元素	水
パワー	愛情、悪魔祓い、長寿、多産・豊穣、願望

魔法の使い方

　ピーチの実を食べると、恋する気分が芽生えることから、愛する人にピーチをあげると、またはピーチパイを作ってあげると、その人の心をつかむことができます。ピーチの実を食べると英知を授かることもできます。

　中国では、ピーチの木の枝は悪霊を追い払うのに、また病気を根絶するのにも使われています。中国では、悪魔が近寄らないようにと、ピーチの核の部分を子どもの首からぶら下げる習慣があります。

　ピーチの木の少片を持ち歩くと、その人の寿命が延び、永遠の命を授かるとまでいわれています。日本では多産・豊穣の象徴としてピーチが使われ、占いや魔法の杖にはピーチの木の枝が使われています。

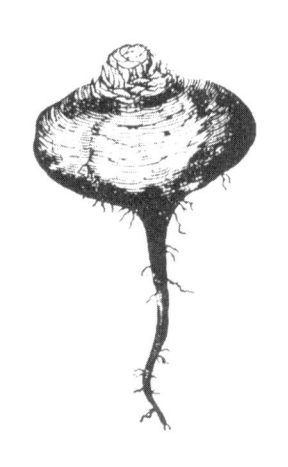

ビート ♡
BEET

学名	*Beta vulgaris*
注意事項	大量の葉：X
ほかの呼び名	Mangel, Mangold, テンサイ, サトウダイコン
ジェンダー	女性
支配惑星	土星
支配元素	土
パワー	愛情

魔法の使い方

　ある男性と女性が1つのビートを食べると、その2人は恋に落ちるといわれています。恋愛の魔法の儀式では、血の代わりにビートジュースがインクとして使われています。

ビーナスフライトラップ 🛡♡
VENUS' FLYTRAP

学名	*Dionaea muscipula*
ほかの呼び名	ハエトリグサ
ジェンダー	男性
支配惑星	火星
支配元素	火
パワー	守護、愛情

魔法の使い方

　昆虫を餌とする、この魅惑的で興味をそそられる植物は、今では養樹園や通信販売で簡単に手に入れることができます。こんな奇妙な植物が愛の女神にささげられているなんておかしい！　そう思われる向きもあるでしょうが、まあそんなものです。だから、ビーナスフライトラップが愛を引き寄せるお守りとして育てられることもあるのです。ただ、一般には守護の目的で使われていま

す。また、何かを「ワナで捕える」ために、家のなかで育てられます。

ビーン
BEAN

学名	*Phaseolus* spp.（インゲンマメ属）
注意事項	食用でないマメは毒を含む場合がある。
ほかの呼び名	Poor Man's Meat、インゲンマメ
ジェンダー	男性
支配惑星	水星
支配元素	風
神	ギリシャ神話の穀物豊穣の女神デメテル、ローマ神話の扉の蝶番の女神カルディア
パワー	守護、悪魔祓い、イボ治療、仲直り、性的能力、恋愛

儀式での使い方

　ビーンの花はたいてい白い色をしていることから、むかしのヨーロッパでは女神にささげられていました。ビーンは決まって収穫の女神にささげられています。言い伝えによると、スコットランドでは最高位の巫女だけがビーンを植えたり調理したりすることができたそうです。

　古代ローマでは、6月1日になると、ビーンを豚肉と一緒に供え、カルディアにささげていました。また、ビーンはあの世や死者とも結びつけられており、葬式のときにマメを配って食べる習慣もありました。

魔法の使い方

　一般に、古代ギリシャ・ローマ時代には悪い魔法使いの魔力から身を守るための護符として使われていましたが、今でもその名残があります。ビーンを1粒、口のなかに入れたら、人に向けてプッと吐き出します。乾燥したビーンは、ネガティブなものや邪悪な魔法から身を守るお守りとして持ち歩きます。また、精霊、とくに体内に入り込んで体調を悪くする精霊を追い払うには、「ガラガラ」のように使う方法もあります。悪霊を寄せつけないようにするには、ひと息で

3回、「青い泡に青インゲンマメ3つ、ガラガラ、アワアワ、ガラガラ」という早口言葉を言います。

夫婦げんかをしたら、妻はライマメを3粒、蚕糸に2日間吊るしておくとよいでしょう。夫婦げんかはすぐに丸くおさまります。

ビーンを持ち歩いたり食べたりすると、性的不能の治療の助けになります。ビーンは睾丸の形に似ているから、というのがその理由です。

♥マメを使った愛の魔法

女性は地面に描いたサークルに、どんなマメでもいいので、7粒のマメを置きます。次にその女性が選んだ男性にそのサークルのなかに入ってもらうか、サークルの上を歩いてもらいます。それができたら、その男性はその女性に好意を持つようになります（ただ、これはやや操作に近いともいえます）。

イボを治すには、月が欠けていく間に乾燥したマメを1粒ずつこすりながら、次の言葉を唱えます。「イボよ、このマメが腐っていくのと一緒にはがれ落ちるがよい！」

ピオニー
PEONY

学名	*Paeonia officinalis*
注意事項	根：G
ほかの呼び名	Paeony, Piney, オランダシャクヤク
ジェンダー	男性
支配惑星	太陽
支配元素	火
パワー	守護、悪魔祓い

魔法の使い方

ピオニーは守護のパワーを秘めていることから、むかしから崇められています。身に着けると肉体、精神、そして魂を守ってくれ、家のなかに置いておくと悪霊を追い払ってくれ、庭に植えると悪霊や暴風雨から家を守ってくれます。

種子や根を子どもの首から吊るしておくと、いたずら好きな妖精や小鬼から子どもを守ってくれます。

　これが変化したものとして、ピオニーの根を数珠ぐらいの大きさのビーズに切り分け（「ポニービーズ」といいます）、それに糸を通して吊るしておく、というのがあります。身に着けても守護のお守りになります。サンゴや火打石と一緒に身に着けると、夢魔（インキュバス）（訳注　中世ヨーロッパの言い伝えで、眠っている女性を性的に襲う男の悪魔。女の悪魔をサキュバスという。）が近づきません。

　さらに、ピオニーは悪魔祓いに使われているほか、その根を精神疾患の治療に持ち歩くとよいとされています。また、摘むのは夜に限ります。夜になると、種子が薄気味悪い明かりに照らされて光るといわれているからです。ピオニーの根がマンドレイクの代わりに使われることもあります。

ピスタチオ
PISTACHIO

学名	*Pistacia vera*
注意事項	一般に入手可能なもの：G
ジェンダー	男性
支配惑星	水星
支配元素	風
パワー	愛の魔法の解除

魔法の使い方

　アラブ人は、ピスタチオの実を食べることが、愛の魔法に対抗する手段になると考えています。また、ピスタチオの実をゾンビ（死んだ人間、魂の抜けた人間）に渡すと、彼らをこん睡状態から覚ましたり、永遠の眠りに就かせたりすることができます。妙なことに、このためには人工的に赤く染めたピスタチオがベストだといわれています。

ビストート
BISTORT

学名	*Persicaria bistorta*
ほかの呼び名	Dragonwort, Easter Giant, English Serpentary, Osterick, Passions, Patience Dock, Red Legs, Snakeweed, Sweet Dock
ジェンダー	女性
支配惑星	土星
支配元素	土
パワー	超能力(サイキックパワー)、多産・豊穣

魔法の使い方

もし妊娠を望んでいるならビストートを持ち歩くとよいでしょう。占いをするときには、フランキンセンス（乳香）と一緒に焚くと超能力(サイキックパワー)が目覚めます。煎じ液をあたりにまいておくとポルターガイスト現象が起きません。

また、お金が貯まるサシェに入れて持ち歩いてもよいですし、財産やお金のインセンスに加えてもよいでしょう。

ヒソップ
HYSSOP

学名	*Hyssopus officinalis*
注意事項	P
ほかの呼び名	Hyssop Herb, Isopo, Ysopo, Yssop
ジェンダー	男性
支配惑星	木星
支配元素	火
パワー	浄化、守護

魔法の使い方

浄化のハーブとして、魔法で最も広く使われているのがヒソップです。サシェにしてお風呂に入れ、その湯を注いだり振りかけたりしてモノや人の体を

洗います。家のなかに吊るして悪霊や邪悪なものを追い払い、洗浄するのにも使われます。

ビタースイート
BITTERSWEET

学名	アメリカンビタースイート ：*Celastrus scandens* ヨーロピアンビタースイート ：*Solanum dulcamara*
注意事項	アメリカンビタースイート：有毒
ほかの呼び名	アメリカンビタースイートには、 Wax Work, False Bittersweet, ヨーロピアンビタースイートには、 Violet Bloom, Felonwort, Woody Nightshade, Scarlet Berry, Dulcamara, Bitter Nightshade がある
ジェンダー	男性
支配惑星	水星
支配元素	風
神	ギリシャ神話の狩猟と純潔の女神アルテミス
パワー	守護、治癒・治療(ヒーリング)

魔法の使い方

過去の恋愛を忘れたいときには、枕の下にビタースイートをいくつか置いておきましょう。

ビタースイートを何本か体のどこかに結びつけておくと、人間だけでなく動物にも悪霊が寄りつかなくなります。

17世紀イギリスの植物学者ニコラス・カルペパーによると、首に巻きつけると、頭痛に伴うめまいがしなくなるそうです。

ヒッコリー
HICKORY

学名	*Carya spp.*（ペカン属）
注意事項	G
パワー	法律問題

魔法の使い方

ヒッコリーの根を1つ燃やして灰にします。シンクフォイルとミックスし、それを箱のなかに入れます。その箱をドアの上から吊るしておくと、法律上のトラブルに巻き込まれなくなります。

ピプシセワ
PIPSISSEWA

学名	*Chimaphila umbellata*
注意事項	G
ほかの呼び名	False Wintergreen, Ground Holly, Price's Pine, Princess Pine, オオウメガサソウ
パワー	金運、降霊術

魔法の使い方

ピプシセワをつぶし、ローズヒップとスミレの花とブレンドしてからそれを燃やすと、良い霊が現れます。その霊は、魔法をかけるときにあなたを手伝ってくれます。また持ち歩くと金運がアップします。

ピメント ♥
PIMENTO

学名	*Pimenta* spp.（ピメンタ属）、主として *P. dioica*（オールスパイス）
ほかの呼び名	ピメント、ヒャクミコショウ
ジェンダー	男性
支配惑星	火星
支配元素	火
パワー	愛情

魔法の使い方

ピメントはオールスパイスの一種で、何世紀も前から、とくにヨーロッパ大陸のジプシー（ロム）の間で愛の魔法やサシェに使われています。食べても同じ効果が得られます。オールスパイス（85ページ）の項目も参照。

ピンパーネル
PIMPERNEL

学名	*Pimpinella* spp.（ミツバグサ属）、主として *P. saxifraga*（バーネットサキシフリッジ）
ほかの呼び名	Blessed Herb, Greater Pimpernel, Herb of Mary, Luib na muc, Pimpinella, Poorman's Weatherglass, Shepherd's Weatherglass
ジェンダー	男性
支配惑星	水星
支配元素	風
パワー	守護、健康

魔法の使い方

ピンパーネルは守護用として、また他人にだまされないようにするために持ち歩きます。家のなかに置いておくと、病気や事故を寄せつけません。

ピンパーネルのパワーは極めて大きく、流水に落としても、その流れに逆らっ

て動いていくほどです。魔法のナイフの刃身をピンパーネルの絞り汁で拭くと、刀は浄化され、パワーが与えられます。

ファーン
FERN

注意事項	有毒な種類もある
ほかの呼び名	シダ
ジェンダー	男性
支配惑星	水星
支配元素	風
神	ハワイの豊穣の女神ラカ、イングランド伝承に登場するいたずら好きな小妖精パック
パワー	雨乞い、守護、幸運、財宝、不老、健康、悪魔祓い

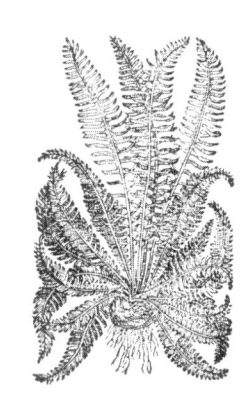

魔法の使い方

　守護の効果があることから、ファーンを花瓶に加えたり、玄関前の階段のところに植えたりします。家のなかで育てたファーンも、安全を守ってくれます。

　乾燥させたファーンを燃えている石炭のなかに放り投げると悪霊が逃げていきます。ドアの外でファーンを燃やすと雨が降ります。燃えているファーンから出る煙もヘビや不愉快な生き物を寄せつけません。

　ファーンを持ち歩いたり身に着けたりしていると、その人はファーンに導かれ、財宝を発見することができます。また、春にその春初のファーンの葉状体（葉が集まっている部分）を折った人には幸運が訪れます。

　ちょうど深夜に、もしファーンに覆われている場所にいれば、あたりがしーんと静まり返っているときにいたずら好きな小妖精パックが現れて、金の財布をくれるでしょう。「ファーンを観ているんだ」と言って、わざとそうする人もいます。

　春にその春初のファーンの葉状体をかむと、歯痛に悩まされずに済みます。少なくとも来年の春までは、ですが。ファーンの樹液はもし手に入れば、飲むと老いないといわれています。種子を持ち歩くと目立たない存在になります。

フィーバーフュー
FEVERFEW

学名	*Tanacetum parthenium*
注意事項	P Dg
ほかの呼び名	Featherfew, Febrifuge Plant, ナツシロギク
ジェンダー	男性
支配惑星	金星
支配元素	水
パワー	守護

魔法の使い方

フィーバーフューは、持ち歩くと、風邪をひいて熱を出さないよう、また事故に遭わないよう守ってくれます。

フィグ
FIG

学名	*Ficus carica*
注意事項	G
ほかの呼び名	Common Fig, Fico, Mhawa, Chagareltin, イチジク
ジェンダー	男性
支配惑星	木星
支配元素	火
神	ローマ神話の酒神バッカス、ローマ神話でユーピテルの妻・最高女神ユノー、エジプト神話の女神イシス
パワー	占い、多産・豊穣、愛情

魔法の使い方

妊娠を望む女性は、フィグ材で男根を表す小さな彫刻を作って、それを持ち歩きましょう。不妊症や性的不能を克服したい男性が持ち歩いたり、同じ目的で生のフィグを食べたりします。フィグの葉に「子どもが授かるでしょうか？」

と書いて聞いてみましょう。もし葉の乾きが遅ければ、答えは「イエス」。良い兆しです。逆に葉がすぐに乾いたら、答えは「ノー」です。

　フィグを室内で育てると（大人気の観葉植物ベンジャミンのように）、その家に住む人の安全が守られ、幸運がもたらされます。寝室で育てるとぐっすりと眠れるようになり、台所で育てると家族は飢えで苦しむことがありません。

　男性でも女性でも、だれかを魅了したいなら、その人にフィグをあげましょう。その人は、フィグ嫌いでないかぎり、あなたがいるだけで金縛りになったかのように動けなくなります。

　旅に出るときにはフィグの木の枝を玄関ドアの前に置いてから家を出ましょう。安全に旅を終え、幸せな気分で帰宅することができます。

フィグワート
FIGWORT

学名	*Scrophularia nodosa* (woodland figwort), *S. marilandica* (Carpenter's Square)
注意事項	Vt
ほかの呼び名	Carpenter's Square, Rosenoble, Throatwort
ジェンダー	女性
支配惑星	金星
支配元素	水
パワー	健康、守護

魔法の使い方

　首から吊るしておくと、健康を維持することができるだけでなく、邪眼を避けることもできます。夏至の日に焚き火で燃やしてから家に吊るしておくと守護の効果があります。

フェヌグリーク 🛡
FENUGREEK

学名	*Trigonella foenum-graecum*
注意事項	種子：P
ほかの呼び名	Bird's Foot, Greek Hayseed, Watu, Hilba
ジェンダー	男性
支配惑星	水星
支配元素	風
神	ギリシャ神話の太陽神アポロ
パワー	守護

魔法の使い方

豊かな暮らしをするには、フェヌグリークの種子を数粒（またはフェヌグリークの煮出し液を少量）、モップを洗う水に入れるとよいでしょう。フェヌグリークを小さな瓶に半分まで詰め、ふたを閉めずにそのまま家のなかに置いておくと、お金が貯まります。

瓶がいっぱいになるまで、数粒の種子を2日置きに加えていきます。そうしたら、今度はフェヌグリークを瓶から出して瓶を空にし、再び同じことを繰り返します。瓶から出したフェヌグリークは、土に返してやること。

フェンネル 🛡💧
FENNEL

学名	*Foeniculum vulgare*
注意事項	G
ほかの呼び名	Samar, Sweet Fennel, Sheeh
ジェンダー	男性
支配惑星	水星
支配元素	火
神	ギリシャ神話の反逆の神プロメテウス、ローマ神話の酒神バッカス
パワー	守護、治癒・治療（ヒーリング）、浄化

儀式での使い方

テュルソス（本来は幹という意味だが、酒神バッカスの信者が携えていた杖）の多くは、大きなフェンネルの茎で作り、先端にマツボックリを飾ります。

魔法の使い方

家のまわりで育ったフェンネルは、その家を守ってくれます。フェンネルを一切れ、左足の靴のなかに入れておくと、森林ダニに足をかまれません。また、窓やドアの上に吊しておくと、悪霊を追い払ってくれます。種子を持ち歩いても、同じ効果が期待できるでしょう。

浄化のサシェや治癒・治療のミックスハーブとしても使われています。

フォックスグローブ
FOXGLOVE

学名	*Digitalis purpurea*
注意事項	有毒
ほかの呼び名	Cow-Flop, Deadmen's Bells, Digitalis, Dog's Finger, Fairy Fingers, Fairy Petticoats, Fairy Thimbles, Fairy Weed, Floppy-Dock, Floptop, Folk's Gloves, Fox Bells, Foxes Glofa, The Great Herb, Lion's Mouth, Lusmore, Lus na mbau side（アイルランド・ゲール語）, Our Lady's Glove, Witches' Bells, Witches' Thimbles, ジギタリス
ジェンダー	女性
支配惑星	金星
支配元素	水
パワー	守護

魔法の使い方

庭で育てると、その庭だけでなく、その家庭も守られます。そのむかし、イギリスのウェールズに住む主婦たちは、フォックスグローブの葉を使って黒い染料を作り、それで別荘（コテージ）の石敷上を交差する線を塗っていました。こうするこ

とで、悪霊が家のなかに入ってこなくなるそうです。

　フォックスグローブは有毒なので内用しないこと。

ブッコ
BUCHU

学名	*Agathosma betulina*
注意事項	ＰＫ
ほかの呼び名	Bookoo, Bucoo, Buku, Oval Buchu, Short Buchu, Sab, Pinkaou
ジェンダー	女性
支配惑星	月
支配元素	水
パワー	超能力（サイキックパワー）、予知夢

魔法の使い方

　ブッコの煎じ液を飲むと、未来を予知できるようになります。

　ブッコにフランキンセンス（乳香）をミックスして就寝の直前に燃やすと、予知夢が見られます。その際には、ほんの少量を、かならず寝室で燃やすこと。

フミトリー
FUMITORY

学名	*Fumaria officinalis*
ほかの呼び名	Beggary, Earth Smoke, Fumiterry, Fumus, Fumus Terrae, Kaphnos, Nidor, Scheiteregi, Taubenkropp, Vapor, Wax Dolls, カラクサケマン
ジェンダー	女性
支配惑星	土星
支配元素	土
パワー	金運、悪魔祓い

魔法の使い方

週に一度、フミトリーの煮出し液を家のまわりにまくと、または煮出し液で自分が履いている靴をこすると、すぐにお金が舞い込んできます。

フミトリーは何世紀も前から悪霊を追い払うのに焚いて使われています。

フライアガリック
AGARIC

学名	*Amanita muscaria*
注意事項	有毒
ほかの呼び名	Death Angel, Death Cap, Magic Mushroom, Redcap Mushroom, Sacred Mushroom, Fly Fungus, ベニテングタケ
ジェンダー	男性
支配惑星	水星
支配元素	風
神	ローマ神話の酒神バッカス
パワー	多産・豊穣

儀式での使い方

古代の神秘宗教のいくつかが、フライアガリックを使って神聖な儀式を執り行っていたといううわさがあります。

魔法の使い方

祭壇(オールター)の上か寝室に置いておくと、多産・豊穣のお守りになりますが、あいにく、このキノコはかなり毒性が強いので使わないほうがよいでしょう。

ブラジルナッツ ♡
BRAZIL NUT

学名	Bertholletia excelsa
注意事項	加工ナッツ以外は口にしないこと
ほかの呼び名	Gout Root, Ladies' Seal, Mad Root, Snake Grape, Tamus, Tetterberry, Wild Hops, Wild Vine, Wood Vine, English Mandrake
ジェンダー	男性
支配惑星	水星
支配元素	風
パワー	愛情

魔法の使い方

お守り(タリスマン)として持っていると、恋愛中に幸運が訪れます。

ブラダーラック
BLADDERWRACK

学名	Fucus vesiculosus
注意事項	ヒバマタ科各種海藻：ＰＮＨ
ほかの呼び名	Bladder Fucus, Cutweed, Kelp, Sea Spirit, Seawrack, Seetang, Meeriche, Sea Oak, Black Tang, ヒバマタ
ジェンダー	女性
支配惑星	月
支配元素	水
パワー	守護、海の魔法、風の魔法、金運、超能力(サイキックパワー)

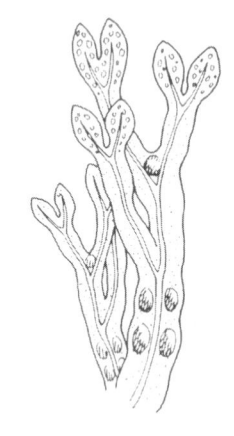

魔法の使い方

　一般に、海藻は海に生息する生き物や海上を飛び交う生き物を守ってくれますので、世界中を放浪する旅人は海藻を持ち歩くとよいといわれています。また、海の霊を呼び出すのにも海草が使われています。波間に投げ入れて、霊の

名を呼んでみましょう。そうするとその霊に気に入ってもらえ、あなたの魔法に手を貸してくれます。

　風を呼ぶにはブラダーラックが使われています。海辺に立って生のブラダーラックの長い房を手に持ったら、頭上で時計回りの方向にムチを打つように激しく振り回し、口笛を吹きます。そうすると風が吹いてきます。

　ブラダーラックの煮出し液を作り、それで店舗の床やドアを拭くとよいでしょう。客が集まり、良いバイブレーションを店内に持ち込んでくれます。金運アップの魔法にも使われています。とくに効き目のある魔法のやり方はこうです。小瓶にウイスキーを注ぎ入れ、そのなかにブラダーラックを少し入れたら、しっかりとふたをしてキッチンの窓際に置いておくだけ。簡単でしょう。これでその家には安定してお金が入ってきます。

　また、サシェに入れて超能力(サイキックパワー)を高めるのにも使われています。持ち歩くと精神錯乱の予防にもなります。

ブラックコホッシュ ♥🛡
COHOSH, BLACK

学名	*Actaea racemosa*
注意事項	Ｐ Ｎ
ほかの呼び名	Black Snake Root, Bugbane, Rattle Root, Squaw Root, Actaea, Cimicifuga
ジェンダー	男性
パワー	愛情、勇気、守護、性的能力

魔法の使い方

　愛のサシェに使います。煮出し液をお風呂に入れて、性的不全の治療に役立てます。

　控えめな人がブラックコホッシュを持ち歩くと勇気が沸いてきます。煮出し液を部屋のまわりにまいたりお風呂に入れたりすると悪霊が逃げていきます。

フラックス
FLAX

学名	*Linum usitatissimum*
注意事項	L
ほかの呼び名	Linseed, Linaza, Sib Muma, アマ
ジェンダー	男性
支配惑星	水星
支配元素	火
神	古代ゲルマンの大地の女神フルダ
パワー	金運、守護、美容、超能力(サイキックパワー)、治癒・治療(ヒーリング)

儀式での使い方

　フラックスは、女神フルダを祭る儀式で使われていました。フルダというのは、亜麻を栽培し、それで亜麻糸を紡ぎ、その糸から布地を織ることを、初めて人間たちに教えた古代チュートン人の女神のことです。

魔法の使い方

　フラックスの種子は金運アップの魔法に使われます。数粒をポケットか財布のなかに入れておいても、瓶のなかに入れて祭壇(オールター)の上に置いておいてもよいですし、それにさらに硬貨を数枚加えてもよいでしょう。これを毎日繰り返して行うと金運がアップします。靴にフラックスを少し入れておくと、貧しさに苦しむことはありません。

　フラックスの青い花は、魔除けとして身に着けるのもよいでしょう。眠っている自分の身を守るには、フラックスの種子とマスタードの種子を均等に混ぜ、それをベッド脇に置いておきます。ベッドの反対側には、水を入れた鍋を置いておきます。これで眠っている間も身の安全を確保することができます。こんな方法もあります。赤トウガラシとフラックスの種子をミックスしたものを箱に入れ、家のなかのどこかに置いておくと、悪霊が入ってこなくなります。

　あなたの子が美しい女性に、またはハンサムな男性に育ってほしいなら、その子が7歳のときに、大きく育ったフラックスに囲まれたなかで踊らせること。

祭壇(オールター)にフラックスの種子を散りばめながら治療の儀式を執り行います。または治癒・治療(ヒーリング)のミックスハーブにフラックスを加えてもよいでしょう。腰のまわりに一束のフラックスを縛りつけると、腰痛治療の助けになります。

もし、めまいがしてつらいなら、ちょっと過激ですが、こんな治療法を試してみましょう。日没後、フラックス畑を3回、全裸で走り抜けること。そうしている間にフラックスがあなたのめまいを取り去ってくれるので、体調は良くなるはずです。ただ、めまいはしなくなっても、風邪をひくかもしれませんけどね！

ブラックベリー
BLACKBERRY

学名	*Rubus villosus*, *R. fruticosus*
注意事項	G
ほかの呼び名	Bly, Bramble, Bramble-Kite, Bumble-Kite, Cloudberry, Dewberry, Goutberry, High Blackberry, Thimbleberry
ジェンダー	女性
支配惑星	金星
支配元素	水
神	聖女ブリギッド
パワー	治癒・治療(ヒーリング)、金運、守護

儀式での使い方

　ブラックベリーは、ヨーロッパの多神教の神々にささげられ、礼拝で使われていたとされています。

　今日まで、一部のウイッカ信者は、収穫を神の死であると詩的にとらえ、それを記念して、8月2日のルーナサ（「用語集」を参照）にはブラックベリーパイを焼くのが恒例になっています。

魔法の使い方

　天然のアーチを形作るキイチゴ（ブラックベリーやラズベリーなどの総称）の茂みは、魔法を使った治療にとても役立ちます。晴れた日にアーチの下を這いながら進み、できるだけ東から西への往来を3回繰り返します。これでやけどやリウマチ、吐き気を伴った咳がおさまり、毛穴の黒ずみも消えます。

　ブラックベリーの葉は、実と同じように、裕福になるための魔法に使われています。つるが育っていたら、守護の効果が期待できます。

　ブラックベリーはやけどの治療にも使われています。湧き水に浸した9枚の葉を、やけどした部位にそっと当てながら、葉1枚につき次の歌を3回ずつ口ずさみます（つまり全部で27回）。

　　東から、淑女が3人やって来た
　　1人は火を、2人は氷を持ってきた
　　そして、火を持つ者が立ち去って、氷を持つ者がやって来た

　これは詩や治療、金属加工をつかさどるケルト神話に登場する女神ブリギッドにささげる祈りの文句です。

ブラッケン
BRACKEN

学名	*Pteridium aquilinum*
注意事項	X
ほかの呼び名	ワラビ
ジェンダー	男性
支配惑星	水星
支配元素	風
パワー	治癒（ヒーリング）・治療、雨乞い、予知夢

魔法の使い方

　屋外でブラッケンを燃やすと、雨が降ります。

ブラッケンは守護、治癒・治療(ヒーリング)、多産・豊穣の植物でもあります。根っこを枕の下に置いておくと、問題が解決する夢を見ます。

ブラッドルート ♥🛡
BLOODROOT

学名	*Sanguinaria canadensis*
注意事項	有毒ＰＶ
ほかの呼び名	King Root, Red Root, Tetterwort, アカネグサ
ジェンダー	男性
支配惑星	火星
支配元素	火
パワー	愛情、守護、浄化

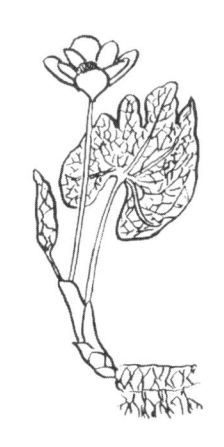

魔法の使い方

　ブラッドルートを持ち歩く、または身に着けると、異性を引き寄せることができます。また、持ち歩くと、悪意がこもった呪いやネガティブなものを避けることもできます。出入り口や窓の下枠の近くに置いておくと、その家は守られます。どす黒い色をしたブラッドルートが一番良いと考えられており、「王様の根」とも「男性の根」としても知られています。

プラム・アメリカン
PLUM, WILD

学名	*Prunus americana*
注意事項	種子としおれた葉：X
ほかの呼び名	ワイルドプラム、アメリカスモモ
ジェンダー	女性
支配惑星	金星
支配元素	水
パワー	治癒・治療（ヒーリング）

魔法の使い方

北アメリカの先住民であるダコタ族は、祈りの杖を作るときにアメリカンプラムの芽を使っていました。芽の皮をむき、色を塗ったら、ささげ物（普通は少量のタバコ）を杖の先端に固定します。こうした杖は病人を見舞って作ったり、祭壇（オールター）のまわりに置いたり、あるいは神々にささげるために（屋外の）地面に突き刺したりします。少しでもイマジネーションを働かせることができる人なら、きっと同じことを考えるでしょう。

プラム・ヨーロピアン
PLUM

学名	*Prunus domestica*
注意事項	種子としおれた葉：X
ほかの呼び名	ヨーロッパスモモ
ジェンダー	女性
支配惑星	金星
支配元素	水
パワー	愛情、守護

魔法の使い方

プラムの杖をドアや窓の上に置いておくと、その家に悪霊が侵入するのを防ぐことができます。プラムの実を食べると、恋人を刺激したり、恋愛を長続き

させたりすることができます。

フランキンセンス
FRANKINCENSE

学名	*Boswellia sacra*
注意事項	G
ほかの呼び名	Incense, Olibans, Olibanum, Olibanus, ニュウコウ（乳香）
ジェンダー	男性
支配惑星	太陽
支配元素	火
神	エジプト神話の太陽神ラー、セム族の主神バール
パワー	守護、悪魔払い、霊性

儀式での使い方

　古代エジプト人は、夜明けとともにフランキンセンス（乳香）を焚いて太陽神ラーを礼拝していました。カトリック教会で使われているお香には、今でもフランキンセンスを含有しているものがいくつかあります。

魔法の使い方

　フランキンセンスに火を灯すと、強力なバイブレーションを放ち、その土地に暮らす人々を元気にしてくれるだけでなく、そこに棲みつくあらゆる悪霊や悪い気も一掃してくれます。一般には悪魔祓い、守護、浄化、聖別（聖体化）に使われています。

　また、フランキンセンスを焚くと、直感力が冴え、瞑想しやすくなります。幸運や守護、精神的な成長を願うサシェに加えてもよいでしょう。

　フランキンセンスの代用にはローズマリーがよいでしょう。

プランテン
PLANTAIN

学名	*Plantago* spp.（オオバコ属），主として、*P. lanceolata*, *P. major*, *P. media*
注意事項	G
ほかの呼び名	Cuckoo's Bread, Englishman's Foot, The Leaf of Patrick, Patrick's Dock, Ripple Grass, St. Patrick's Leaf, Slanlus, Snakebite, Snakeweed, Waybread, Waybroad, Weybroed（アングロサクソン語）, White Man's Foot, オオバコ
ジェンダー	女性
支配惑星	金星
支配元素	土
パワー	治癒・治療(ヒーリング)、体力、守護、ヘビ駆除

魔法の使い方

　赤い毛糸を使ってプランテンを頭に巻きつけると、頭痛が治り、足の下に置くと疲れが取れます。また、プランテンを車のなかに吊るしておくと、悪霊の侵入を防いでくれます。根を1つポケットに入れておくと、ヘビにかまれません。

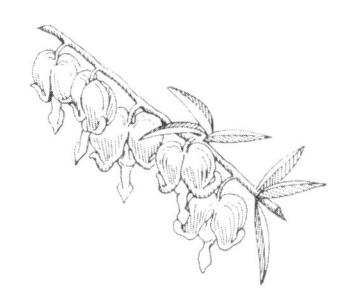

ブリーディングハート ♥
BLEEDING HEART

学名	*Lamprocapnos spectabilis*（ブリーディングハート、ケマンソウ），*Dicentra formosa*（パシフィックブリーディングハート、ハナケマンソウ、アメリカコマクサ）
注意事項	X
ほかの呼び名	ケマンソウ
ジェンダー	女性
支配惑星	金星
支配元素	水
パワー	愛情

魔法の使い方

　花をつぶします。もし絞り液が赤ければ、恋人はあなたのことを熱烈に愛しているでしょう。もし絞り液が白ければ、相手はあなたのことを愛していません。ブリーディングハートが大きく育つと、愛情を運んできてくれます。

　室内で大きく育ったブリーディングハートは、ネガティブなバイブレーションを生み出すといわれています。それを未然に防ぐには、土に硬貨を埋めておくこと。万事うまくいきます。

フリーベイン
FLEABANE

学名	*Pulicaria dysenterica*
ジェンダー	女性
支配惑星	金星
支配元素	水
パワー	健康、悪魔祓い、守護、純潔・貞節、治癒・治療

魔法の使い方

　フリーベインは太古のむかしから悪霊を追い払い、家に入ってこないよう家

を守るのに使われてきました。そのためには、何本かのフリーベインを結びつけ、数枚のセントジョンズワートの葉、小麦、数粒のケーパーの実と一緒にサシェに入れ、ドアのまぐさの上に吊るしておくだけです。フリーベインの種子をシーツの上に置いておくと、純潔を守ることができます。

ブリオニア
BRIONY

学名	*Bryonia spp.*（ブリオニア属）、主として *B. dioica*（レッドブリオニー）
注意事項	有毒
ほかの呼び名	Gout Root, Ladies' Seal, Mad Root, Snake Grape, Tamus, Tetterberry, Wild Hops, Wild Vine, Wood Vine, English Mandrake, ブリオニー
ジェンダー	男性
支配惑星	火星
支配元素	火
神	ギリシャ神話のぶどう酒と豊穣の神ディオニソス、ローマ神話の酒神バッカス、古代エジプト神話の愛と幸運の女神ハトホル
パワー	イメージマジック、金運、守護

魔法の使い方

　ブリオニアの根は、めったに手に入らないマンドレイク（マンドラゴラ）の根の代用としてさまざまなイメージマジック（「用語集」を参照）で使われます。

　ブリオニアの根のそばにお金を置いておくと、そのお金がなくならないかぎり、どんどん増えていきます。ブリオニアの根を家屋や庭に吊るしておくと、悪天候の影響を受けません。

プリックリーアッシュ ♥
PRICKLY ASH

学名	*Zanthoxylum americanum, Z. clava-herculis*
注意事項	小枝：P
ほかの呼び名	アメリカサンショウ
ジェンダー	男性
支配惑星	火星
支配元素	火
パワー	愛情

魔法の使い方

プリックリーアッシュの実を香水として使い、恋人を惹きつけます。

プリムローズ 🛡♥
PRIMROSE

学名	*Primula vulgaris*
注意事項	Sk
ほかの呼び名	Butter Rose, English Cowslip, Password, サクラソウ
ジェンダー	女性
支配惑星	金星
支配元素	土
神	北欧神話の母神フレイア
パワー	守護、愛情

魔法の使い方

　庭で育った青と赤のプリムローズは、その庭をあらゆる災難から守ってくれるほか、妖精も魅了します。

　プリムローズは気まぐれや浮気を象徴してはいますが、それでも女性は恋人を惹きつけるためにそれを持ち歩きます。

　また、プリムローズを身に着けると精神異常が治り、子どもの枕に縫いつけ

ると、子どもは永遠に親を尊敬し、言うことをよく聞くようになります。

ブルーフラッグ
BLUE FLAG

学名	*Iris versicolor*
注意事項	有毒 P V
ほかの呼び名	Flag Lily, Fleur-de-Lys, Iris, Liver Lily, Poison Lily, Poison Flag, Snake Lily, Water Flag, Water Iris, アヤメ
ジェンダー	女性
支配惑星	金星
支配元素	水
パワー	金運

魔法の使い方

ブルーフラッグの根を持ち歩くとお金が貯まるそうです。商売繁盛のお守りとして、店舗のレジに根を入れておくといいでしょう。

ブルーベリー
BLUEBERRY

学名	*Vaccinum* spp.（スノキ属）、主として *V. angustifolium*（ローブッシュブルーベリー）, *V. corymbosum*（ハイブッシュブルーベリー）, *V. virgatum*（ラビットアイブルーベリー）
注意事項	葉：G
ほかの呼び名	Bilberry
パワー	守護

魔法の使い方

ブルーベリーは、数粒をドアマットの下に置いておくと、会いたくない人や

来てほしくない人を敷地から遠ざけ、家のなかにも入ってこないようにしてくれます。悪霊からも守ってくれます。

心霊作用(サイキックアタック)の影響を受けているなら、ブルーベリーでパイかタルトを作って食べましょう。こうすることで、あなたの内面にある防護作用が働き、効果てきめんです。

ブルーム
BROOM

学名	*Cytisus scoparius*
注意事項	有毒
ほかの呼び名	Banal, Basam, Besom, Bisom, Bizzon, Breeam, Broom Tops, Brum, Genista Green Broom, Irish Broom, Irish Tops, Link, Scotch Broom, Hog Weed、エニシダ
ジェンダー	男性
支配惑星	火星
支配元素	風
パワー	浄化、守護、風、まじない、占い

魔法の使い方

ブルームは浄化と守護の魔法に使われています。家のなかに吊るしておくと悪霊が寄りつきません。またブルームの煮出し液を家じゅうにまいておくと、ポルターガイスト現象が起きません。煮出し液が超能力(サイキックパワー)を研ぎ澄ますドリンクとして使われた時代もありますが、ブルームにはわずかに毒性があるため危険です。代わりに持ち歩きましょう。

風を呼ぶには、風の霊を呼びながらブルームを宙に投げます。できれば山頂でやるとよいでしょう。風を止めるにはブルームを燃やし、灰を土に埋めます。屋外で魔法をかけるなら（魔法をかける場所としては屋外が一番）、その前に、もしブルームが近くに生えていたら、それを使って地面をさっと掃きます。

プルメリア ♡
PLUMERIA

学名	*Plumeria rubra*
注意事項	有毒
ほかの呼び名	Frangipangi, Graveyard Flowers, Melia（ハワイ語）, Temple Tree
ジェンダー	女性
支配惑星	金星
支配元素	水
神	ブッダ
パワー	愛情

魔法の使い方

プルメリアの花は愛の魔法に使われています。

フレンチタラゴン ♡
FUZZY WEED

学名	*Artemisia dracunculus*
注意事項	G
ほかの呼び名	エストラゴン
パワー	愛情、狩猟

魔法の使い方

　モグサやヨモギなどと同じキク科に属する植物の1つで、アメリカ先住民は異性を引き寄せるのに使っていました。衣服や身体の上でこすります。

　狩猟に持っていくと、すごい獲物が捕れます。かつてはフレンチタラゴンが、生き延びるためには欠かせない植物だったようです。

ブロメリア
BROMELIAD

学名	*Cryptanthus* spp.（クリプタンサス属）
ほかの呼び名	Chameleon Star, Earth Star
ジェンダー	男性
支配惑星	太陽
支配元素	風
パワー	守護、金運

魔法の使い方

お金と豪奢な生活がお望みなら、家のなかでブロメリアを育ててみましょう。守護の効果もあるので、室内用の観葉植物として選んでもよいでしょう。

ペア
PEAR

学名	主として*Pyrus communis*（セイヨウナシ）
注意事項	（大量の）種子：X、実：G
ほかの呼び名	セイヨウナシ
ジェンダー	女性
支配惑星	金星
支配元素	水
パワー	欲望、愛情

魔法の使い方

ペアの実は恋愛占いに使われ、食べると性的刺激を誘発するともいわれています。

ペアの木からは優れた魔法の杖ができ、むかし魔女はペアの木の下で踊っていたという言い伝えもあります。

ヘアベル 🕊
BLUEBELL

学名	*Campanula rotundifolia*
ほかの呼び名	Harebell、ブルーベル、イトシャジン
パワー	幸運、真実

魔法の使い方

　ヘアベルを折ったり傷めたりせずにひっくり返すことができたら、最終的には愛する人を自分のものにすることができます。

　次にヘアベルを見たら、それを摘んで「ヘアベルよヘアベル、明日の夜が来る前に幸運を運んできておくれ」と繰り返し唱えること。

　左右どちらかの靴にヘアベルを忍ばせておくと、呪いを封じ込めることができます。ヘアベルを身に着けていると、どんなことでも絶対にウソがつけなくなります。

ベイ 🛡💧
BAY

学名	*Laurus nobilis*
注意事項	G
ほかの呼び名	Baie, Bay Laurel, Bay Tree, Daphne, Grecian Laurel, Laurel, Laurier d'Apollon, Laurier Sauce, Lorbeer, Noble Laurel, Roman Laurel, Sweet Bay、ローレル、ローリエ、月桂樹
ジェンダー	男性
支配惑星	太陽
支配元素	火
神	ギリシャ神話の名医アスクレーピオス、ローマ神話の太陽神アポロ、ローマ神話の豊穣神ケレス、古代ローマの牧人と家畜の神ファウヌス、ギリシャ神話の性愛をつかさどる神エロス
パワー	守護、超能力（サイキックパワー）、治癒・治療（ヒーリング）、浄化、体力

儀式での使い方

　古代のアポロの巫女たちは、ベイリーフ（ベイ、ローリエの葉）をかみながら預言ができる状態に持っていきました。また、その煙も吸っていました。クリスマスの飾りつけにも使われています。

魔法の使い方

　ベイは透視能力や英知を養うドリンクにも使われていますが、味は濃厚。ベイリーフを枕の下に置いておくと、予知夢を見るといわれています。燃やすと直感力が高まるといいます。守護と浄化にずば抜けて優れたハーブで、お守りとして身に着けると、ネガティブなものや邪悪なものが寄りつきません。また、悪魔祓いの儀式の最中に燃やしたり、まいたりします。

　窓際に置くと落雷に遭わずに済み、吊るしておくとポルターガイストが家のなかでいたずらをしなくなります。ベイの小枝は、清めの儀式の最中に水をまくときに使われ、家の近所に植えたベイの木は、その家の住人が病気にならないよう守ってくれます。ベイリーフをサンダルウッドとミックスして燃やすと、呪いや不吉な魔法を解いてくれます。愛情をそのまま持続させるためには、夫婦でベイの木の小枝を切り取り、それを2つに折って、互いに半分ずつを持っていること。

　ベイリーフは、レスリングや陸上競技の選手が試合のときに身に着けるとパワーが倍増します。ベイリーフに願い事を書いて燃やすと、その願い事はかなうといわれています。また、ベイリーフを口に含むと、不運に見舞われることがありません。

ヘーゼル
HAZEL

学名	*Corylus* spp.（ハシバミ属）、主として *C. avellana*（ヘーゼル、セイヨウハシバミ）, *C. cornuta*（Beaked Hazel）
注意事項	G
ほかの呼び名	Coll
ジェンダー	男性
支配惑星	太陽
支配元素	風
神	ローマ神話の商業神メルクリウス、北欧神話の雷神トール、ギリシャ神話の狩猟と純潔の女神アルテミス、ローマ神話の月と狩猟の女神ディアナ
パワー	幸運、多産・豊穣、避雷、守護、願望

魔法の使い方

　ヘーゼルの実をひもでつないで家に吊るしておくと、幸運が訪れます。また花嫁の幸運を願うときには、ヘーゼルを一束、その女性に贈るとよいでしょう。

　実を食べると英知が養われ、子宝にも恵まれます。占いをする前に食べることが多いようです。実を1つ持ち歩くと子宝に恵まれます。

　屋外にいるときに自分を（または植物を）守るには、ヘーゼルの茎で地面の自分のまわりに、または関係のある植物のまわりにサークルを描きます。

　願い事があるときには、ヘーゼルの茎を編んで冠を作ります。それを頭上に載いて強く祈ります。そうすれば願い事はかなうでしょう。ハシバミの冠をかぶると、透明人間にもなれます。

　ヘーゼルの茎を窓枠に置くと、家屋を稲妻から守ってくれます。また、ヘーゼル材で作った小さな棒状のものが3本、家のなかに投げ入れられたら、火災が起きないということです。

　ヘーゼル材は、素晴らしい万能の魔法の杖を作るときに使ってもよいでしょう。枝が分岐したものは、隠されたモノを見つけるときの占い棒として使われます。

ペカン
PECAN

学名	*Carya illinoinensis*
注意事項	G
ジェンダー	男性
支配惑星	水星
支配元素	風
パワー	金運、雇用

魔法の使い方

　ペカンはあらゆる金運アップの魔法や繁栄・商売繁盛の魔法に使われています。失業しないようにするには、まずは少量のペカンを手に入れ、殻をはぎ、ゆっくりとそれを味わいながら、自分が働いている姿、楽しみながら仕事をしている姿を視覚化すること。殻を集めたらまとめて袋に入れ、それを職場の絶対にだれにも見つからないところ、片づけられることがなさそうな場所に置いておくとよいでしょう。

ヘザー
HEATHER

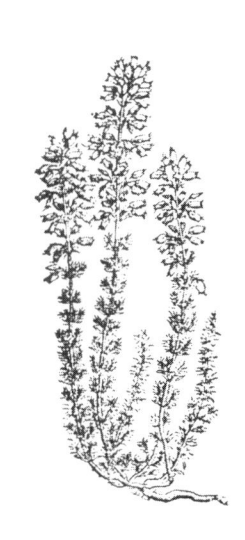

学名	*Calluna* spp.（カルーナ属、特にヘザー）、*Erica spp.*（エリカ属、特にヒース）、主として *Calluna vulgaris*（コモンヘザー、ギョリュウモドキ）
注意事項	花：G
ほかの呼び名	Common Heather, Heath, Ling, Scottish Heather, エリカ、ヒース
ジェンダー	女性
支配惑星	金星
支配元素	水
神	エジプト神話の女神イシス
パワー	守護、雨乞い、幸運

魔法の使い方

ヘザーは、強姦などの凶悪犯罪から身を守る防護手段として、また幸運を呼び込むために持ち歩くとよいでしょう。白いヘザーが一番効果的です。

ヘザーをシダと一緒に屋外で焚くと雨が降ってきます。むかしから幽霊を呼び出すのにも使われています。

ベチバー
VETIVERT

学名	*Chrysopogon zizanioides*
注意事項	P
ほかの呼び名	ベチベル、クスクス
ジェンダー	女性
支配惑星	金星
支配元素	土
パワー	愛情、魔法解除、幸運、金運、泥棒除け

魔法の使い方

悪霊に打ち勝つには、ベチバーの根を燃やすとよいでしょう。恋愛系のパウダー、サシェ、インセンスにも使われており、ベチバーのサシェを入れたお風呂に入ると、異性に魅力をアピールすることができます。

ベチバーは金運アップの魔法やミックスハーブにも使われており、商売繁盛のお守りとしてレジのなかに入れておいてもよいでしょう。また、持ち歩いて幸運を呼び寄せたり、泥棒除けのインセンスにして燃やしたりすることもあります。

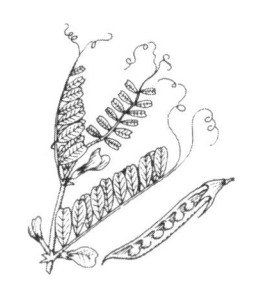

ベッチ・ジャイアント ♉

VETCH, GIANT

学名	*Vicia* spp.（ソラマメ属）、主として *V. nigricans* ssp. *gigantea* (Giant Vetch)
注意事項	X
パワー	忠誠

魔法の使い方

もし恋人が去っていったら、まずはジャイアントベッチの根を自分の体にこすりつけ、続いてそれを布切れで包み、自分の枕の下に忍ばせます。そうすれば、恋人は、あなたがまだ近くで待っていることに気づくでしょう。

ベッドストロー・フレグラント

BEDSTRAW, FRAGRANT

学名	*Galium verum*（レディースベッドストロー）、*G. triflorum*（フレグラントベッドストロー）
ほかの呼び名	Cleavers, Madder's Cousin
ジェンダー	女性
支配惑星	金星
支配元素	水
パワー	愛情

魔法の使い方

身に着けたり持ち歩いたりして異性を引き寄せます。

ペッパー
PEPPER

学名	*Piper nigrum*
注意事項	G
ほかの呼び名	Black Pepper, コショウ
ジェンダー	男性
支配惑星	火星
支配元素	火
パワー	守護、悪魔祓い

魔法の使い方

　ペッパーは邪眼から身を守るためにお守り袋に加えて使われます。また、身に着けていると、嫉妬心が薄らいできます。

　塩と混ぜたものを敷地のまわりにまいておくと、悪霊が寄りつきません。

ペッパーツリー
PEPPER TREE

学名	*Schinus molle*
注意事項	G
ほかの呼び名	California Pepper Tree, Jesuit's Balsam, Peruvian Mastic Tree, Piru（スペイン語）, コショウボク
ジェンダー	男性
支配惑星	火星
支配元素	火
パワー	浄化、治癒・治療(ヒーリング)、守護

魔法の使い方

　メキシコの祈祷師は、むかしからペッパーツリーの枝を治療の儀式で使っています。ペッパーツリーの枝で病人に軽く触れてお祓いをし、病気を吸収させます。そうしたら、枝を土のなかに埋めて病気を破壊するのです。ペッパーツリーと一緒にヘンルーダ（南ヨーロッパ産のミカン科常緑多年草）を使うこと

もあります。

　メキシコの降霊術者(スピリチュアリスト)と魔女(ブルーハ)は、身を清めるお風呂にペッパーツリーの葉を入れます。真っ赤な実は、携帯すると守護の効果が得られます。

ヘナ
HENNA

学名	*Lawsonia inermis*
注意事項	X
ほかの呼び名	ヘンナ
パワー	治癒・治療(ヒーリング)

魔法の使い方

　額の上に置くと、頭痛を和らげてくれます。身に着けると（心臓の近くに）、運命の人がやって来ます。病気や邪眼からも守ってくれるでしょう。

ヘムロック
HEMLOCK

学名	*Conium maculatum*
注意事項	有毒
ほかの呼び名	Beaver Poison, Herb Bennet, Keckies, Kex, Musquash Root, Poison Hemlock, Poison Parsley, Spotted Corobane, Spotted Hemlock, Water Parsley, ドクニンジン
ジェンダー	女性
支配惑星	土星
支配元素	水
神	ギリシャ神話の魔法の女神ヘカテ

魔法の使い方

　これも有毒植物の1つで、かつてはアストラル投射（「用語集」を参照）を誘発する魔法に使われていました。性衝動を抑えるまじないにも使われていました。刀剣を使うときには、まずヘムロックの煮出し液でこすってパワーを与え、清めてから使います。

ベラドンナ
BELLADONNA

学名	*Atropa belladonna*
注意事項	有毒
ほかの呼び名	Banewort, Black Cherry, Deadly Nightshade, Death's Herb, Devil's Cherries, Divale, Dwale, Dwaleberry, Dwayberry, Fair Lady, Great Morel, Naughty Man's Cherries, Sorcerer's Berry, Witch's Berry, オオカミナスビ、セイヨウハシリドコロ
ジェンダー	女性
支配惑星	土星
支配元素	水
神	ギリシャ神話の魔法の女神ヘカテ、古代ローマの戦争の女神ベローナ、ギリシャ神話最大の魔女キルケ

儀式での使い方

　むかしからの言い伝えによると、ベローナの巫女はベラドンナの煎じ液を飲んでからベローナを礼拝し、そのご加護を祈願したそうです。

魔法の使い方

　極めて毒性が強いことから、今日ではベラドンナが魔法に使われることはほとんどありません。ベラドンナのどの部分にも猛毒があり、今でも誤って口にした人が死亡したという報告があります。

　かつては、アストラル投射（「用語集」を参照）をしたり洞察力を鍛えたりするのを後押しするときに使われていましたが、今ではより安全な代替品が出

回っていますので、ベラドンナは絶対に使わないこと。

ペリウィンクル ♥♡◻︎🛡
PERIWINKLE

学名	*Vinca minor*
注意事項	有毒 Bp- Ho Cn
ほかの呼び名	Blue Buttons, Centocchiio（イタリア語：Hundred Eyes）, Devil's Eye, Joy on the Ground, Sorcerer's Violet, ヒメツルニチソウ
ジェンダー	女性
支配惑星	金星
支配元素	水
パワー	愛情、欲望、精神力、金運、守護

魔法の使い方

　ペリウィンクルはパワフルな魔法のハーブで（「魔法使いのスミレ」ともいわれています）、厳しく定められた手続きに従って摘まないと、魔法では何の効果もありません（偽アプレイウスによると、そういわれているそうです）。

　ペリウィンクルは、「汚れをきれいに落とした」とき、一夜の月のとき、九夜の月のとき、十一夜の月のとき、または十三夜の月のときに摘むとよいでしょう。またペリウィンクルを引き抜いている間は次の呪文を唱えること。

「どうかお願いです。あなたは素晴らしい特徴をたくさんお持ちです。私にたくさんの花を咲かせてください。毒や水の被害に遭わないよう、私をお守りください。どうか豊かになれますように」

　そのあとで、ペリウィンクルを持ち歩くと、気品があふれ、お金が貯まり、ヘビや毒、野生動物、恐怖、邪眼、精霊から身を守ることができます。ドアの上に吊るしておくと、その家を守ってくれます。

　また、ペリウィンクルは愛の魔法にも使われ、持ち歩いたりベッドの下にま

いておいたりすると、その人はより情熱的になるそうです。ペリウィンクルをじっと見つめていると、忘れていた記憶がよみがえります。

ヘリオトロープ
HELIOTROPE

学名	*Heliotropium arborescens*（コモンヘリオトロープ、ガーデンヘリオトロープ）、*H. europaeum*（ヨーロピアンヘリオトロープ）
注意事項	有毒
ほかの呼び名	Cherry Pie, Turnsole, Hindicum
ジェンダー	男性
支配惑星	太陽
支配元素	火
神	ギリシャ神話の美・詩・音楽の神アポロ
パワー	悪魔祓い、予知夢、治癒・治療（ヒーリング）、財産、不可視性

魔法の使い方

　枕の下にヘリオトロープを置いておくと予知夢を見られます。何かを盗まれたときにはとくに有効です。泥棒の姿が夢に出てくるのですから。

　ヘリオトロープは悪魔祓いのインセンスやミックスハーブに、また治癒・治療（ヒーリング）のサシェにも使われます。財産やお金を引き寄せるには、ポケットや財布のなかに入れておきます。また、緑色のろうそくに巻きつけて、ろうそく受けのところまで燃やします。

　目立たない姿になりたいなら、小さなサイの角にヘリオトロープを詰めて身に着けるか持ち歩くことで、あなたの行為や行動が注意を引かなくなります。

ベルガモット・ワイルド
BERGAMOT, WILD

学名	*Monarda fistulosa*
注意事項	P
ほかの呼び名	Horsemint, Bee Balm、タイマツバナ、モナルダ
ジェンダー	女性
支配元素	風
パワー	明快さ

魔法の使い方

ワイルドベルガモットは、物事を明快かつ順調に運ぶのに使われます。

ベンゾイン
BENZOIN

学名	*Styrax benzoin*（スマトラベンゾイン、アンソクコウノキ）、*S. tonkinensis*（サイアムベンゾイン、シャムアンソクコウノキ）
ほかの呼び名	Ben, Benjamen, Gum Benzoin, Siam Benzoin, Siamese Benzoin、アンソクコウノキ
ジェンダー	男性
支配惑星	太陽
支配元素	風
パワー	浄化、繁栄・商売繁盛

魔法の使い方

　ベンゾインは、焚いて清めのために使います。また、浄化のインセンスに加えてもよいでしょう。とても優れた「お掃除用」ハーブです。

　ベンゾイン、シナモン、そしてバジルのインセンスを作って自分の店舗や事務所で焚くと、集客効果があります。

　インセンスの主成分として使われることも多いハーブです。一般に入手できるベンゾインは2種類——サイアムベンゾインとスマトラベンゾインです。2

つとも、使い方は先に記したとおりですが、洗浄にはスマトラベンゾインのほうが、誘引にはサイアムベンゾインのほうが向いています。サイアムベンゾインは、関係の深いストラックス（S. officinalis、セイヨウエゴノキ）の代用にもなります。

ヘンプ
HEMP

学名	*Cannabis sativa*
注意事項	G
ほかの呼び名	Chanvre, Gallowgrass, Ganeb, Ganja, Grass, Hanf, Kif, Marijuana, Neckweede, Tekrouri, Weed、アサ
ジェンダー	女性
支配惑星	土星
支配元素	水
パワー	治癒・治療、愛情、直感力、瞑想

魔法の使い方

　一般にはマリファナ、麻などと呼ばれており、かつては魔法に広く使われていましたが、1930年代に施行された法律によって、その使用と販売が禁止されたため、多くの魔法は消えていきました。ここに紹介する魔法はそのほんの一部です。

　まずは悪名高き「麻の実の魔術（Hempseed Spell）」を紹介しましょう。麻の実は、むかしから恋愛系の占いやまじないに使われています。深夜に麻の実を少量、教会に持っていきます。できれば夏至の直前がよいでしょう。

　麻の実をまきながら、教会のまわりをぐるぐる歩いて9周し、次の言葉を繰り返し唱えます。

　　植えます麻の実、刈ります麻を、
　　　刈りにきなさい　私のあとを。

そうすると、未来の夫または妻の幻が見えるでしょう。ついでに、法的問題を抱えている地元の教会も見えるかもしれません！

　ヘンプは、直感力を高めるインセンスや水晶占い(スクライング)のインセンスの一部としてよく使われており、その煙は直感力を目覚めさせてくれます。幻覚を見るにはマグウォートとヘンプをマジックミラーの前で燃やすこと、とされていました。瞑想のインセンスにもヘンプが加えられていました。

　中国では、麻で作ったムチ（懲罰の手段）が模造のヘビとして使われていました。そのムチを病人が寝ているベッドに打ちつけて、病因となる悪意に満ちた悪霊どもを追い払うのです。

ヘンベイン
HENBANE

学名	*Hyoscyamus niger*
注意事項	有毒
ほかの呼び名	Black Nightshade, Cassilago, Cassilata, Deus Caballinus, Devil's Eye, Hebenon, Henbells, Hogsbean, Isana, Jupiter's Bean, Jusquiame（フランス語）, Poison Tobacco, Symphonica、ヒヨス
ジェンダー	女性
支配惑星	土星
支配元素	水

魔法の使い方

　その強い毒性から、今日ではハーブを使った魔法の世界からはほとんど忘れ去られている有毒植物ですが、愛情を引き寄せるハーブとして使われることがあります。使い方ですが、まず早朝、男性は全裸になって、1本足で立ったままヘンベインを集めます。そうして集めたヘンベインを身に着けていると愛情が引き寄せられるそうです。ドアの外で燃やすと雨が降りますが、煙は有毒です。雨乞いをするには、ヘンベインの代わりにシダを使いましょう。

ホアハウンド
HOREHOUND

学名	*Marrubium vulgare*
注意事項	P
ほかの呼び名	Bull's Blood, Even of the Star, Haran, Hoarhound, Huran, Llwyd y cwn（ウェールズ語）, Marrubium, Maruil, Seed of Horns, Soldier's Tea, White Horehound, ニガハッカ
ジェンダー	男性
支配惑星	水星
支配元素	風
神	古代エジプトの天空神ホルス
パワー	守護、超能力(サイキックパワー)、悪魔祓い、治癒・治療(ヒーリング)

儀式での使い方

ホアハウンドという名は、ホルス神にささげて焚いたことに由来します。

魔法の使い方

守護のサシェに使われます。持ち歩くと、魔法にかかったり魅惑されたりしないように身を守ってくれます。悪魔祓いのハーブとして周辺に散布してもよいでしょう。

煎じ液を飲むと、頭がスッキリして回転が速くなるだけでなく、精神力もアップします。

ポークウィード
POKE

学名	*Phytolacca americana*
注意事項	有毒
ほかの呼び名	Coakum, Cocan, Crowberry, Garget, Inkberry, Pigeon Berry, Pocan, Pokeberry Root, Poke Root, Polk Root, Scoke, Virginian Poke, ヨウシュヤマゴボウ
ジェンダー	男性
支配惑星	火星
支配元素	火
パワー	勇気、魔法解除

魔法の使い方

　ポークウィードは、新月のときに魔法や呪いを解くのに使われています。煎じ液を作り、それを家のまわりにまきます。お風呂に少量を垂らしてもよいでしょう（原注　けっして飲まないこと！）。

　ポークウィードを持ち歩くと、勇気が沸いてきます。失くしたモノを見つけるには、ポークウィードにアジサイ、スミレ、ガランガルをミックスしたものを、それを最後に目にしたあたりにまくとよいでしょう。

　実をつぶして作ったジュースは、魔法のインクとして使われます。

ホーステール
HORSETAIL

学名	*Equisetum* spp.（トクサ属）、主として*E. arvense*（スギナ）、*E. telmateia*（グレイトホーステール）
注意事項	R C、Equisetum hyemale：P
ほかの呼び名	Bottle Brush, Dutch Rushes, Paddock Pipes, Pewterwort, Shavegrass、スギナ、胞子茎はツクシ
ジェンダー	女性
支配惑星	土星
支配元素	土
パワー	ヘビ使い、多産・豊穣

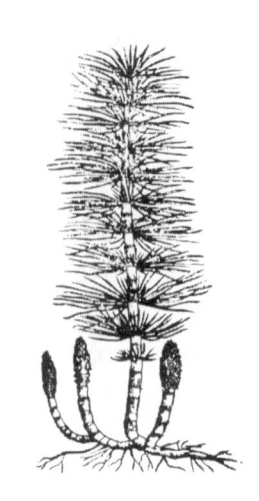

魔法の使い方

ホーステールの茎で作った笛を吹いてみましょう。ヘビが笛の音に魅せられて寄ってきます。また、多産・豊穣を願うときにはミックスハーブにし、それを寝室に置いておくとよいでしょう。

ホースラディッシュ ✠
HORSERADISH

学名	*Armoracia rusticana*
注意事項	K Gm Ch-4 +F：X
ほかの呼び名	セイヨウワサビ、ワサビダイコン
ジェンダー	男性
支配惑星	火星
支配元素	火
パワー	浄化、悪魔祓い

魔法の使い方

ホースラディッシュの根（乾燥させておろしたものか、砕いたもの）を家のまわり、四隅、外階段、敷居の上に散布しておくと、悪い気を一掃してくれ、自分に向けられた可能性があるあらゆる呪いを散らしてくれます。

ホーソン
HAWTHORN

学名	*Crataegus monogyna*
注意事項	DI*ジギタリス剤（強心剤）：治療を阻害する場合がある。
ほかの呼び名	Bread and Cheese Tree, Gaxels, Hagthorn, Halves, Haw, Hazels, Huath, Ladies' Meat, May, Mayblossom, May Bush, Mayflower, Quick, Thorn, Tree of Chastity, セイヨウサンザシ
ジェンダー	男性
支配惑星	火星
支配元素	火
神	ローマ神話の扉の蝶番の女神カルディア、ギリシャ神話の春の花の女神フローラ、ギリシャ神話の祝婚の神ヒュメン
パワー	多産・豊穣、純潔、フィッシングマジック、幸福

儀式での使い方

　ホーソンはかつて、ヨーロッパの五月祭できれいに飾りつけた背の高いポールを立てて春の到来を祝う「メイポール」の飾りつけに使われていたことがあります。また、ホーソンは魔女が木に化けたものだと信じられていた時代もあります。魔女が長時間ホーソンの下で踊って儀式を執り行っていたからだそうです。

魔法の使い方

　むかしからホーソンは多産・豊穣祈願に使われています。そういうパワーがあることから、とくに春に行われる結婚式に用いられています。
　おかしな話ですが、葉は逆に、純潔や独身を守り続けるのに使われています。葉をマットレスの下や寝室のまわりに置いておくとよいそうです。
　ホーソンを入れたサシェを釣りに行くときに携帯すると、大漁になること間違いなしです。また、悩み事があるとき、気持ちが落ち込んでいるとき、悲しいときに、ホーソンを身に着けたり持ち歩いたりすると気分が晴れてきます。
　ホーソンは稲妻から身を守ってくれます。ホーソンがある家には悪霊も入っ

てきません。吹き荒れる嵐の被害を受けないよう、ホーソンはその大きな力で家を守ってくれます。古代ローマの人々は、赤ん坊が悪い魔法にかからないようにと、ベビーカーのなかにホーソンを置きました。

そのむかし、魔女の庭にはたいていホーソンの生け垣が1つはありました。

サンザシは妖精たちにささげられています。中世ウェールズの三大「木の精」である「オーク、セイヨウトネリコ、ホーソン」の1つにも数えられ、この3種類が全部一緒に生えているところには妖精が現れるといわれています。

ボーディトゥリー
BODHI

学名	*Ficus religiosa*
ほかの呼び名	Bo-Tree, Peepul Tree, Pipul, Sacred Tree, ボーディー、インドボダイジュ
ジェンダー	男性
支配惑星	木星
支配元素	風
神	ブッダ、ビシュヌ
パワー	多産・豊穣、守護、英知、瞑想

儀式での使い方

ボーディトゥリーは、ブッダと同じく菩提樹の下で生まれたとされるビシュヌ神にささげられています。東洋では聖火に菩提樹が使われています。ブッダも6年間この木の下に座って瞑想にふけっていたことから、ブッダにもささげられた木です。また、ハート型をした葉は、今でも神聖なバイブレーションを思い出して揺れ動いているといわれています。

魔法の使い方

近くに悪霊の気配を感じたら、この木のまわりをぐるぐると何度か回るだけで、悪霊は怖がって逃げていきます。

不妊症の女性が菩提樹の下を全裸で歩くと、妊娠する可能性が高くなりま

す。

　ボーディトゥリーの葉を瞑想のインセンスやミックスハーブに加えて使うと、英知が授かるといいます。

ホーリー
HOLLY

学名	*Ilex aquifolium*（ヨーロピアンホーリー、セイヨウヒイラギ） または *I. opaca*（アメリカンホーリー）
注意事項	V
ほかの呼び名	Aquifolius, Bat's Wings, Christ's Thorn, Holy Tree, Holm Chaste, Hulm, Hulver Bush, Tinne, セイヨウヒイラギ
ジェンダー	男性
支配惑星	火星
支配元素	火
パワー	守護、避雷、幸運、予知夢

魔法の使い方

　守護のハーブとして最優秀です。稲光や毒、悪霊から守ってくれます。家のまわりに植えると、家とその家の住人を魔法使いのいたずらから守ってくれます。野生動物に向かって投げつけると、たとえ動物に直接当たらなくても、その動物はおとなしく座って、あなたを逃がしてくれます。ホーリー水（煮出し液か蒸留水）は、生まれたばかりの赤ん坊にかけると、その子を守ってくれます。

　また、ホーリーを持ち歩くと、とくに男性が持ち歩くと（ホーリーのジェンダーが「男性」なので）、その人の運気が高まります（これに対し、女性はアイビーを持ち歩くとよいでしょう）。クリスマスの時期に家のまわりに吊るしておくと幸運が訪れます。

　金曜日の深夜を過ぎたら、そうっと物音を立てずに、できればトゲのないホーリーの木（尖っていない葉をつけたもの）から葉を9枚もぎ取ります。その葉を白い布で包み、9つの葉の根元（節）を持ってその端を結びましょう。それを枕の下に置いて眠ると、予知夢を見ることができます。

ホーリーシスル
THISTLE, HOLY

学名	*Centaurea benedicta*
注意事項	P
ほかの呼び名	Blessed Thistle、キバナアザミ、サントリソウ
ジェンダー	男性
支配惑星	火星
支配元素	火
パワー	浄化、魔法解除

魔法の使い方

ホーリーシスルを身に着けて悪霊から身を守ります。清めのお風呂に入れてもよいでしょう。魔法解除の魔法にも使われています。

ボーンセット
BONESET

学名	*Eupatorium perfoliatum*
注意事項	X
ほかの呼び名	Agueweed, Crosswort, Feverwort, Indian Sage, Sweating Plant, Teasel, Thoroughwort, Wood Boneset
ジェンダー	女性
支配惑星	土星
支配元素	水
パワー	守護、悪魔祓い

魔法の使い方

この植物は悪霊を追い払ってくれます。煮出し液を家のまわりにまくと、悪霊が逃げていきます。

ホップ 🜄
HOPS

学名	*Humulus lupulus*
注意事項	D
ほかの呼び名	Beer Flower, Flores de Cerveza, セイヨウカラハナソウ
ジェンダー	男性
支配惑星	火星
支配元素	風
パワー	治癒・治療(ヒーリング)、睡眠

魔法の使い方

乾燥させたホップを詰めた枕を使うと、安眠と休息が得られます。治癒・治療(ヒーリング)用のサシェやインセンスにも使われます。

ポテト 🜄
POTATO

学名	*Solanum tuberosum*
注意事項	根：G、葉：X
ほかの呼び名	Blue Eyes, Flukes, Lapstones, Leather Jackets, Murphies, No Eyes, Pinks, Red Eyes, Rocks, Taters, Tatties、ジャガイモ、バレイショ
ジェンダー	女性
支配惑星	月
支配元素	土
パワー	イメージマジック、治癒・治療(ヒーリング)

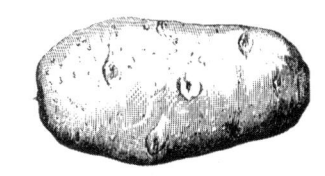

魔法の使い方

ポテトはポペットを作るときに使われることが多く、ジャガイモの「芽」は人の「目」として使われることがあります。

ポケットのなかに入れて持ち歩くと歯痛が和らぎ、リウマチやイボ、痛風に

なりません。風邪をひかないようにするにはジャガイモをポケットか財布に入れ、冬の間じゅう持ち歩きましょう。ずっと同じジャガイモを持ち歩くこと。

ポドフィルム
MAY APPLE

学名	*Podophyllum peltatum*
注意事項	有毒
ほかの呼び名	American Mandrake, Duck's Foot, Hog Apple, Mandrake, Raccoon Berry, Wild Lemon
ジェンダー	男性
支配惑星	水星
支配元素	火
パワー	金運

魔法の使い方

　アメリカンマンドレイクつまりポドフィルム（メギ科）は、一般にヨーロッパの（本物の）マンドレイク（ナス科）の代用として使われています。用途はほぼ同じです。ポドフィルムと本物のマンドレイクとは何の関係もないのですが……。

ボトリキウム
MOONWORT

学名	*Botrychium spp.*（ハナワラビ属）
ほかの呼び名	Unshoe-Horse, ハナワラビ
ジェンダー	女性
支配惑星	月
支配元素	水
パワー	金運、愛情

魔法の使い方

ボトリキウムを箱かバッグのなかに入れておくと、銀(シルバー)ができるといわれています。ボトリキウムはむかしからあらゆる種類の金運アップの魔法に使われています。

このシダの1種（ボトリキウム）は、カギの代わりにカギ穴に挿し込んでカギを開けたり、鎖に触れて鎖をちぎったりするときにも使われます。

むかしからの言い伝えによると、運悪くボトリキウムを踏みつけてしまうと、馬は蹄鉄をなくし、人間は履物をなくすといいます。愛の魔法にも使われています。

ポピー
POPPY

学名	*Papaver spp.*（ケシ属）
注意事項	一般に入手可能なもの：G、非合法なもの：X
ほかの呼び名	Blind Buff, Blindeyes, Headaches, Head Waak, ケシ
ジェンダー	女性
支配惑星	月
支配元素	水
神	ギリシャ神話の眠りの神ヒュプノス、ギリシャ神話の穀物豊穣の女神デメテル
パワー	多産・豊穣、愛情、睡眠、金運、幸運、不可視性

魔法の使い方

ポピーシードと花は、安眠を助けるハーブミックスに使われています。ポピーを食べたり持ち歩いたりすると、妊娠しやすくなり、幸運が訪れ、お金も貯まります。ポピーシードの頭部に金メッキをして、それをお守り(タリスマン)として身に着けると裕福になれる、といわれていた時代もあります。

ポピーシードを食べ物に加えて愛情を引き出したり、愛のサシェに使われたりすることもあります。

もし何か知りたいことがあるなら、白い紙の上に青いインクで何が知りたい

のかを書き、その紙をポピーシードのサヤの内側に置いたら、枕の下に置いて眠ります。すると、答えが夢のなかに出てくるでしょう。

　ポピーシードをワインに15日間浸しておき、その後、断食中にそのワインを5日間、毎日続けて飲みます。言い伝えによると、それで意のままに目立たない人間になれるそうです。

ポプラ
POPLAR

学名	主として *Populus tremuloides*（アメリカアスペン）
注意事項	G
ほかの呼び名	アスペン※アスペンと同じ植物だが、ポプラと呼んで違う使い方をしている地域がある
ジェンダー	女性
支配惑星	土星
支配元素	水
パワー	金運、飛行

魔法の使い方

　ポプラのつぼみと葉を持ち歩くと、お金が引き寄せられます。金運アップのインセンスに加えてもよいでしょう。

　また「飛行の軟膏」にも使われます。「飛行の軟膏」とは、アストラル投射（「用語集」を参照）を誘発するときに使われるものです。したがって、アストラル投射を実践するときには、ポプラのつぼみと葉を体の上に置いたり軟膏に入れたりして使うこともあります。アスペンの項目も参照。

ポムグレナート ★
POMEGRANATE

学名	*Punica granatum*
注意事項	根、茎：X、殻：Dh
ほかの呼び名	Carthage Apple, Grenadier, Malicorio, Malum Punicum, Pound Garnet、ザクロ
ジェンダー	男性
支配惑星	水星
支配元素	火
神	ギリシャ神話の冥府の王ハデスの妃ペルセフォネ、ローマ神話の豊穣神ケレス
パワー	占い、幸運、願望、財産、多産・豊穣

魔法の使い方

　むかしから、種子を食べると子宝に恵まれるといわれており、同じ理由で、樹皮や果皮、根皮を持ち歩くこともあります。

　ポムグレナートは幸運を呼ぶ魔法の果実。かならず食べる前に願い事をすれば、その願いはかなうでしょう。

　ポムグレナートの木の枝を見つけたら、そこには財宝が隠されているか、その木の枝を見つけた人はお金持ちになれるといいます。樹皮や果皮、根皮を乾燥させ、それを財産や金運アップのインセンスに加えてもよいでしょう。

　子どもが何人生まれてくるかを知りたい女性は、ポムグレナートを思いっきり強く地面に投げつけます。そうして飛び出てきた種子の数が、生まれてくる子どもの数です。

　ポムグレナートの木の枝をドアの上から吊るしておくと、悪霊に憑かれることがありません。ポムグレナートジュースは血や魔法のインクの代わりに使われます。

ボリジ
BORAGE

学名	*Borago officinalis*
注意事項	草：X、シードオイル：G
ほかの呼び名	Bugloss, Burrage, Herb of Gladness, Star Flower, Borak, Lisan selvi, Lesan-El-Tour
ジェンダー	男性
支配惑星	木星
支配元素	風
パワー	勇気、超能力(サイキックパワー)

魔法の使い方

摘みたての花を持ち歩くと勇気が沸いてきます。また、外出中の安全を願って、ボリジの花を1つ、衣服のボタンホールに挿しておくとよいでしょう。

ボリジのティーは超能力(サイキックパワー)を呼び覚ましてくれます。

マーシュマロウ
ALTHEA

学名	*Althaea officinalis*
注意事項	G
ほかの呼び名	Marshmallow, Mortification Root, Sweet Weed, Wymote, Heemst, Slaz, ウスベニタチアオイ
ジェンダー	女性
支配元素	水
パワー	守護、超能力(サイキックパワー)

魔法の使い方

マーシュマロウはむかしから守護の儀式に使われていますが、今では超能力(サイキックパワー)を刺激する優れたハーブとしても使われています。インセンスを焚くか、サシェに入れて持ち歩くとよいでしょう。

マーシュマロウは「霊を呼び出す」植物、儀式の最中に祭壇(オールター)の上に置いてお

くと良い霊を呼び出してくれる優れた植物としても知られています。これはブードゥー教徒たちがよくやる儀式です。

マートル ♡🌿
MYRTLE

学名	*Myrtus communis*
注意事項	Dg
ほかの呼び名	ギンバイカ、ギンコウボク
ジェンダー	女性
支配惑星	金星
支配元素	水
神	ローマ神話の愛と美の女神ビーナス、ギリシャ神話の狩猟と純潔の女神アルテミス、アフロディーテ、古代エジプト神話の愛と幸運の女神ハトホル、古代セム族の豊穣多産の女神アシュトレト、マリアン（訳注　女神の基本になる名前だと考えられる。マリ、ミリアム、アリアンヌ、ミュラー、マライアなど）
パワー	愛情、多産・豊穣、若さ、平和、金運

魔法の使い方

　マートルはむかしから「愛」のハーブだと考えらえています。恋愛占いをしている間に摘みたての葉と花で作る冠をかぶるのがよいとされます。あらゆる愛のサシェや魔法に加えられ、とくに恋愛を絶好調のまま維持し、ワクワクするような恋愛を続けられるようにと願って作るサシェや魔法に使われます。

　また、マートルを身に着けると、たくさんの子宝に恵まれるといいます。結婚式で花嫁が身に着ける習慣もありますが、これはおかしなことに、すぐに妊娠しないようにとの願いを込めて身に着けるのだとか！

　マートル材を持ち歩くと、若さを保つことができます。1杯のマートルティーを3日に一度飲むと、やはり若さを保つことができますが、かならず3日に一度飲まなければなりません。

　マートルを持ち歩くと、愛情がそのまま保たれます。家のまわりの各方角に

マートルが生えていたら、その家には愛と平穏が宿るといわれ、もし植木箱のなかで育ったら、そしてそれを植えたのが女性なら、それは「幸運な植物」だといわれます。マートルは金運アップの魔法にも使われています。

マウンテンマホガニー
MAHOGANY, MOUNTAIN

学名	*Cercocarpus ledifolius*
注意事項	種子と葉：有毒
ジェンダー	男性
支配元素	火
パワー	避雷

魔法の使い方

　マウンテンマホガニーはむかしから避雷目的で使われます。とくに登山者がよく身に着けています。アメリカ先住民の言い伝えによると、マウンテンマホガニーは稲妻や雷が発生するような高地に生息していることから、雷に打たれないよう、この木が守護の役目を果たしてくれるのだそうです。登山をしている間に樹皮を1枚、帽子のなかなどに入れたりして身に着けるとよいでしょう。

マグノリア 💍
MAGNOLIA

学名	*Magnolia* spp.（モクレン属）主として *M. grandiflora*（サザンマグノリア、タイサンボク）、*M. virginiana*（スイートベイマグノリア、ヒメタイサンボク）、*M. stellata*（スターマグノリア、シデコブシ）
注意事項	G
ほかの呼び名	Blue Magnolia, Cucumber Tree, Swamp Sassafras
ジェンダー	女性
支配惑星	金星
支配元素	土
パワー	忠誠

魔法の使い方

マグノリアをベッドのそば、または下に置いておくと、恋人との信頼できる関係（浮気をせず、相手を裏切らない関係）を保つことができます。

マグワート 🛡💧
MUGWORT

学名	*Artemisia vulgaris*
注意事項	P
ほかの呼び名	Artemis Herb, Artemisia, Felon Herb, Muggons, Naughty Man, Old Man, Old Uncle Henry, Sailor's Tobacco, St. John's Plant, オウシュウヨモギ
ジェンダー	女性
支配惑星	金星
支配元素	土
神	ギリシャ神話の狩猟と純潔の女神アルテミス、ローマ神話の月と狩猟の女神ディアナ
パワー	力強さ、超能力（サイキックパワー）、守護、予知夢、治癒（ヒーリング）・治療、アストラル投射

魔法の使い方

　マグワートを靴のなかに入れておくと、体力がつくため、長時間のウォーキングやランニングによいでしょう。
　そのためには、日の出前にマグワートを摘んでおきましょう。そのときには「マグワートよ、きみを摘んでいくよ、途中で疲れないように」と唱えること。

　マグワートを詰めた枕で眠ると予知夢を見ることができます。水晶占い(スクライング)などの儀式の最中にマグワートをサンダルウッドかワームウッドと一緒に燃やす、占いをする前にマグワートの煮出し液を飲む（ハチミツを加えて甘くする）、といった使い方をされています。
　煎じ液は水晶玉や魔法の鏡(マジックミラー)を洗うときにも使われ、マグワートの葉を水晶玉の台のまわり（または台の下）に置くと、超能力(サイキックパワー)を使った占いの助けになります。
　むかしからの言い伝えによると、マグワートを持ち歩くと、毒を盛られたり野獣に襲われたり、または日射病にかかったりすることがないといいます。建物のなかでは、小人や「悪いやつ」が入ってくるのを防いでくれ、日本ではアイヌ族が、「病の精」を追い払うのに大量のマグワートを使っています。「病の精」はこのにおいが大嫌いだと考えられているからです。中国には、悪霊が建物のなかに入ってこないよう、ドアの上から吊るしておく習慣があります。
　また、マグワートは性欲を高めたり生殖能力を高めたりするのにも使われているほか、腰痛予防や、病気や精神病の治療にも使われています。ベッドの脇に置いておくと、アストラル投射（「用語集」を参照）を行うのを助けてくれます。

マゲイ ♡
MAGUEY

学名	*Agave* spp.（リュウゼツラン属）
注意事項	Sk
ほかの呼び名	Agave, リュウゼツラン
ジェンダー	男性
支配惑星	火星
支配元素	火
パワー	欲望

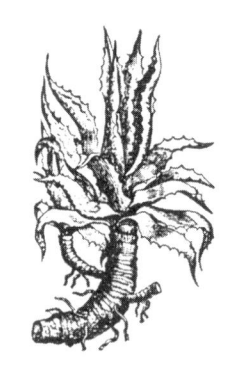

魔法の使い方

マゲイの分泌液は、むかしから精力剤に使われています。

マジョラム
MARJORAM

学名	*Origanum majorana*
注意事項	G
ほかの呼び名	Joy of the Mountain, Knotted Marjoram, Marjorlaine, Mountain Mint, Pot Marjoram, Sweet Marjoram, Wintersweet
ジェンダー	男性
支配惑星	水星
支配元素	風
神	ローマ神話の愛と美の女神ビーナス、ギリシャ神話の恋愛と美の女神アフロディーテ
パワー	守護、愛情、幸福、健康、金運

魔法の使い方

マジョラムは愛の魔法に使われているほか、食べ物に加えて愛情を深めるのにも使われます。

お守りとして持ち歩くとよいでしょう。家のまわりに、また各部屋に少しずつ置いておいてもよいですが、月に一度、新鮮なマジョラムに取り替えること。

庭で育てると、悪霊から身を守る盾になってくれます。

　スミレとマジョラムをブレンドしたものを、風邪を予防するお守りとして、冬の間身に着けるとよいでしょう。

　気持ちが落ち込んでいる人にはマジョラムをあげましょう。もらった人は幸せになれます。金運アップを願うミックスハーブやサシェにも使われます。

マスタード・ブラック
MUSTARD, BLACK

学名	*Brassica nigra*
注意事項	Lt（外用する場合）
ほかの呼び名	クロガラシ
ジェンダー	男性
支配惑星	火星
支配元素	火
神	ギリシャ神話の神アポロの息子アエスクラピウス
パワー	多産・豊穣、守護、精神力

魔法の使い方

　ヒンドゥー教徒は空中移動をするときにマスタードの種子を使っていました。もっと現実的な使い方は、マスタードの種子を赤い布で作ったサシェに入れて持ち歩くというものです。風邪の予防になり、メンタルも強くなるといいます。

　イタリアの農民たちは、守護用にマスタードの種子を敷居の上にまいていました。どんな種類のものでもかまいませんが、マスタードの種子を玄関前の階段の下に埋めておくと、超自然的な存在が家に寄りつかなくなります。

　女性がマスタードを食べると妊娠しやすくなります。

マスターワート 🛡

MASTERWORT

学名	*Peucedanum ostruthium*
ほかの呼び名	Hog Fennel, Imperatoria
ジェンダー	男性
支配惑星	火星
支配元素	火
パワー	体力、勇気、守護

魔法の使い方

　マスターワートを身に着けると体力がつくことから、労働者やスポーツ選手が体力をつけるのに使うこともあります。

　マスターワートを持ち歩くと意思の力が養われ、感情が抑えられます。悪霊から身を守るお守りにもなります。

　あたりにまいておくと精霊が現れます。

マスティック 🔥♥

MASTIC

学名	*Pistacia lentiscus*
ほかの呼び名	Gum Mastic, Masticke, Pistachia Galls
ジェンダー	男性
支配惑星	太陽
支配元素	風
パワー	超能力(サイキックパワー)、霊の顕現、欲望

魔法の使い方

　魔法が作用しているときにマスティックを燃やし、その間に精霊が現れてくれるように祈ります。

　超能力(サイキックパワー)を助けるインセンスとしても使われているほか、中東ではむかしから、魔法使いや魔女が精力剤に溶かして使っています。

　インセンスに加えると性的不能が改善し、精力もアップします。

マルベリー 🛡
MULBERRY

学名	*Morus* spp.（クワ属），主として *M. alba*（ホワイトマルベリー），*M. nigra*（ブラックマルベリー），*M. rubra*（レッドマルベリー）など
注意事項	熟していないベリー、樹皮、小枝、葉：X、小枝：B
ほかの呼び名	Tut, Morera, Gelso, クワ
ジェンダー	男性
支配惑星	水星
支配元素	風
神	ローマ神話の技術・工芸の女神ミネルバ、ローマ神話の月と狩猟の女神ディアナ
パワー	守護、力強さ

魔法の使い方

マルベリーは、庭に雷が落ちないよう守ってくれます。意欲的に仕事をするときには助けてくれます。また、悪霊から身を守るには、木材がパワフルなお守りになります。魔法の杖はマルベリーで作られます。

マルメロ 🛡♥
QUINCE

学名	*Cydonia oblonga*
注意事項	実：G
ほかの呼び名	クインス
ジェンダー	女性
支配惑星	土星
支配元素	土
神	ローマ神話の愛と美の女神ビーナス
パワー	守護、愛情、幸福

儀式での使い方

数ある伝説では、マルメロはさまざまな神と結びつけられていますが、とり

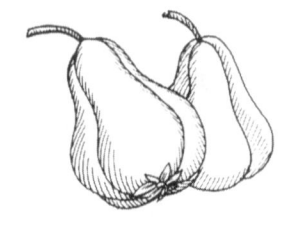

わけビーナス崇拝に使われていました。古代ポンペイ遺跡にはクマの手にマルメロが描かれているものがあります。きっと何かの神話と関係があるのでしょう。

魔法の使い方

マルメロの種子は、持ち歩くと、悪霊をはじめ、身体的な危害や事故から身を守ってくれます。

古代ローマ時代には、新郎新婦が1本のマルメロを分かち合って将来の幸せを誓いました。妊婦がマルメロを食べると、「頭の良い子」が生まれてくることが多いといわれています。愛する人にマルメロをあげると、その人に裏切られることがないといいます。

マレイン
MULLEIN

学名	*Verfascum thapsus*
注意事項	G
ほかの呼び名	Aaron's Rod, Blanket Leaf, Candlewick Plant, Clot, Doffle, Feltwort, Flannel Plant, Graveyard Dust, Hag's Tapers, Hedge Taper, Jupiter's Staff, Lady's Foxglove, Old Man's Fennel, Peter's Staff, Shepherd's Club, Shepherd's Herb, Torches, Velvetback, Velvet Plant, ビロードモウズイカ
ジェンダー	女性
支配惑星	土星
支配元素	火
神	ローマ神話の最高神ユーピテル
パワー	勇気、守護、健康、愛情

魔法の使い方

未開の地をハイキングしているときにマレインを身に着けていると、野生動

物が近寄ってきません。また、マレインは、持っている人に勇気を注入し、持ち歩いていると異性から愛されるといいます。靴のなかに葉を数枚入れておくと風邪をひかないそうです。

マレインを小さな枕に詰めると、あるいは枕の下に置くと、悪夢を見ずに眠ることができます。インドでは、悪霊や魔術から身を守るにはマレインが最も効き目があると考えられており、ドアや窓の上から吊るしたり、サシェに入れて持ち歩いたりします。また、悪魔やネガティブなものを払い除けるのにも使われています。

アメリカ中南部のオザーク高原では、男性が簡単な恋愛占いをする習慣がありました。男性はマレインが生えている野原に出かけ、マレインが愛する人の家の方角を指すよう下を向かせて折ります。

もし相手の女性がその男性のことを愛していたら、マレインは再びまっすぐ上を向きます。もし相手の女性が別の男性を愛していたら、マレインはそのまま枯れてしまいます。魔法ではめったに使われない材料ですが、パウダー状にしたマレインの葉は「墓所の塵(ブレーブヤードダスト)」の代用になります。

魔女や魔法使いがオイルランプを使って魔法の儀式を照らし出していた時代には、マレインの柔らかい葉や茎がランプの芯に使われていました。

マロウ ♥🛡✝
MALLOW

学名	*Malva sylvestris*（コモンマロウ）、ほかに *M. moschata*（ムスクマロウ）、*Althaea officinalis*（マーシュマロウ）などもある
注意事項	G
ほかの呼び名	High Mallow, Mauls, Cheese Flower, Blue Mallow, Common Mallow, ウスベニアオイ
ジェンダー	女性
支配惑星	月
支配元素	水
パワー	愛情、守護、悪魔祓い

魔法の使い方

　もし恋人に振られたなら、マロウの花を集め、玄関ドア（または窓）の外に置いた花瓶に挿しておきます。そうすれば恋人はあなたのことを考えるようになり、やがて戻ってきてくれるでしょう。また、恋人を惹きつけるためにもマロウを持ち歩くとよいでしょう。

　また、マロウの葉と茎を植物性ショートニングに漬けておき、そこから取り出したら裏ごしします。これで守護の効果がある魔法の軟膏のでき上がりです。この軟膏を皮膚にすり込むと、悪魔を追い払うことができるだけでなく、黒魔術の悪い作用から身を守ることもできます。

マロニエ
HORSE CHESTNUT

学名	*Aesculus* spp.（トチノキ属），主として *A. hippocastanum*（マロニエ、セイヨウトチノキ）
注意事項	有毒
ほかの呼び名	Buckeye, ホースチェストナット、セイヨウトチノキ
ジェンダー	男性
支配惑星	木星
支配元素	火
パワー	金運、治癒・治療（ヒーリング）

魔法の使い方

　身に着けて持ち歩くと、リウマチ、腰痛、関節炎、冷えの予防になります。3本持っていると、めまいの予防になります。

　マロニエを紙幣で包んでサシェに入れて持ち歩くと、金運がアップします。あらゆる方面での成功を望むときにも持ち歩くとよいでしょう。

マンドレイク
MANDRAKE

学名	*Mandragora officinarum*
注意事項	有毒
ほかの呼び名	Alraun, Anthropomorphon, Baaras, Brain Thief, Circeium, Circoea, Galgenmannchen, Gallows, Herb of Circe, Hexenmannchen（ドイツ語：Witches' Mannildn）, Ladykins, Mandragen, Mandragor, Mannikin, Raccoon Berry, Semihomo, Wild Lemon、Womandrake, Zauberwurzel（ドイツ語：Sorcerer's Root），マンドラゴラ
ジェンダー	男性
支配惑星	水星
支配元素	火
神	ギリシャ神話の魔法の女神ヘカテ、古代エジプト神話の愛と幸運の女神ハトホル
パワー	守護、多産・豊穣、金運、愛情、健康

魔法の使い方

　マンドレイクの根を丸ごと、暖炉の前の飾り棚に置いておくと、その家は守られ、子宝にも恵まれ、幸運がもたらされます。また、マンドレイクをベッドの頭板から吊るしておくと、眠っている間のお守りになり、持ち歩くと愛情が引き寄せられ、身に着けると病気の予防になります。マンドレイクがあるところには悪魔が棲みつかないといわれていることから、マンドレイクの根は悪魔祓いに使われています。

　乾燥させたマンドレイクの根を「励起させる」(すなわち、冬眠状態のマンドレイクからパワーを引き出す)には、家のなかのどこか目立った場所に置き、3日間そのまま放っておきます。その後、根をお湯に浸して一晩置きます。そうすれば根は励起し、魔法に使うことができるようになります。

　根を浸した水は、家の窓やドアに向けてまくと、その家を守ることができ、人に向けてまくと、清めになります。

　マンドレイクは、むかしからイメージマジック（「用語集」を参照）でもポペットとして使われてきましたが、めったに手に入らないことと、手に入っても高

価なことから、魔法使いや魔女はたいてい、代わりの植物を探し求めざるを得なくなっています。

　代用としては、セイヨウトネリコの根、アップル、ブリオニアの根、ボドヒルム（アメリカンマンドレイク）など、多くの植物が使われています。

　マンドレイクの根の脇にお金（とくに銀貨）を置いておくと、お金が倍に増えるといわれています。また、マンドレイクの香りは眠りを誘うといいます。

ミスルトー
MISTLETOE

注意事項	Viscum album（ヨーロピアンミスルトー）は Pr CPI；Phoradendron leucarpum（アメリカンミスルトー）は有毒
ほかの呼び名	All Heal, Birdlime, Devil's Fuge, Donnerbesen, European Mistletoe, Golden Bough, Holy Wood, Lignam sanctae crucis, Misseltoe, Thunderbesem, Witches Broom, Wood of the Cross, ヤドリギ
ジェンダー	男性
支配惑星	太陽
支配元素	風
神	アポロ、北欧神話の母神フレイア、北欧神話の愛と結婚の女神フリッグ、ローマ神話の愛と美の女神ビーナス、北欧神話の戦争と死の神オーディン
パワー	守護、愛情、狩猟、多産・豊穣、健康、悪魔祓い

儀式での使い方

　周知のとおり、ドルイド僧（ケルトの魔術師）はミスルトーを崇拝しており、オーク材に生えているのを見つけると、とくに深く崇めました。ヨハネ祭の日（6月24日）か、あるいは新月から6日目の日には切り取っていました（今でもそうです）。ミスルトーは、金色の鎌を一振りして切りますが、鎌が地面に触れてはいけないことになっていました。

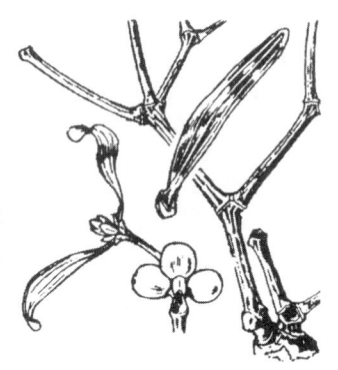

魔法の使い方

　むかしからミスルトーは稲妻、病気、あらゆる不幸、火災などから身の安全を守るために使われています。これらの用途に合った適切な場所に置いたり、持ち歩いたりするとよいでしょう。ミスルトーの葉と実が使われています。

　ミスルトーをベビーカーのなかに置いておくと、子どもが妖精に盗まれてすり替えられるのを防ぐことができます。

　ミスルトー材を彫って作ったリングは、身に着けていると病気の予防になり、切り枝を持ち歩いていると、生傷が早く治ります（傷口には塗布しないこと）。

　ミスルトーは、狩猟で獲物がたくさん獲れるよう願って持ち歩いたり身に着けたりします。女性がミスルトーを持ち歩くと妊娠しやすくなります。また、なかなか手に入りにくい不死身の体を手に入れるための魔法やカギを開ける魔法にも使われています。

　寝室のドアの近くに置いておくと、枕の下に置いたり頭板に吊るしておいたりするのと同じようにぐっすりと眠れるようになり、ステキな夢を見ることができます。

　ミスルトーの下で愛する人にキスをすると、その２人の関係はずっと続くといいます。ミスルトーを燃やすと、悪霊を追い出すことができます。首のまわりにミスルトーを巻きつけると、目立たなくなります。ミスルトーは万能のハーブなのです。

ミモザ
MIMOSA

学名	*Acacia dealbata*
注意事項	P
ほかの呼び名	Mimosa Pudica, Albizzialebbeck, フサアカシア
ジェンダー	女性
支配惑星	土星
支配元素	水
パワー	守護、愛情、予知夢、浄化

魔法の使い方

　ミモザは、浄化（周囲にまく）、愛情、治癒・治療（ヒーリング）、予知夢などの魔法に使われています。予知夢を見るには、もちろん、枕の下にミモザを置いて、その枕を使って眠ること。

　ミモザを散らしたお風呂に入ると（またはミモザの煎じ液をスポンジに含ませ、それで体を拭くと）、魔力や呪いが解け、将来もさまざまな問題に巻き込まれないようになります。

ミルクシスル
THISTLE, MILK

学名	*Silybum marianum*（ミルクシスル、マリアアザミ）、*Sonchus oleraceus*（*sow thistle*、ノゲシ）
注意事項	G
ほかの呼び名	Marian Thistle, マリアアザミ
ジェンダー	男性
支配惑星	火星
支配元素	火
パワー	ヘビを怒らせる

魔法の使い方

男性が首からミルクシスルをぶら下げていると、どんなヘビでもその男性の前でけんかを始める、というアングロサクソン人の記録があります。

ミルラ
MYRRH

学名	*Commiphora myrrha*
注意事項	P Ub
ほかの呼び名	Gum Myrrh Tree, Karan, Mirra Balsom Odendron, モツヤク（没薬）
ジェンダー	女性
支配惑星	月
支配元素	水
神	エジプト神話の女神イシス、フェニキア神話の植物の神アドニス、エジプト神話の太陽神ラー、女神の基本になる名前だと考えられる「マリアン」（マリ、ミリアム、アリアンヌ、ミュラー、マライアなど）
パワー	守護、悪魔祓い、治癒・治療（ヒーリング）、精神性

儀式での使い方

古代エジプトでは、正午にミルラを燃やして太陽神ラーにささげ、イシス神殿でもミルラをいぶす習慣がありました。

魔法の使い方

ミルラのインセンスに火を灯すと、その場が清められ、バイブレーションが強まり、平和が訪れます。ただ、ミルラだけを燃やすことはめったになく、普通はフランキンセンス（乳香）かほかの松脂と一緒に燃やします。ミルラをほかのインセンスに加えると、そのインセンスの効果がアップします。

治癒・治療（ヒーリング）のインセンスやサシェにも加えられ、その煙は、お守り（アミュレットやタリスマン）、チャーム、魔法の道具などを清める、浄化する、神聖

なものにするときに使われています。また、瞑想や沈思をサポートしてくれます。一般にはフランキンセンスと一緒にサシェに加えて使います。

ミント
MINT

学名	*Mentha* spp.（ハッカ属）
注意事項	個々の警告については、それぞれのミントを調べること。
ほかの呼び名	Garden Mint、ハッカ
ジェンダー	男性
支配惑星	水星
支配元素	風
神	ローマ神話の冥府の神プルートー、ギリシャ神話の魔法の女神ヘカテ
パワー	金運、欲望、治癒・治療、旅、悪魔祓い、守護

魔法の使い方

　ミントはむかしから治療薬やミックスハーブに使われています。摘みたてのミントの葉で頭をこすると、頭痛が和らぐといわれています。ミントを手首に巻いておくと、病気にならないそうです。

　お腹が痛いときには、緑色のポペットにミントを詰めて、ヒーリングオイルをポペットに塗ると楽になります。

　ミントは旅のまじないや性欲をかき立てるためにも使われます。その鮮やかな緑色の葉とすっきりしたクールな香りから、金運アップをはじめ、幸運や成功を願う魔法にも使われています。ミントの葉を数枚、財布のなかに入れる、またはお金をしまってある場所をミントの葉でこする、というのが一番簡単な方法でしょう。

　悪霊を追い払うには、摘みたてのミント、マジョラム、そしてローズマリーの小枝で作ったジョウロで塩水をまくとよいでしょう。祭壇（オールター）の上にフレッシュミントを置いておくと、良い霊が現れて、魔法を使うときにあなたを助けてくれます。また、ミントを家のなかに置いておくと守護の効果を発揮します。

「ミント」という呼び名は、シソ科ハッカ属の植物の総称です。

ミント・オレンジ
BERGAMOT, ORANGE

学名	*Mentha piperita 'Orange'*
ほかの呼び名	ベルガモット、オレンジミント
ジェンダー	男性
支配惑星	水星
支配元素	風
パワー	金運

魔法の使い方

オレンジミントの葉を財布に忍ばせておくと、金運がアップします。摘んだばかりの葉をお札の上でこすってからそのお札を使うと、お札がまた戻ってくるといわれています。「成功祈願」の儀式やまじないにも使われています。

ミント・スペア
SPEARMINT

学名	*Mentha spicata*
注意事項	G
ほかの呼び名	Brown Mint, Garden Mint, Green Mint, Green Spine, Lamb Mint, Mackerel Mint, Mismin（アイルランド・ゲール語）, Our Lady's Mint, Spire Mint, Yerba Buena（スペイン語）, ミドリハッカ
ジェンダー	女性
支配惑星	金星
支配元素	水
パワー	治癒・治療（ヒーリング）、愛情、精神力

魔法の使い方

スペアミントはあらゆる治癒や治療に使われています。とくに肺疾患の治療をサポートしてくれます。また、性欲アップのために使われることもあります。スペアミントのにおいをかぐと、精神力が増したり強まったりします。

睡眠中に守ってもらうには、枕かマットレスにスペアミントを詰めます。「ミント・ペパー」の項目も参照。

ミント・ペニーロイヤル
PENNYROYAL

学名	*Mentha pulegium*
注意事項	P（オイルは有毒）
ほかの呼び名	European Pennyroyal, Lurk-In-The-Ditch, Mosquito Plant, Organ Broth, Organs, Organ Tea, Piliolerian, Pudding Grass, Run-By-The-Ground, Squaw Mint, Tickweed, メグサハッカ
ジェンダー	男性
支配惑星	木星
支配元素	火
神	ギリシャ神話の穀物豊穣の女神デメテル
パワー	愛情、魔法解除、幸運、金運、泥棒除け

魔法の使い方

ペニーロイヤルミントを靴のなかに置いておくと、旅の疲れを防いでくれ、全体的な体力をつけてくれます。緑色のポペットにミントを詰めて、ヒーリングオイルを塗ると、胃の不調が和らぐことがあります。

ペニーロイヤルミントを身に着けると、邪眼から守られ、商取引をする際の助けになります。

あたりから悪霊を追い払うには、ミント、マジョラム、ローズマリーの小枝で作ったジョウロで塩水をまくとよいでしょう。

けんかをしている夫婦にあげると、2人はけんかをやめることから、ペニーロイヤルミントは「平和のハーブ」といわれています。また、家に置いておくと（ペットや子どもたちから離して置くこと）、守護のお守りにもなります。船に乗るときに持っていくと、船酔いしません。ミント・ペパーの項目も参照。

ミント・ペパー
PEPPERMINT

学名	*Mentha piperita*
注意事項	G
ほかの呼び名	Brandy Mint, Lammint, セイヨウハッカ
ジェンダー	男性
支配惑星	水星
支配元素	火
神	ローマ神話の冥府の神プルートー
パワー	浄化、睡眠、愛情、治癒・治療（ヒーリング）、超能力（サイキックパワー）

魔法の使い方

ペパーミントはむかしから、治療薬や治癒・治療（ヒーリング）のミックスハーブに使われています。

また、ペパーミントを使った浄化の魔法も、その歴史は長く、摘みたての葉を頭にこすりつけると、頭痛が和らぐといわれています。ペパーミントを手首にまとうと、病気にならないそうです。ペパーミントがあると、その場のバイブレーションが強まります。フレッシュなペパーミントを祭壇（オールター）の上に置くと、良い霊が現れてあなたの魔法を助けてくれます。

ペパーミントの香りをかぐと眠くなり、枕の下に置いておくと、夢のなかで未来がチラリと垣間見えることもあります。

家具や壁、床板にこすりつけると、その場所がきれいになり、悪霊やネガティブなものを一掃することができます。古代ローマの博物学者プリニウスによると、ペパーミントは恋愛に刺激を与えてくれるので、その目的で作ったミック

スハーブに加えてもよいそうです。

　旅の魔法にもペパーミントが使われています。

　鮮やかな緑色の葉とさわやかな香りを持っていることから、ペパーミントは金運アップや商売繁盛・繁栄の魔法に使われるようになりました。そのなかでも最も簡単なのは、財布のなかにペパーミントの葉を数枚入れておく、またはいつもお金をしまっておく場所をペパーミントの葉でこすることです。

　ペパーミントやペニーロイヤルミントといった一般的なミントは、どれも互いに関係が深いことから、ひとつまみあれば、ほかのミントの代用になります。自然に生えているミントは、これらの一般的なミント（ペパーミント、スペアミントなど）の代わりに屋外でかける魔法に使うことができます。野生のミントを名が知られているミントと比べてみても、ほとんど変わりません。

ムスクルート
SUMBUL

学名	*Ferula moschata*
ほかの呼び名	Euryangium Musk Root, Jatamansi, Ofnokgi, Ouchi、ジャコウ根
パワー	愛情、超能力（サイキックパワー）、健康、幸運

魔法の使い方

　愛情を引き寄せるには、持ち歩く、インセンスとして燃やす、煎じ液をお風呂に加える、などの使い方があります。この3つのやり方をすべて実践すれば、良い結果が出ること間違いなしです。

　ムスクルートを燃やすと、超能力（サイキックパワー）が高まります。首からぶら下げていると、幸運がもたらされ、病気にもなりません。

メース
MACE

学名	*Myristica fragrans*
注意事項	D+ X
ジェンダー	男性
支配惑星	水星
支配元素	風
パワー	超能力(サイキックパワー)、精神力

魔法の使い方
　ナツメグの表面を覆っている仮種皮のことをメースといい、これを燃やすと超能力(サイキックパワー)が高まり、持ち歩くと知力が増します。

メープル 🖤🌰
MAPLE

学名	*Acer* spp.
注意事項	G
ほかの呼び名	カエデ
ジェンダー	男性
支配惑星	木星
支配元素	風
パワー	愛情、長寿、金運

魔法の使い方
　メープルの葉は恋愛の魔法や金運をアップさせる儀式に使われ、メープルの枝はむかしから魔法の杖を作るのに使われています。メープルの木の枝をくぐり抜けた子は、長寿を授かるといいます。

メールファーン
MALE FERN

学名	Dryopteris filix-mas
注意事項	有毒
ほかの呼び名	Paproc, Basket Fern, Aspidium, Marginal Shield Fern, Male Shield Fern, Marginal Fern, セイヨウオシダ
ジェンダー	男性
支配惑星	水星
支配元素	風
パワー	幸運、愛情

魔法の使い方

メールファーンは、幸運を引き寄せるパワフルなお守りとして持ち歩くとよいでしょう。ついでに女性も引き寄せてくれます。

メスキート
MESQUITE

学名	Prosopis juliflora
注意事項	G
ほかの呼び名	Mizquitl（アステカ語）
ジェンダー	女性
支配惑星	月
支配元素	水
パワー	治癒・治療（ヒーリング）

魔法の使い方

治癒・治療のインセンスやミックスハーブに加えます。魔法の炎をあおるときにも使います。

メドウスイート ♡🐟
MEADOW SWEET

学名	*Filipendula ulmaria*（メドウスイート）、*F. vulgaris*（ドロップワート）
注意事項	G
ほかの呼び名	Bride of the Meadow, Bridewort, Dollor, Gravel Root, Lady of the Meadow, Little Queen, Meadowwort, Meadowsweet, Queen of the Meadow, Steeplebush, Trumpet Weed、セイヨウナツユキソウ
ジェンダー	男性
支配惑星	木星
支配元素	風
パワー	愛情、占い、平和、幸福

魔法の使い方

　摘んだばかりのメドウスイートは、祭壇（オールター）の上に置いて愛の魔法に使います。乾燥させたメドウスイートは、さまざまな愛のミックスハーブに使います。家の周囲に散らしておくと、平和が保たれます。メドウスイートの香りは気分を引き立ててくれます。

　夏至の日にメドウスイートを摘むと、泥棒についての情報が入ってきます。もし何かを盗まれていたら、メドウスイートを水に浮かべてみましょう。もし沈んだら泥棒は男性、もし浮かんだままなら泥棒は女性だそうです。

メドールー ♡
MEADOW RUE

学名	*Thalictrum* spp.（カラマツソウ属）
注意事項	G
ほかの呼び名	Flute Plant、カラマツソウ
パワー	愛情、占い

魔法の使い方

アメリカ先住民は、メドールーを万能の守護のお守りとして首に巻きつけていました。愛情を引き寄せるためにも持ち歩いていました。

モーニンググローリー
MORNING GLORY

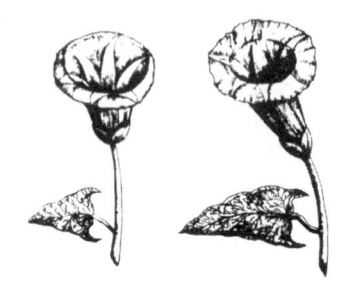

学名	Ipomoea nil
注意事項	有毒
ほかの呼び名	Bindweed、アサガオ
ジェンダー	男性
支配惑星	土星
支配元素	水
パワー	幸福、平和

魔法の使い方

モーニンググローリーの種子を枕の下に置いておくと、どんな恐ろしい夢も見なくなります。庭で育てた青いモーニンググローリーは、平和と幸福を運んできてくれます。根はハイジョンザコンカラー（208ページ）の根の代用として使われることがあります。

モス
MOSS

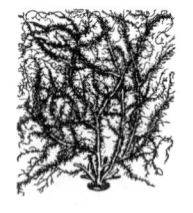

ほかの呼び名	コケ
パワー	幸運、金運

魔法の使い方

墓石に生えているモス（どんな種類でもよいでしょう）をポケットに入れて持ち歩くと、幸運、とりわけ経済的な幸運が約束されます。モスは、さまざまな用途のポペットに詰めるのに使われています。

モルッカ 🛡
MOLUKKA

学名	*Caesalpinia bonduc*
ほかの呼び名	Fairy's Eggs, Virgin Mary's Nut, Gray Nicker
パワー	守護

魔法の使い方

　モルッカの白い種実を首からぶら下げるのは、魔法や呪いをかけていること、またそれらを解いていることを表します。もしその白い種実が黒く変色したら、邪悪な魔法にかけられずに済んだという意味です。

ヤロウ ♥✝
YARROW

学名	*Achillea millefolium*
注意事項	P Sk
ほかの呼び名	AchiUea, Arrowroot（一般に arrowroot と呼ばれているものはヤロウとは違う）, Bad Man's Plaything, Carpenter's Weed, Death Flower, Devil's Nettle, Eerie, Field Hops, Gearwe, Hundred Leaved Grass, Knight's Mil foil、Knyghten, Lady's Mantle, Mil foil, Militaris, Military Herb, Millefolium, Noble Yarrow, Nosebleed, Old Man's Mustard, Old Man's Pepper, Sanguinary, Seven Year's Love, Snake's Grass, Soldier's Woundwort, Stanch Griss, Stanch Weed、Tansy, Thousand Seal, Wound Wort, Yarroway, Yerw
ジェンダー	女性
支配惑星	金星
支配元素	水
パワー	勇気、愛情、超能力（サイキックパワー）、悪魔祓い

魔法の使い方

身に着けると身を守ってもらえ、手で握るとあらゆる不安が消え、勇気をもらえます。

ヤロウを束にしたものを乾燥させ、それをベッドの上に吊るしておくと、または結婚式の飾りつけに使ったものは、2人の愛を長続きさせてくれます。最低7年間は、という但し書きつきですが……。

愛の魔法にも使われています。

持ち歩くと、ヤロウは恋愛を運んできてくれるだけでなく、友人や連絡を取りたいと思っていた遠方の親族をも引き寄せてくれます。また、あなたが一番会いたがっている人の注意を引いてくれます。

花を煮出して作ったティーを飲むと、超能力（サイキックパワー）が冴えてきます。

ヤロウの煮出し液で手を洗うと、頭がはげません。ただし、すでに薄くなっているという場合は、もう手遅れかも。

人や場所、モノから悪霊やネガティブなものを除去するときにも、ヤロウが使われています。

ユー
YEW

学名	*Taxus spp.*（イチイ属） 主として *T.baccata*（ヨーロッパイチイ）
注意事項	有毒
ほかの呼び名	ヨーロッパイチイ
ジェンダー	女性
支配惑星	土星
支配元素	水
パワー	降霊術

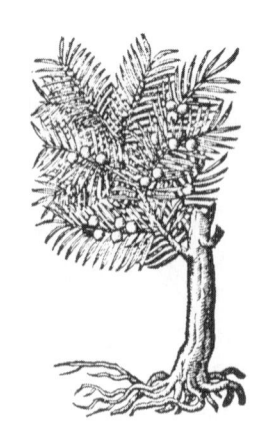

魔法の使い方

ユーは有毒植物で、死者の魂を呼び起こす魔術に使われることがあります。むかしから神話的な話はあるものの、毒性が強いことから、魔法でもユーが使

われることはほとんどありません。

ユーカリ
EUCALYPTUS

学名	*Eucalyptus* spp.（ユーカリ属） 主として*E. globulus*（ユーカリ・グロブルス）
注意事項	Li Bd 小児の顔には使わないこと。
ほかの呼び名	Blue Gum Tree, Stringy Bark Tree
ジェンダー	女性
支配惑星	月
支配元素	水
パワー	治癒・治療（ヒーリング）、守護

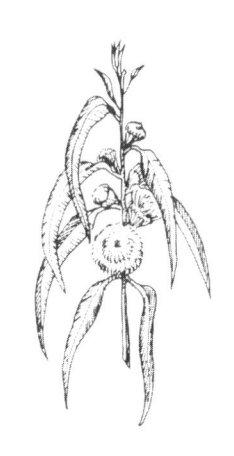

魔法の使い方

　ユーカリの葉は、治癒・治療（ヒーリング）のポペットに詰めたり、健康を維持するために持ち歩いたりするとよいでしょう。風邪の症状を和らげるには、緑色のろうそくのまわりをユーカリの葉と果皮で飾り、ろうそくに火を灯して最後まで燃やします。その間に、いたって健康な人（自分自身でもよい）を心に思い描きます。ユーカリの小枝を、体調を崩して寝ている人のベッドの上に吊るしておくのもよいでしょう。

　熟していない（緑色の）果皮を緑色の糸でつなぎ、それを身に着けていると咽喉炎の治りが早くなります。枕の下に果皮を置いておくと風邪をひきません。葉は守護用に持ち歩いてもよいでしょう。

ユーフォルビア
EUPHORBIA

学名	*Euphorbia* spp.（トウダイグサ属）、主として *E. parviflora*、*E. hirta*
注意事項	有毒 V
ほかの呼び名	Crown of Thorns, Spurge, Wolf's Milk, Pill-Bearing Spurge, Catshair, Mziwaziwa
ジェンダー	女性
支配惑星	土星
支配元素	水
パワー	浄化、守護

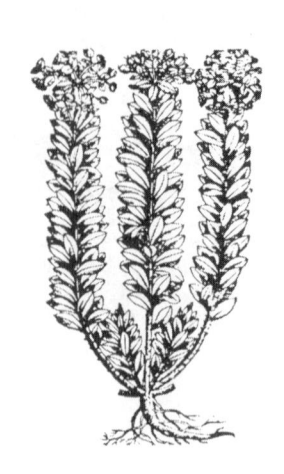

魔法の使い方

ヨルダンの首都アンマンには、分娩後にユーフォルビアの枝を持ってきて家のなかを清める習慣があります。身の安全を守ってくれる植物としては最高で、屋内でも屋外でもよく育ちます。

乳白色の樹液は、香油（マジカルオイル）や軟膏に使われることもありますが、毒性が強いので注意して使うこと。

ユッカ
YUCCA

学名	*Yucca* spp.（ユッカ属）、主として *Y. aloifolia*、*Y. brevifolia*、*Y. glauca*、*Y. whipplei*
注意事項	根：G
ジェンダー	男性
支配惑星	火星
支配元素	火
パワー	変身、守護、浄化

魔法の使い方

アメリカ先住民の魔法によれば、ユッカの繊維組織をよじって輪状にしたら、ジャンプしてその輪をくぐり抜けると、その人は動物に変身することができるそうです。

もう1つ、ユッカの繊維組織で作った小さなリースを頭上に置くと、その人は好きな姿形になれるという魔法もあります。

ユッカの繊維組織をよじって十字架を作り、それを暖炉の上に置くと、その家は悪霊から守られます。

ヨヒンベ ♡♡
YOHIMBE

学名	*Pausinystalia johimbe*
注意事項	有毒 K Li Lt D+ DI* モノアミン酸化酵素阻害薬（訳注　抗パーキンソン薬の分類の1つで、モノアミン酸化酵素［MAO］の働きを阻害することによって、脳内のドーパミンなどの物質を増やす作用をする薬剤の総称。MAO阻害剤［MAOI］呼ばれる）の薬効を高める場合がある。
パワー	愛情、欲望

魔法の使い方

ヨヒンベの煮出し液を精力剤として飲む、パウダー状にしたヨヒンベを愛のミックスハーブに加える、などの使い方があります。

使うときは少しだけにすること。

ラークスパー
LARKSPUR

学名	*Consolida* spp.（チドリソウ属），主として *C. ajacis*, *C. regalis*（フォーキングラークスパー、ルリヒエンソウ）
注意事項	X
ほかの呼び名	Delphinium, Knight's Spur, Lark's Heal, Staggerweed
ジェンダー	女性
支配惑星	金星
支配元素	水
パワー	健康、守護

魔法の使い方

ラークスパーの近くには幽霊が寄りつきません。夏至祭のときにたく焚き火に一束のラークスパーが透けて見えたら、あなたの目は、来年まで、つまり来年の夏至までは守られるでしょう。

ラークスパーの花には、サソリをはじめ、毒を持つ生き物を脅かして追い払う効果があります。

ラーチ
LARCH

学名	*Larix decidua*
注意事項	大量のラーチ：X
ほかの呼び名	オウシュウカラマツ
ジェンダー	男性
パワー	守護、火災予防

魔法の使い方

むかしからの魔法の言い伝えでは、ラーチは火を通さないことから、大火災や大災害を未然に防ぐためのサシェに使われています。

また、ラーチを持ち歩いたり身に着けたりすると、魔法や呪いをかけられるのを防ぐことができ、邪眼からも守られます。

ライス 🛡️💰
RICE

学名	*Oryza sativa*
注意事項	G（生のまま食べないこと）
ほかの呼び名	Bras, Dhan, Nirvara, Paddy, イネ（植物）、コメ（種子）
ジェンダー	男性
支配惑星	太陽
支配元素	風
パワー	守護、雨乞い、金運、多産・豊穣

魔法の使い方

　ライスを屋根の上に置いておくと、あらゆる災難から守ってくれます。バラモン（カーストの最高位）は、お守りとして米を持ち歩いて悪霊から身を守りました。また、家の玄関のそばにライスを入れた小瓶を置いておいても同じ効果が得られます。

　ライスを宙に投げると雨が降ります。金運アップの魔法に米を加えてもよいでしょう。また子だくさんを願って、結婚式後の新郎新婦の後ろに米を投げる習慣があります。

ライフエバーラスティング 🍷💧
LIFE-EVERLASTING

学名	*Anaphalis* spp.（ヤマハハコ属）、ほかに *Gnaphalium uliginosum* (marsh cudweed、ヒメチチコグサ)、*Antennaria dioica* (mountain everlasting、エゾノチチコグサ)
ほかの呼び名	Chafe Weed, Everlasting, Field Balsam, Indian Posy, Old Field Balsam, Sweet Scented Life-Everlasting, White Balsam
パワー	長寿、健康、治癒・治療（ヒーリング）

魔法の使い方

長寿の魔法や若返りの魔法に使います。家に置いておくか持ち歩くと、病気予防になり、不健康を防ぐことができます。

毎朝、何かを食べたり飲んだりする前に、ライフエバーラスティングの煎じ液を飲みながら、次の言葉を唱えます。

悪寒や病気、痛みや苦しみ、
ライフエバーラスティングで断食だ。

これで長生きすること間違いなし。病気との縁も薄くなります。

ライム
LIME

学名	*Citrus aurantifolia*
注意事項	皮：G
ほかの呼び名	Loomi, Dayap, Calmouc
ジェンダー	男性
支配惑星	太陽
支配元素	火
パワー	治癒・治療（ヒーリング）、愛情、守護

魔法の使い方

もぎたてのライムを手に取って、それに鉄くぎ、犬くぎ、ピン、針を突き刺します。地面に深い穴を掘って、それをそのなかに投げ入れます。そうすると、あらゆる病気や魔術、その他厄介なものを一掃することができます。

ライムのネックレスを身に着けると、のどの渇きが癒されます。ライムの皮は愛のミックスハーブやインセンスに使われています。歯痛を治すには、ライムの木の幹にくぎを打ち込むとよいでしょう（ただ、その前に、まずはライムの木にお礼を言い、お願いすること）。

ライムの木の小枝は、持ち歩くと邪眼から身を守ってくれます。

ライムギ ♥💍
RYE

学名	*Secale* spp.　主として *S. cereale*
注意事項	G
ジェンダー	女性
支配惑星	金星
支配元素	土
パワー	愛情、忠誠

魔法の使い方

ヨーロッパのジプシー（ロム）たちはライムギを使って恋占いをしていました。ライムギ入りのパンを愛する人に食べさせると2人の恋が実るそうです。

ライラック ✝🛡
LILAC

学名	*Syringa vulgaris*
注意事項	G
ほかの呼び名	Common Lilac, リラ
ジェンダー	女性
支配惑星	金星
支配元素	水
パワー	悪魔祓い、守護

魔法の使い方

ライラックは、それが植わっているところや、まいてあるところから、悪霊を追い払ってくれます。確かニューイングランドでは、もともとライラックを植えて悪霊を自分の土地に近づけないようにしていました。ライラックの花を

摘んで幽霊屋敷に置いておくと、幽霊が立ち退いてくれます。

ラグウィード
RAGWEED

学名	*Ambrosia* spp.（ブタクサ属）
注意事項	X
ほかの呼び名	ブタクサ
パワー	勇気

魔法の使い方

夜にラグウィードの根をかむと、あらゆる不安や恐怖がどこかに飛んでいきます。

ラグワート
RAGWORT

学名	*Senecio* spp.（キオン属）， 主として *S. vulgaris*（ノボロギク）， *Jacobaea vulgaris*（ヤコブボロギク）
注意事項	X
ほかの呼び名	Cankerwort, Dog Standard, Fairies' Horses, Ragweed, St. James' Wort, Staggerwort, Stammerwort, Stinking Nanny, Stinking Willie
ジェンダー	女性
支配惑星	金星
支配元素	水
パワー	守護

魔法の使い方

古代ギリシャ人は、ラグワートを魔力や呪いから身を守る護符として使っていました。また、魔女狩りが行われていた中世の暗黒時代、魔女たちはラグワー

トの茎に乗って空を飛んでいたそうです。

ラズベリー
RASPBERRY

学名	*Rubus idaeus*（レッドラズベリー）, *R. strigosus*（アメリカンレッドラズベリー）
注意事項	G
ほかの呼び名	European Raspberry, Red Raspberry, エゾイチゴ、セイヨウキイチゴ
ジェンダー	女性
支配惑星	金星
支配元素	水
パワー	守護、愛情

魔法の使い方

ラズベリーの木は、守護用としてドアや窓の上から吊るしておく習慣があります。人が亡くなったときにも同じことが行われています。一度出ていった魂が二度とその家に戻ってこないようにするためです。

ラズベリーは愛情を引き出す食べ物として食卓に出されます。また、陣痛や分娩時の痛みを和げるため、妊婦はラズベリーの葉を持ち歩きます。

ラッキーハンド
LUCKY HAND

学名	*Orchis* spp.（オルキス属）
ほかの呼び名	Hand of Power, Hand Root, Helping Hand, Salap
ジェンダー	女性
支配惑星	金星
支配元素	水
パワー	雇用、幸運、守護、金運、旅

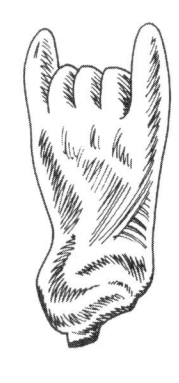

魔法の使い方

　このラン植物の根は、有名な「ニューオーリンズの根」と呼ばれる魅惑的な植物の1つです。むかしからサシェに入れたり、幸運や成功を願って、護符やハーブなどを入れてお守り袋などにする魔法の袋「コンジュアーバッグ」に入れたりして使われており、それを持ち歩いていると、仕事が見つかったり、仕事が長続きしたりするといいます。また、どんな病気にもかからないよう身を守ってくれるそうです。広口瓶にラッキーハンドをバラ油と一緒に入れておくとよいでしょう。

　ラッキーハンドをいくつかオイルに入れてそのまま浸しておき、何かが欲しいときにそのなかから根を1つ取り出して身に着けます。

　もし愛情が欲しいなら、それを心臓に近いところで身に着けます。旅がしたいなら、靴のそばに着けます。お金が欲しいなら、根を財布のなかに入れて持ち歩く、というふうに使いましょう。

ラディッシュ
RADISH

学名	*Raphanus sativus*
注意事項	根：G、葉：調理した場合にはG
ほかの呼び名	Rapuns, ハツカダイコン
ジェンダー	男性
支配惑星	火星
支配元素	火
パワー	守護、欲望

魔法の使い方

　ラディッシュは携帯すると邪眼から身を守ってくれます。食べると性欲がアップします。ドイツではむかし、魔法使いの居場所を探り当てるのに、野ダイコンの1種を携帯する習慣がありました。

ラビッジ ♥
LOVAGE

学名	*Levisticum officinale*
注意事項	ＰＫ
ほかの呼び名	Chinese Lovage, Cornish Lovage, Italian Lovage, Italian Parsley, Lavose, Love Herbs, Love Rod, Love Root, Loving Herbs, Lubestico, Sea Parsley
ジェンダー	男性
支配惑星	太陽
支配元素	火
パワー	愛情

魔法の使い方

　ラビッジをサシェに入れて、お風呂の湯に浮かべると、あなたは今以上に異性を愛する気持ちが刺激され、異性を惹きつけることができるようになります。こうして入浴するのは、まだ見ぬ相手との出会いを求めて外出する直前がよいでしょう。

ラブシード ♥
LOVE SEED

学名	*Lomatium foeniculaceum*
ジェンダー	女性
支配惑星	金星
支配元素	水
パワー	愛情、友情

魔法の使い方

　アメリカ先住民の１つであるポーニー族は、ラブシードを魔法に使っていました。種子を持ち歩くと、新しい恋が芽生えたり、友情が生まれたりします。

ラベンダー ♥🛡
LAVENDER

学名	*Lavandula* spp.（ラベンダー属）
注意事項	花：G
ほかの呼び名	Elf Leaf, Nard, Nardus, Spike
ジェンダー	男性
支配惑星	水星
支配元素	風
パワー	愛情、守護、睡眠、純潔・貞節、長寿、浄化、幸福、平和

魔法の使い方

　ラベンダーは、むかしから愛の魔法やサシェに使われています。衣服を良い香りの花と一緒に置いておくと（または、引き出しに衣服と一緒にラベンダーを置いておくと）、恋愛を引き寄せることができます。ラブレターを書くには、ラベンダーをこすりつけた紙がベスト。ラベンダーの香りはとくに男性を魅了することから、数百年前の売春婦は、自分たちの職業をアピールするために、また客寄せのためにも、ラベンダー水や精油(エッセンシャルオイル)を香水のように使っていました（魔法を使って客寄せをしていたのです）。さらに、ラベンダーを身に着けていると、連れ合いの暴力や虐待からも守られます。

　ラベンダーの花を燃やす、またはいぶすと、睡魔が訪れます。また、家のまわりにまいておくと、円満な家庭を維持することができます。とてもパワフルな植物なので、もし気持ちが落ち込んだときにラベンダーをじっと眺めていると、悲しみがすっかり吹き飛んでしまい、ウキウキした気分になってきます。

　ラベンダーは間違いなく長寿に導く香りを持っているので、長生きできるかどうかが心配なら、何度でもいいからできるだけ頻繁にラベンダーの香りをかぐことです。

　ラベンダーは治癒・治療(ヒーリング)のミックスハーブにも使われています。持ち歩くと幽霊を見ることができ、身に着けると邪眼から守られます。清めのお風呂に入れてもよいでしょう。

　ラベンダーは恋愛を連想させるにもかかわらず、ルネサンス時代には、ラベ

ンダーとローズマリーを一緒に身に着けると、女性の貞節が守られると信じられていました。

　願い事をかなえるには、枕の下にラベンダーを置き、その間に自分の願い事を頭のなかで考えます。これは就寝する直前に行うこと。翌朝、もし自分の願い事に関係する何かが夢のなかに出てきていたら、願いはかなうでしょう。ただ、夢を見なかった、または願い事とは何の関係もない夢を見たという場合、その願いはかないません。

　ラバンダン（フランス語）はラベンダーの亜種で、強い芳香があるとして育てられていました。サシェや枕のなかに入れるには最高です。

ラン　♥
ORCHID

学名	*Orchis* spp.（オルキス属）
ほかの呼び名	Levant Salap, Sahlab（アラビア語）, Sahleb, Salep, Saloop, Satyrion
ジェンダー	女性
支配惑星	金星
支配元素	水
パワー	愛情

魔法の使い方

　ランはむかしから愛の魔法に使われています。とくに根をサシェに入れて持ち歩くことが多いようです。

　もちろん、ヨーロッパでは今でもランの花が愛のシンボルとして最も一般的です。ランの花をあげると、相手にはっきりとメッセージが伝わります。

　ランのなかには、直感力を高めたりトランス状態を作り出したり、あるいは超能力（サイキックパワー）を高めたりするときに使われるものもあります。

リーキ ♥🛡✝
LEEK

学名	*Allium porrum*
注意事項	G
ほかの呼び名	ポロネギ
ジェンダー	男性
支配惑星	土星
支配元素	火
パワー	愛情、守護、悪魔祓い

魔法の使い方

　2人でリーキを食べると、その2人は互いに恋に落ちます。

　また、持ち歩くと守護のお守りにもなり、かむと悪霊が逃げていきます。

リキッドアンバー 🛡
LIQUIDAMBER

学名	*Liquidambar* spp.（フウ属）、主として *L. orientalis*（オリエンタルスイートガム）、*L. styraciflua*（アメリカンスイートガム、モミジバフウ）
注意事項	G
ほかの呼び名	Styrax (L. orientalis), Sweet Gum (L. styraciflua), Voodoo Witch Burr, Witch Burr, フウ
ジェンダー	男性
支配惑星	太陽
支配元素	火
パワー	守護

魔法の使い方

　悪霊の力から身を守る魔法の儀式を執り行っている最中、種子のさやを祭壇の上に置くか、または手で握っているとよいでしょう。

　リキッドアンバーの樹皮は、エゴノキの樹皮の代用になります。

リコリス ♡♡💍
LICORICE

学名	*Glycyrrhiza glabra*
注意事項	P K Li Hy Di Hk Lt D+（体内からカリウムを奪う場合がある）
ほかの呼び名	Lacris（ウェールズ語）, Licourice, Lycorys, Reglisse（ウェールズ語）, Sweet Root, スペインカンゾウ
ジェンダー	女性
支配惑星	金星
支配元素	水
パワー	欲望、愛情、忠誠

魔法の使い方

　リコリススティック（根のこと。リコリス菓子ではありません）をかんでいると、情熱がみなぎってきます。禁煙するときにもリコリススティックをかむとよいでしょう。愛情や欲望のサシェに使われます。また、異性を惹きつけるために持ち歩いたりします。忠誠心を確かなものにする魔法にも使われています。また、リコリススティックは便利な杖にもなります。

リバーワート ♡
LIVERWORT

学名	アメリカで*Anemone hepatica*（コモンヘパティカ、ミスミソウ、ユキワリソウ）を指す。※イギリスでは*Peltigera canina*（イヌツメゴケ）を指す場合があるが、これは別植物
ほかの呼び名	Edellebere, Heart Leaf, Herb Trinity, Liverleaf, Liverweed, Trefoil, ミスミソウ、ユキワリソウ
ジェンダー	男性
支配惑星	木星
支配元素	火
パワー	愛情

魔法の使い方

リバーワートをサシェに入れていつも持ち歩くと、女性は男性の愛を確かなものにすることができます。

リリー
LILY

学名	*Lilium* spp.（ユリ属）
注意事項	有毒種もある
ほかの呼び名	ユリ
ジェンダー	女性
支配惑星	月
支配元素	水
神	ローマ神話の愛と美の女神ビーナス、ローマ神話のユーピテルの妻・最高女神ユノー、エジプト神話の女神ネフティス、女性の菩薩・観音
パワー	浄化、守護

魔法の使い方

庭に植えたリリーは、幽霊や悪霊を追い払ってくれ、邪眼からも守ってくれます。また、招かれざる客も家に近づかなくなります。

リリーには愛の魔法を解く作用もあります。リリーを身に着けたり持ち歩いたりするのはそのためです。これで特定の人を巻き込んで、かけられた愛の魔法を解くことができるのです。

過去に犯した罪をつぐなうきっかけをつかむには、リリーを敷きつめ、そのなかに古い皮を1枚埋めるとよいでしょう。

季節の初花は、それを見つけた人に力強さをもたらしてくれます。

リリーオブザバレー
LILY OF THE VALLEY

学名	*Convallaria majalis*
注意事項	有毒
ほかの呼び名	Convallaria, Jacob's Ladder, Ladder to Heaven, Lily Constancy, Male Lily, May Lily, Our Lady's Tears、スズラン
ジェンダー	男性
支配惑星	水星
支配元素	風
神	ローマ神話の太陽神アポロ、アポロの息子アエスクラピウス
パワー	精神力、幸福

魔法の使い方

記憶力や知力を高めるのに使います。部屋のなかにリリーオブザバレーの花を置いておくと、その部屋にいる人の心が励まされ、気分が明るくなります。

リンデン
LINDEN

学名	*Tilia europaea*
注意事項	葉、花：G
ほかの呼び名	Lime, Lime Tree, Linnflowers, ティユール、セイヨウシナノキ、セイヨウボダイジュ
ジェンダー	男性
支配惑星	木星
支配元素	風
神	ローマ神話の愛と美の女神ビーナス、インドのクリシュナ神の妻ラーダ
パワー	守護、不死、幸運、愛情、睡眠

儀式での使い方

リトアニアの女性はかつて、宗教的な儀式の一環として、リンデンの木に生

け贄をささげていました。

魔法の使い方

　ヨーロッパではリンデンが守護の木として広く使われています。枝はドアの上に吊るし、木そのものは庭で育てます。これで守護の効果が得られます。

　リンデンの小枝は、持ち歩くと酩酊しないそうですが、葉のほうは愛の魔法に使われています。リンデンは不死の木でもあることから、その葉も不死の魔法に使われています。

　同じ量のリンデンとラベンダーをミックスすると優れた枕ができ、眠れない夜にはすぐに眠りに就くことができます。また、リンデンの木材で幸運を呼ぶお守り(チャーム)を彫って持ち歩くとよいでしょう。

ルー
RUE

学名	*Ruta graveolens*
注意事項	P K B S
ほかの呼び名	Bashoush（コプト語）, Garden Rue, German Rue, Herb of Grace, Herbygrass, Hreow, Mother of the Herbs, Rewe, Ruta, ヘンルーダ
ジェンダー	男性
支配惑星	火星
支配元素	火
神	ローマ神話の月と狩猟の女神ディアナ、チャールズ・ゴッドフリー・リーランド著『アラディア、あるいは魔女の福音』に登場し、ウイッカが崇拝する女神アラディア
パワー	治癒・治療(ヒーリング)、健康、精神力、悪魔祓い、愛情

魔法の使い方

　額の上にルーの葉を置いておくと、頭痛が和らぎます。

　ルーを首のまわりに巻きつけておくと、病気の回復が早まり、将来の健康不

安も取り除かれます。治癒(ヒーリング)・治療のインセンスやポペットに加えてもよいでしょう。摘みたてのルーのにおいをかぐと、恋の悩みがすっきりと解決し、精神的な変化が促されます。

　ルーをお風呂に加えると、自分に対してかけられた可能性のあるあらゆる魔法や呪いが解けます。悪魔祓いのインセンスやミックスハーブに加えてもよいでしょう。

　ドアの上に吊るしておく、またはサシェに入れておくと、守護の効果が得られます。フレッシュな葉を床板にこすりつけると、自分に対してかけられた、病気になる呪いの呪い返しになります。古代ローマの人々は、邪眼から身を守ろうとしてルーを食べていました。

　ルーは、持ち歩くと、毒やオオカミ人間、あらゆる病気から身を守ってくれます。切ったばかりのルーの小枝は、家全体に塩水をまくときのジョウロとして使われています。こうすると、ネガティブなものを一掃することができます。

　もし望むなら、また必要なら、自分のまわりにサークルを描き、ルーの絞り液と朝露とを混ぜた液をそのなかにまいてから、守護の魔法をかけるとよいでしょう。ルーは、盗まれたときが最盛期だともいわれています。確かにルーが庭に植えてあると、その庭は美しく、守られているようです。ただ、どういうわけか、ヒキガエルはルーが大嫌いなようですね。

ルースストライフ
LOOSESTRIFE

学名	主として *Lythrum salicaria*（パープルルースストライフ、エゾミソハギ）
注意事項	D+
ほかの呼び名	Blooming Sally, Lythrum, Partyke, Purple Willow Herb, Rainbow Weed, Sage Willow, Salicaire
ジェンダー	女性
支配惑星	月
支配元素	土
パワー	平和、守護

魔法の使い方

友人との議論に決着をつけるには、ルーズストライフを少しその友人にあげるとよいでしょう。家のまわりにルーズストライフをまくと、穏やかなバイブレーションが広がり、悪い力が寄りつきません。

ルーツ
ROOTS

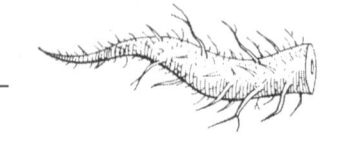

パワー　　　　守護、権力占い
ほかの呼び名　根

魔法の使い方

もし無防備のまま野宿をするはめになったら、首のまわりに何らかの根を巻きつけていると野生動物に襲われずに済みます。

古い迷信によると、教会の庭（または、古くからの神聖な敷地）から引き抜いた根っこを集めている人は、それを身に着けたり持ち歩いたりしているかぎり死なないそうです。

アメリカ南部に伝わる魔法では、魔法を学ぼうとする者は、夜になったら野原に出かけ、そこで雑草を根こそぎ引き抜きます。その根っこにくっついてくる土の量がその人が魔術を学んで得られるパワーや技能の量を示しています。これは将来成功をつかむために、先生になる予定の人がやることもあります。

ルナリア
HONESTY

学名	*Lunaria* spp.（ゴウダソウ属）
ほかの呼び名	Lunary, Money Plant, Silver Dollar, ゴウダソウ、ギンセンソウ
ジェンダー	女性
支配惑星	月
支配元素	土
パワー	金運、怪物退治

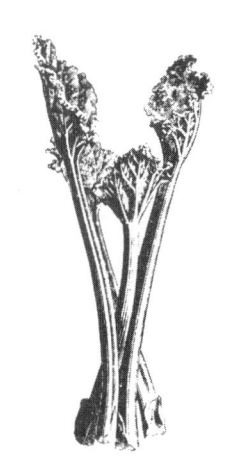

魔法の使い方

持ち歩いたり周囲にまいたりするとどんな怪物でも逃げ出してしまいます。

ルナリアの種子のサヤが銀貨に似ていることから、金運アップの魔法に使われています。緑色のろうそくの下に種子を1粒置いて、ろうそく受けのところまで燃やすか、または財布かポケットのなかに1粒入れておくと、金運がアップします。

ルバーブ
RHUBARB

学名	*Rheum* spp.（ダイオウ属），主として *R. rhabarbatum*（ルバーブ、ショクヨウダイオウ），*R. officinale*（薬用ダイオウ），*R. palmatum*（モミジバダイオウ），*R. tanguticum*（タングートダイオウ）
注意事項	根：P N Ks Lt I Ab、葉：X Ii Ch-12
ほかの呼び名	ダイオウ
ジェンダー	女性
支配惑星	金星
支配元素	土
パワー	守護、忠誠

魔法の使い方

ルバーブの根を1本、ひもに通して首からぶら下げると、腹痛を起こさずに済みます。ルバーブのパイを仲間に食べさせると、その人はずっと自分に忠義を尽くしてくれます。

レタス
LETTUCE

学名	*Lactuca sativa*
注意事項	G
ほかの呼び名	Garden lettuce, Lattouce, Sleep Wort
ジェンダー	女性
支配惑星	月
支配元素	水
パワー	純潔・貞節、守護、恋愛占い、睡眠

魔法の使い方

レタスの絞り液を額にこすりつける、またはレタスの葉を食べると、ぐっすりと眠れます。

庭でレタスを栽培すると守護の効果が得られますが、あまり大きく育ちすぎると、その家庭は貧困にあえぐことになるという説もあります。

肉を食べたいという誘惑に負けないようにするには、レタスを食べること。また、レタスを食べると船酔いしません。

レタスかクレスの種子を、自分の好きな人の名前をつけて植えてみましょう。もしその種子からしっかりと芽が出たら、2人の間に恋が芽生えるかも。

レディーススリッパ
LADY'S SLIPPER

学名	*Cypripedium parviflorum*
ほかの呼び名	Yellow Moccasin Flower, Nerveroot, American Valerian
ジェンダー	女性
支配惑星	土星
支配元素	水
パワー	守護

魔法の使い方
　やり方には関係なく、ありとあらゆる魔術や呪い、魔法、邪眼から守ってくれることから、レディーススリッパは守護のサシェに使われています。

レディースマントル
LADY'S MANTLE

学名	*Alchemilla mollis*
注意事項	G
ほかの呼び名	Bear's Foot, Leontopodium, Lion's Foot, Nine Hooks, Stellaria
ジェンダー	女性
支配惑星	金星
支配元素	水
パワー	愛情

魔法の使い方
　恋愛の魔法やサシェに使われます。

レモン ♥
LEMON

学名	*Citrus limon*
注意事項	G
ほかの呼び名	Ulamula
ジェンダー	女性
支配惑星	月
支配元素	水
パワー	長寿、浄化、愛情、友情

魔法の使い方

　レモン汁を水と混ぜただけのジュースは、中古で手に入れた護符やジュエリー、その他魔法の道具を洗うのに使われています。

　こうしてレモンジュースで洗うと、問題あるオブジェからネガティブなバイブレーションがすべてきれいに洗い流されていきます。また、レモンジュースには浄化のパワーがあるため、満月のときにお風呂に入れてもよいでしょう。

　乾燥させた花と皮は愛情のサシェに、また葉は精力アップのティーに使われます。自分が食べたレモンの実に入っていた種子でレモンを育ててみましょう。確かに長い期間が必要ですが、そうして育てたレモンは、愛する人へのプレゼントとして最適です。夫か妻にレモンパイを振る舞うと、互いの忠誠心が高まり、フレッシュなレモンの輪切りを来客のいすの下に置いておくと、その人との友情は間違いなく長続きします。

　直径が4センチにも満たないグリーンレモン（熟していないもの）を木からもぎ取ってみましょう。次に、飾りつきの留め針を用意します。飾りは黒以外の色ならどんな色でもかまいません。もし黒い色の留め針があったら、それを取り除きます。今度は留め針を1本ずつレモンに突き刺し、留め針でレモンがびっしり埋まり、毛が逆立ったようになるまで刺していきます。1本の毛糸かリボンをレモンに通し、家のなかに吊るしておくと、神の恵みや幸運を授かることができます。友人にあげてもよいでしょう。この「レモンと留め針」の護符（チャーム）は、簡単に作れるだけでなく、極めて高い効果を発揮します。レモンはポペットにもなります。

レモングラス ♡
LEMONGRASS

学名	*Cymbopogon citratus*
注意事項	P
ほかの呼び名	Ulamula
ジェンダー	男性
支配惑星	水星
支配元素	風
パワー	ヘビ除け、欲望、超能力(サイキックパワー)

魔法の使い方

　家の周辺や庭に植えたレモングラスは、ヘビを追い払ってくれます。また、レモングラスは精力剤にも使われているほか、超能力(サイキックパワー)を開発するときにその煎じ液を使うと、うまく身に着けることができます。

レモンバーベナ ♡
LEMON VERBENA

学名	*Aloysia citriodora*
注意事項	G
ほかの呼び名	Cedron, Yerba Louisa
ジェンダー	男性
支配惑星	水星
支配元素	風
パワー	浄化、愛情

魔法の使い方

　フレッシュなレモンバーベナを首からかけておくと、あるいは少量の煎じ液を飲むと、夢を見ずに眠ることができます。

　レモンバーベナを身に着けると、異性を惹きつける魅力が増します。愛の魔法やミックスハーブにも使われています。

　ほかのハーブに加えると、そのハーブのパワーが増します。あたりを浄化す

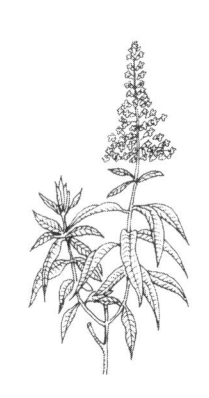

るときに使われることもあります。清めのお風呂に加えてもよいでしょう。

レモンバーム ♡💧
BALM, LEMON

学名	*Melissa officinalis*
注意事項	G
ほかの呼び名	Bee Balm, Lemon Balsam, Melissa, Sweet Balm, Sweet Melissa, Tourengane, Oghoul、コウスイハッカ、セイヨウヤマハッカ
ジェンダー	女性
支配惑星	月
支配元素	水
パワー	愛情、成功、治癒・治療（ヒーリング）

魔法の使い方

　アラビア半島でレモンバームを使った魔法が行われていたことから、レモンバームは恋愛を左右するという情報がもたらされました。レモンバームを数時間ワインに浸しておき、それを漉したら友人と分け合うとよいでしょう。また、レモンバームを持ち歩くと恋人が見つかるといわれています。

　また、治癒・治療（ヒーリング）の魔法にも使われており、古代ローマの博物学者プリニウスによると、レモンバームには絶大なパワーがあるため、刀傷を負ったら、その傷口に貼りつけておくと、すぐに止血できるそうです。今日では刀傷を負う人はめったにいませんが、今でもレモンバームは治癒・治療（ヒーリング）のインセンスやサシェに使われています。

　また、成功祈願の魔法にも使われています。養蜂家は、ミツバチの巣の上でレモンバームをこするとよいでしょう。新たなミツバチを呼び込む効果があり、もともと飼っているミツバチもそこに留まってくれます。

ローズ ♡💧🐟🛡
ROSE

学名	Rosa spp.
注意事項	花弁：G、葉：X
ほかの呼び名	バラ
ジェンダー	女性
支配惑星	金星
支配元素	水
神	古代エジプト神話の愛と幸運の女神ハトホル、インド神話の女神ハルダ、ギリシャ神話の性愛をつかさどる神エロス、ローマ神話の恋の神キューピッド、ギリシャ神話の穀物豊穣の女神デメテル、エジプト神話の女神イシス、フェニキア神話の植物の神アドニス、ギリシャ神話の沈黙の神ハルポクラテス、ローマ神話で地上に夜明けをもたらす女神アウロラ
パワー	愛情、超能力（サイキックパワー）、治癒・治療（ヒーリング）、恋愛占い、幸運、守護

魔法の使い方

　花が感情と結びつけられていることから、ローズはむかしから愛のミックスハーブに使われています。愛の魔法をかけるときにバラの花飾りを身にまとうと（トゲは取り除いておくこと）、または花瓶にバラの花を１輪挿して祭壇（オールター）の上に置いておくと、大きな力を貸してくれます。花びらから抽出して作ったローズウォーターを愛のバスタブに加えたり、ローズヒップ（またはバラの実）に糸を通して愛を引き寄せるビーズのネックレスとして身に着けたりするとよいでしょう。

　寝る前にバラのつぼみ（ローズバッド）のティーを飲むと、予知夢を見ることができます。ロマンチックな未来を想像しながら、女性たちは緑色のローズの葉にそれぞれ愛する男性の名をつけました。最後まで緑色を保った葉が、「いったい将来はだれと……？」という問いの答えになります。

　ローズの花びらと熟した実も治癒・治療（ヒーリング）の魔法やハーブミックスに使われています。また、寺院に敷いてある布にローズウォーターを染み込ませると、頭痛が和らぎます。

ローズは開運のミックスハーブにも加えられ、持ち歩くと、良い個人防護具になります。バラの花びらを家のまわりにまくと、個人的なストレスや家庭内のもめ事がおさまります。

　庭にローズを植えると妖精が集まってきます。また、もし盗まれたら、それはローズが最高の状態に育っている証拠だそうです。

ローズマリー
ROSEMARY

学名	*Rosmarinus officinalis*
注意事項	D＋P
ほかの呼び名	Compass Weed, Dew of the Sea, Elf Leaf, Guardrobe, Incensier, Libanotis（ギリシャ語）, Polar Plant, Sea Dew
ジェンダー	男性
支配惑星	太陽
支配元素	火
パワー	守護、愛情、欲望、精神力、悪魔祓い、浄化、治癒・治療(ヒーリング)、睡眠、若さ

魔法の使い方

　ローズマリーは、燃やすと洗浄や浄化の強いバイブレーションを生み出し、いぶすとネガティブな場所が清められます。とくに魔法をかける前に行うとよいでしょう。ローズマリーは最古のインセンスの1つです。

　枕の下に置いておくとぐっすりと眠れ、悪夢を見ずに済みます。ベッドの下に置いて眠ると、その人をあらゆる危害から守ってくれます。ポーチや側柱の上に吊るしておくと泥棒除けになり、持ち歩くと健康を維持することができます。お風呂に入れると清めになります。

　ローズマリーの花飾りを頭にかぶると、記憶力が良くなります。木質部分のにおいをかぐと、若さを保つことができます。その若さをきちんと保てるようにするには、お風呂のお湯にローズマリーの煮出し液を加えましょう。

　ローズマリーは、むかしから愛情と欲望のインセンスをはじめ、さまざまな

ミックスハーブに使われており、治療用のポペットにローズマリーを詰めると、病気に効くそのバイブレーションを活用することができます。治癒・治療の魔法を実践する前にはローズマリーの煮出し液で手を洗うこと。病室でローズマリーの葉とジュニパーの実を一緒に混ぜてから燃やすと、より治療効果が高まります。

　もし博学になりたい、または疑問に思っていることの答えを知りたいという場合には、ローズマリーを炭で燃やし、その煙のにおいをかぐとよいでしょう。また、ローズマリーを育てると小人たちが魅了され、そのためパウダー状にした葉を麻布にくるみ、それを右腕に結びつけると、気持ちの落ち込みを晴らしてくれ、気分を軽くし、楽しくしてくれます。

　一般に、ローズマリーはフランキンセンス（乳香）の代用として使われます。

ロータス
LOTUS

学名	*Nelumbo nucifera*（ハス）、*Nymphaea spp.*（スイレン属）主として *N. lotus*（タイガーロータス、ヨザキスイレン）
注意事項	Dg
ほかの呼び名	スイレン、ハス
ジェンダー	女性
支配惑星	月
支配元素	水
パワー	守護、カギ開け

儀式での使い方

　ロータスは、東洋ではむかしから生命や精神性、宇宙の中心を表す神秘の象徴として崇められています。

　古代エジプト人は、ロータスを聖なる花と考え、神へのささげ物に使っていました。

魔法の使い方

ロータスの香りを吸い込むと、その人の身の安全が守られるといいます。

ロータスの根を舌の下に入れて、カギがかかったドアに向かって「ひらけ、ゴマ！」と唱えると、不思議なことにドアが開きます。

ロータスの種子とサヤは、愛の魔法にかからないようにする防御手段として使われています。また、ロータスのどの部分でもかまいませんが、身に着けたり携帯したりすると、神のご加護が得られ、幸運が訪れます。

ローワン
ROWAN

学名	主として *Sorbus aucuparia*（セイヨウナナカマド）
注意事項	実：X
ほかの呼び名	Delight of the Eye, Mountain Ash, Quickbane, Ran Tree, Roden-Quicken, Roden-Quicken-Royan, Roynetree, Sorb Apple, Thor's Helper, Whitty, Wicken-Tree, Wiggin, Wiggy, Wiky, Wild Ash, Witchbane, Witchen, Witchwood、セイヨウナナカマド
ジェンダー	男性
支配惑星	太陽
支配元素	火
神	北欧神話の雷神トール
パワー	超能力（サイキックパワー）、治癒・治療（ヒーリング）、権力、成功、守護

魔法の使い方

ローワンの木を持ち歩くと、超能力（サイキックパワー）が増してきます。ローワンの枝は、多くは占い棒や魔法の杖を作るときに使われます。葉と実は占いのインセンスや超能力（サイキックパワー）を高めるインセンスに加えるとよいでしょう。

ローワンの実（または小枝）を持ち歩くと健康回復の助けになり、治癒・治療（ヒーリング）や健康のサシェ、ミックスハーブ、さらにはあらゆる権力や成功、幸運をつかむためのサシェに加えるとよいでしょう。

ヨーロッパでは数百年前も前からローワンが守護に使われています。2本の

小枝を赤い糸で結びつけて十字架を作れば古来の守護のお守りです。イングランド南西のコーンウォール州では、農民たちがローワンをポケットに入れて持ち歩き、スコットランド高地では衣服の裏当てのなかに入れていました。

　ローワンの木で作った杖は、夜間に森や野原を散策する人たちにとっては素晴らしい道具になります。ローワンを持って出航すると、嵐に巻き込まれずに済みます。同じように、家のなかに置いておくと、避雷針の役割を果たしてくれ、墓地に植えておくと、故人の幽霊があたりに出没することがありません。家のそばにローワンの木を植えるとその家と住人の安全が守られ、ストーンサークルの近くに生えているローワンは良薬になります。

ロベリア
LOBELIA

学名	*Lobelia inflata*
注意事項	有毒　P D+
ほかの呼び名	Asthma Weed, Bladderpod, Gagroot, Indian Tobacco, Pukeweed
ジェンダー	女性
支配惑星	土星
支配元素	水
パワー	治癒・治療（ヒーリング）、暴風雨を止める、愛情

魔法の使い方

　近づいてくる暴風雨に向かってパウダー状にしたロベリアを投げつけると、暴風雨を止めることができます。愛情を引き寄せるのにも使われます。

ワームウッド 🛡♡
WORMWOOD

学名	*Artemisia absinthium*
注意事項	有毒ＰＮLt 内服する場合：ティーは１日に２〜３杯にとどめ、乾燥させた茶葉は0.5グラム以上使用しないこと。
ほかの呼び名	Absinthe, Old Woman, Crown for a King, Madderwort, Wormot, ニガヨモギ
ジェンダー	男性
支配惑星	火星
支配元素	火
神	ギリシャ神話の虹の女神イリス、ローマ神話の月と狩猟の女神ディアナ、ギリシャ神話の狩猟と純潔の女神アルテミス
パワー	超能力(サイキックパワー)、守護、愛情、降霊術

魔法の使い方

　ワームウッドは、超能力(サイキックパワー)を養うのをサポートできるように作られたインセンスとして燃やします。その場合、ワームウッドを身に着けてもよいでしょう。ワームウッドを携帯すると、魔術から身を守ることができるだけでなく、ウミヘビにかまれなくなります。

　むかしからの言い伝えによると、ワームウッドはヘムロック（毒ニンジン）や毒キノコ（とくにカラカサ型のキノコ）の毒性を中和してくれるといいますが……、私は命をかけてまでこの有効性を試してみようとは思いません。ワームウッドを車のバックミラーにぶら下げておくと、危ない道で事故を起こさないよう、車を守ってくれます。

　「アブサン」と呼ばれるアルコール飲料の原料として使われていたことがあります。この酒は常習性が高く危険で、多くの国で製造販売が禁止されていましたが、その評判は相変わらず高く、今では解禁されています。ワームウッドは惚れ薬や愛のミックスハーブに使われることもあります。また、愛する人を惹きつけるために、ベッドの下にワームウッドを置いておくという方法があります。

　また、ワームウッドを燃やすと、精霊を呼び出すことができます。やはり精

霊を呼び出すときに、サンダルウッドとミックスする場合もあります。中世以降のヨーロッパに伝わる黒魔術の手引書「グリモワール」によると、墓地で燃やすと、死者の霊がよみがえり、話をするそうです。

ワックスプラント
WAX PLANT

学名	*Hoya carnosa*
ほかの呼び名	Pentagram Flowers, Pentagram Plant, サクララン
ジェンダー	男性
支配惑星	水星
支配元素	風
パワー	守護

魔法の使い方

ワックスプラントは身の安全を守ってくれるものとして、寝室や家のなかで育てられます。星の形をした花は、乾燥させて守護のお守りとして身に着けます。また祭壇(オールター)の上に置いておくと、魔法にさらにパワーが加わります。

ワフー
WAHOO

学名	*Euonymus atropurpureus*
注意事項	有毒
ほかの呼び名	Burning Bush, Indian Arrow Wood, Spindle Tree
パワー	魔法解除、勇気、成功

魔法の使い方

樹皮で煮出し液を作ったら、それを冷まし、「ワフー!」と7回連呼しながら、魔法をかけられている人(または自分)の額にすり込みます(煮出し液で十字

を切るべきだという意見もあります)。これでその人にかけられたどんな魔法も解くことができます。

　ワフーを携帯すると、どんな請負仕事にも成功し、勇気も沸いてきます。

CUNNINGHAM'S ENCYCLOPEDIA of
MAGICAL HERBS

付　録

・ハーブの色と魔法の関係

・用語集

・参考文献一覧（注釈つき）

・ほかの呼び名 ⇔ 一般名対応表（五十音順）

ハーブの色と魔法の関係

白：守護、平和、浄化、貞節、幸福、陰口をやめさせる、霊性
緑：治癒・治療(ヒーリング)、金運、繁栄、幸運、多産・豊穣、美しさ、雇用、若さ
茶：治癒・治療(ヒーリング)、動物、家庭
ピンク：感情的な愛、忠誠、友情
赤：欲望、体力、勇気、権力、性的能力
黄：占い、超能力(サイキックパワー)、精神力、英知、直感力
紫：権力、悪魔祓い、治癒・治療(ヒーリング)
青：治癒・治療(ヒーリング)、睡眠、平和
オレンジ：法的問題、成功

用語集

アストラル投射　Astral Projection
肉体から意識（または霊魂）を分離することで、時間や空間、重力に妨げられることなく、意識が自由に動きまわること。

ウイッカ　Wicca
神や女神を象徴とする宇宙の生命力を崇拝する、先史時代に精神的なルーツを持つ現代宗教。「魔法（Witchcraft）」のことだと誤認されることもある。

占い　Divination
タロットカードや水晶玉など、五感以外の手段を使って、物事を見出す術のこと。

エンチャントメント　Enchantment
ハーブに「歌をうたって聞かせ」、ハーブを魅了すること、または魔法をかけること。魔法的な言い方をすると、ハーブを使う前に、そのハーブを自分の魔法の必要性に合致させるための手続きのこと。

お守り（アミュレット）　Amulet
ネガティブなものや、ほかのさまざまなバイブレーション（振動）から身を守るために、身に着けるもの、持ち歩く（携帯する）もの、あるいはその場に置くもの。守護してくれるもの。

お守り（タリスマン）　Talisman
身に着けたり持ち歩いたりして、愛情、幸運、金運、健康など、特定の作用を引き寄せるもの。一般的なお守りや護符（Amulet、Charm）とは異なる。

夏至　Midsummer
通常は6月21日付近で、ウイッカの祝祭日の1つ。魔法を実践するには最高の日。

サムハイン祭　Samhain
冬の到来を告げる古代の祝祭日。10月31日。「ハロウィーン」「諸聖人の日の前夜」としても知られている。ウイッカの信者もこの宗教的儀式に参加している。

邪眼　Evil Eye, The
大きな被害や恐怖、不安を引き起こすとされている眼差し。かつてはほぼ世界中で恐れられていた。

呪文、魔法　Spell
魔法の儀式。

水晶占いをする（スクライング）　Scrying
溜めたインク、炎、水晶玉などをのぞき込み、超能力（サイキックパワー）を目覚めさせる、または呼び起こすこと。

煎じ液　Infusion
ハーブの煎じ液。ハーブティー。

香炉（インセンスバーナー）　Censer
インセンスを燃やすときに使う金属製か陶製の皿。

透視力　Clairvoyance
「はっきりと見えること」。「通常の」五感以外の感覚で、道具などを一切使わずに、事実や出来事、その他の情報を知覚する能力のこと。

毒　Bane
生命を破壊するもの。「ヘンベイン（ヒヨス）、英語表記はHenbane」というハーブ名は、メンドリ（Hen）には有毒だという意味。

呪い　Curse
ネガティブで破壊的なエネルギーを集中させ、故意に、ある人物や場所、またはモノに向けてそのエネルギーを送ること。

花飾り　Chaplet
花冠、または花や葉で作ったリースで、頭上にかぶるもの。名誉のしるしとして、古代ギリシャで英雄たちに与えられた花綱。

追放　Banishment
悪霊、ネガティブなものや悪霊を追い払うこと。

パワーハンド　Power Hand, The
文字を書くほうの手。利き手。こちらの手に魔法の力があるとされている。

ベルテーン祝祭　Beltane
魔女たちが色とりどりの花が開花する春の到来を祝う古代の祭りで、4月30日か5月1日。

五芒星（ペンタグラム）　Pentagram
星型五角形で、何世紀にもわたって魔法に使われている。非常に象徴的なことから、守護のお守りでもある。

振り子（ペンデュラム）　Pendulum
占いに使う道具で、重りになるものを糸かひもで吊るしたもの。糸かひもの先を親指と人差し指でつまんで持ったら、問いかけてみる。振り子（ペンデュラム）の揺れ方によって答えを探す。

ポペット　Poppet
さまざまな素材で作った小さな人形で、対象の人物の人生に影響を及ぼすもの。ハーブを使った魔法では、根に彫刻を施したものか、布地で人型（イメージ）を作って、そのなかにハーブを詰めたものを使う。ポペットを使った魔法は、「イメージマジック」として知られている。

魔術　Hex
悪い魔法、呪い。

魔術　Witchcraft
薬草、石、ろうそくなどを使った魔術、すなわち自然魔術を実践すること。魔術を操ること。ウイッカ信仰に言及するときに、この「魔術"Witchcraft"」という言葉が使われることもある。

魔術師　Magus
魔法使い、占星術師。

魔女の瓶　Witch Bottle
ある人や場所を悪霊や呪いから守るために、ハーブ、ピン、ガラスの破片などを入れた瓶または広口瓶のこと。普通は土のなかに埋めたり、窓際に置いておいたりする。

魔法　Magic
科学ではまだ定義されていない、または認められていないパワーを使って、必要な変化を引き起こすこと。

魔法陣　Magic Circle
儀式上作られた架空のサークル（または空間）で、魔法使いが魔法の儀式を執り行っている間、その魔法使いの身の安全を守ってくれるもの。

魔法使い　Magician
魔法を実践する者。男性でも女性でもよい。

魅惑　Fascianaion
音声、凝視、色彩などを使って、他人を自分の影響下に置く術。

夢魔　Incubus
中世ヨーロッパの言い伝えで、眠っている女性を性的に襲う男の悪魔（インキュバス）。女の悪魔をサキュバス（Saccubus）という。

ルーナサ　Lughnasadh
ヨーロッパで8月1日または2日に行われる、光の神ルーを崇める秋の収穫祭。ケルトの四大祭の1つで、大地の豊かな恵み（収穫物）を崇敬する。ウイッカ信者は今でもこの祭りに参加している。

ワート、植物、草　Wort
「ハーブ（草）」を意味する古語。「マグワート」という呼び名にはこの名残がある。

参考文献一覧（注釈つき）

　魔法に関する文献は数多くありますが、純粋にハーブが持つ不思議なパワーに焦点を当てたものは限られています。これまでこのテーマに特化した作品は皆無だったと言ってよいでしょう。したがって、この参考文献一覧の大半は、神話、民間伝承、人類学、民族植物学、魔法や魔術といった分野の文献で構成しました。
　本書で紹介したハーブはすべて古書を参考にしています。これは一貫していますが、この一覧に載せたものは私が実際に調べた書物のごく一部にすぎず、一覧と言うにはほど遠いものです。もっと深く学びたい人のための手引きです。
　テーマが極めて奥深く、多岐にわたっていることから、この参考文献の一覧には役に立ちそうな注釈をつけました。引用した書籍の版はかならずしも最新版ではなく、単にその版の書籍を調べたというだけのことです。その後版を重ねるうちに書名が変わっている場合には新しいほうの書名を使用しました（訳注　邦訳があるものについては、それを併記した）。

Agrippa, Henry Cornelius
The Philosophy of Natural Magic（Antwerp, 1531. Secaucus,(NJ): University Books, 1974.）
　この忘れ去られた作品は、惑星、星、色、薬草、石の魔法を含め、自然魔法の優れた入門書である。神の仕業を完全に網羅しているほか、四大元素についても触れている。

Aima
Ritual Book of Herbal Spells（Los Angeles: Foibles, 1976.）
　ハーブを使ったまじないについて書かれた作品。現代ブードゥー教徒のハーブを使った魔法が内容の大半を占めている。

Apuleius, Platonicus (or pseudo-Apuleius)
Herbarium（Circa 400 C.E.）
　黎明期の草本誌の1つ。物事を探求しようとする気持ちが表れており、とても興味深い。

Bailey, Liberty Hyde
Hortus Third: A Concise Dictionary of Plants Cultivated in the United States And Canada（New York：Macmillan Publishing Co., 1976.）
学名、命名法が記されている貴重な作品。

Baker, Margaret
Folklore and Customs of Rural England［Totowa, (NJ):Rowman & Littlefield, 1974.］
イギリスの田舎に伝わる民間伝承や魔法に関する情報がぎっしり詰まっている作品だが、堅苦しくなく読みやすい。

Baker, Margaret
Gardener's Magic And Folklore（New York: Universe Books, 1978.）
庭園や果樹園、そこに生息する植物に関する儀式や魔法の楽しいガイドブック。

Banis, Victor.
Charms, Spells and Curses for the Millions（Los Angeles: Sherbourne Press, 1970.）
出典は怪しげだが、そこから収集した魔法に関する情報を満載した、ややラフなコレクション。「一般向け」というあまり評判の良くないシリーズの1冊だが、ハーブに関する素晴らしい民間伝承が盛り込まれている。

Barret, Francis
The Magus, or Celestial Intelligencer［London: 1801. New Hyde Park, (NY): University Books, 1967.］
この古典的作品は、主に古い魔法の写本で構成されており、ハーブに関する情報が、とりわけ惑星との関連で記載されている。大半は、アグリッパの著作から抜粋したもの。

Beckwith, Marth
Hawaiian Mythology（Honolulu: University Press of Hawaii, 1979.）
ハワイ先住民が魔法や儀式で植物をどのように使っているかが記されている。

Benedict, Ruth
Patterns of Culture（New York: Mentor Books, 1960.）
『文化の諸様式』（ルース・ベネディクト著、中央公論社、1951年）
著者のルース・ベネディクトは、この人類学の古典的作品に、ニューメキシコ州のプエブロインディアンと呼ばれるアメリカ先住民族がチョウセンアサガオを魔法でどのように使っているか、また太平洋に浮かぶ島、ドブ島の人々のハーブを使った儀式をそれぞれいくつか

記録として残している。

Best, Michael and Frank H. Brightman（編）
The Book of Secrets of Albertus Magnus of the Vertues of Herbs, Stones, and Certain Beasts, Also A Book of The Marvels Of The World（Oxford: Oxford University, 1973.）

　有名な偽アルベルタス・マグヌスが著したとされる作品を学術面から活発に議論し、包括的に紹介したもの。植物やその植物が持っているとされる不思議なパワーに関する極めて興味深い記述も含まれている。

Beyerl, Paul
The Holy Books of the Devas: An Herbal for the Aquarian Age（Minneapolis: The Rowan Tree, 1980.）

　実用的な情報だけでなく、秘伝も記載されている詩的なハーブの本。

Blackwell, W. H.
Poisonous and Medicinal Plants（Englewood Cliffs, NJ: Prentice Hall, 1990.）

Blunt, Wilfred and Sandra Raphael.
The Illustrated Herbal（New York: Thames and Hudson, 1979.）

　薬草の歴史へと誘う豪華なガイドブックで、好奇心をかき立てられるような抜粋やオールカラーのイラストが満載されている。

Boland, Bridget
Gardener's Magic and Other Old Wives' Lore（New York: Farrar, Straus & Giroux, 1976.）

　植物やガーデニングにまつわる民間伝承や魔法について書かれた魅力的な作品。

Boland, Margaret and Bridget Boland
Old Wives' Lore For Gardeners（New York: Farrar, Straus & Giroux, 1976.）

　上述の作品の類似本。

Bolton, Brett L.
The Secret Powers of Plants（New York: Berkley, 1974.）

　植物やその植物に秘められたパワーを分かりやすく解説した作品。魔法についても優れた内容が盛り込まれている。

Bowness, Charles
The Witch's Gospel（London: Robert Hale, 1979.）
　イギリスの民間伝承と現代のウイッカ信者の信仰について書かれた作品。植物を使った魔法についての記述もある。

Briggs, Katherine
The Fairies in Tradition and Literature（London: Routledge & Kegan Paul, 1967.）
『イギリスの妖精――フォークロアと文学』（キャサリン・ブリッグス著、筑摩書房、1991年）
「おとぎ話に出てくる植物（Fairy Plants）」という見出しの章がある。

Budge, E. A. Wallis
Amulets and Talismans（New Hyde Park, (NY): University Books, 1968.）
　この不朽の作品には、魔法で使う植物に関する情報が満載されている（線で描いた恐ろしく下手なイラストも何点か載っている）。

Budge, E. A. Wallis
Herb Doctors and Physicians in the Ancient World: The Divine Origin of the Craft of the Herbalist（Chicago: Ares Publishers, 1978.）
　古代中東の本草学に関する優れた作品。まじないについての記述もある。

Burland, C. A.
The Magical Arts: A Short History（New York: Horizon Press, 1966.）
　イギリスとヨーロッパ大陸の国々の民俗と魔法についての作品。植物を使った魔法についての記述もある。

Burris, Eli Edward
Taboo, Magic, Spirits: A Study in Primitive Elements in Roman Religion（New York: Macmillan, 1931.）
　古代ローマの儀式や魔法で植物がどのように使われていたかについて書かれた作品。

Busenbark, Earnest
Symbols, Sex and the Stars in Popular Beliefs（New York: Truth Seeker, 1949.）
　黎明期の宗教における植物と性的表象。

Castaneda, Carlos
The Teachings of Don Juan（New York: Ballantine, 1973.）
『呪術師と私――ドン・ファンの教え』（カルロス・カスタネダ著、二見書房、1974 年）
「ドン・ファン」の作品はその信憑性が批判の的になっているが、著者の人類学者カルロス・カスタネダがドン・ファンについて徹底的に調査し、彼の作品だとしたことに異を唱えることはできない。この作品には、アメリカのアリゾナ州やメキシコに住む現代のヤキ族のシャーマンが幻覚を引き起こす植物を魔法でどのように使っているかについて触れた箇所もある。

Chappell, Helen.
The Waxing Moon: A Gentle Guide to Magic（New York: Links, 1974.）
この楽しい作品には、ハーブを使った魔法について書かれた章がある。大半が現代のブードゥー教徒が実践している魔法を取り上げたもの。

Coffin, Tristram P. and Henning Cohen（編）
Folklore in America［Garden City, (NY): Anchor Books, 1970.］
アメリカ南西部で実践されているハーブを使った魔法について書かれた作品。

Coles, William
The Art of Simpling［London. 1656. St. Catherine's, (Ont.): Provoker Press, 1968.］
ルネサンス時代の植物を使った魔法に関する情報が満載されている。

Conway, David
Magic: An Occult Primer（New York: Bantam Books, 1973.）
『魔術 理論篇』『魔術 実践篇』（デイヴィッド・コンウェイ著、中央アート出版社、1998 年）
儀式で使う魔法に関するこの優れた（そして危険な）入門書には、植物に関する情報も含まれている。そのうちいくつかは、間違いなく何の予備知識もない人向け。

Cooper, M. R. and A. W. Johnson
Poisonous Plants and Fungi in Britain（2nd ed.London: The Stationary Office, 1998.）

Crow, W. B.
The Occult Properties of Herbs（New York: Weiser, 1974.）
著者の「お買い物リスト」的なスタイルで、肝心のテーマについての記述は少ないが、多くは興味深い内容になっている。

Crowley, Aleister
777〔New York: Weiser, 1973.〕
『新装版　777の書』（アレイスター・クロウリー著、国書刊行会、2013年）
　この作品の大半は、ロンドン生まれの魔術師マグレガー・メイザースの作品の盗作だと思われる（メイザースは著作権の利用を許諾していない）。しかし、不思議な交信（植物との交信を含む）を集めた驚くべき作品になっている。

Culpeper, Nicholas
The English Physician〔London: 1652. London: Foulsham, (ND).〕
　この最もよく知られた薬草の本には（残念ながら、ほとんど信憑性はないが）、ハーブを使った魔法に関するヒントが満載されている。また、植物を採取する伝統的な場所（川のほとり、コケ蒸す断崖、野原など）についても記載されている。後に *Culpeper's Complete Herbal* という書名で再販され、今でもこの書名で入手できる。

Cunningham, Lady Sara
The Magical Virtues of Candles, Herbs, Incense and Perfume〔Glendale, (California): Aleph Books, 1979.〕
　カニンガム女史（本書の著者とは無関係）のつまらない作品。ハーブに関する描写はおおざっぱだが良くできている。ほかの部分は、有名ブランドのマジカルオイルやインセンスに関するもので、ほとんど読む価値はない。

Dana, Mrs. William Starr
How to Know the Wild Flowers〔New York: 1893; NewYork: Dover, 1963.〕
　アメリカの植物を確認するときにすこぶる有益なハンドブックで、魔法に関する情報の抜粋もある。

Davis, Hubert J.（編）
The Silver Bullet and Other American Witch Stories〔Middle Village, (NY): Jonathan David Publishers, 1975.〕
　ヨーロッパ原産の植物にまつわる言い伝え。

de Clairemont, Lewis
Legends of Incense, Herb & Oil Magic〔Dallas: Dorene Publishing, 1966.〕
　ド・クレルモン「著」とされている大半の書物と同じく、この作品もほとんどが盗作であり、C. F. レイエルが著した優れた "*The Magic of Herbs*" から拝借した部分もある。

De Lys, Claudia
A Treasury of American Superstitions（New York: Philosophical Library, 1948.）
『アメリカの迷信さまざま』（クローディア・ドリス著、北星堂書店、1962 年）
　植物にまつわる伝説や神話を集めた作品。

Densmore, Frances
How Indians Use Wild Plants for Food, Medicine and Crafts（Washington, 1928. New York: Dover, 1974.）
　「お守り(チャーム)に使われる植物」に関する短い項目がある。

Derlon, Pierre
Secrets of the Gypsies（New York: Ballantine, 1977.）
　ジプシー（ロム）の植物の利用法についての作品。

Devine, M. V.
Brujeria: A Study of Mexican-American Folk-Magic（St. Paul: Llewellyn Publications, 1982.）
　アメリカにおける現代メキシコ系アメリカ人のハーブを使った都会的な魔法の本。ウイットに富み、当世風なスタイルで書かれている。

Emboden, William
Bizarre Plants: Magical, Monstrous, Mythical（New York: Macmillan, 1974.）
　植物情報で構成する独特のコレクション。シャーマンの民間療法での使い方をリストアップした部分もある。

Emrich, Duncan
The Folklore of Love and Courtship（New York: American Heritage Press, 1970.）
　魔法や占いの魅惑的なコレクション。その多くが植物を使ったもの。

Faulks, P. J.
An Introduction of Enthnobotany（London: Moredale Publications Ltd.,1958.）
　この魅力的な作品には儀式でのハーブの使い方に関する情報が満載されている。

Fettner, Ann Tucker
Potpourri, Incense and Other Fragrant Concoctions（New York: Workman Publishing, 1977.）
　ハーブを使った魔法をはじめ、多くがC.F. レイエル著 "*The Magic of Herbs*" からの引用。

Fielding, William J.
Strange Superstitions and Magical Practices（New York: Paperback Library, 1968.）
　植物にまつわる迷信と性的表象。

Fisher, M. F. K.
A Cordiall Water（Boston: Little, Brown & Company, 1961.）
　生薬、薬物ハーブに関するまとまりのない概説と魔法の情報を少し記載した作品。

Fortune, R. F.
Sorcerers of Dobu（NewYork: Dutton, 1963.）
　太平洋の島、ドブ島の人々の生活についての素晴らしい報告書。生活のあらゆる側面で魔法が重要な役割を果たしている。

Fox, Helen Morgenthau
Gardening With Herbs for Flavor and Fragrance（New York: Macmillan, 1934.）
　この楽しい本には「魔女の大釜（The Witches' Cauldron）」と題する章もあり、ヨーロッパの魔法で使われるハーブについて詳述されている。ただ、そうした情報の大半は、どこででも普通に入手できる情報ばかり。

Frazer, James
The Golden Bough（New York: Macmillan, 1958.）
『金枝篇』（ジェームズ・フレイザー著、岩波文庫ほか、1966 年）
　これは極めて分厚い作品だが、宗教や儀式において植物がどのような意味合いを持つのかに関する情報が満載されている。ただ、フレイザーの結論については、割り引いて解釈する必要がある。

Friend, Hilderic
Flower Lore［London, 1884. Rocktop, (ME): Para Research, 1981.］
　ハーブを使った魔法が満載の素晴らしい作品で、復刻版が入手可能。19 世紀に書かれたこの本は、ともすれば忘れ去られていた可能性がある田舎のハーブにまつわる言い伝えの数々を記録したもの。極東のハーブの魔法についても記されている。

Fuller T. C. and McClintock
Poisonous Plants of California（Berkeley CA: U of C Press, 1986.）

Gamache, Henri
The Magic of Herbs［Highland Falls, (NY): Sheldon Publications, 1942.］
　有名なハーブの研究書。魔法での使用というよりも神話との結びつきに重点を置いたものだが、ほとんど読む価値はない。

Gerard, John
The Herball, or Generall Historie of Plants（London, 1597. New York: Dover, 1975.）
　この分厚い作品は、オカルトには懐疑的な著者が書いたものだが、書かれた当時にはやっていたハーブの魔法の事例が数多く記録されている。

Gilmore, Melvin R.
Uses of Plants by the Indians of the Missouri River Region［Lincoln, (NE): University of Nebraska Press, 1977.］
　この作品には、アメリカ先住民のハーブを使った魔法に関する情報が満載されている。

Goodyer, John（訳）
The Greek Herbal of Dioscorides（1655. New York: Hafner, 1968.）
　古典的なハーブの本で、多くの魔法が記録として残されている。

Gordon, Leslie
A Country Herbal（New York: Mayflower, 1980.）
　魔法を散りばめた美しい本。

Gordon, Leslie
Green Magic（New York: Viking Press, 1977.）
　植物にまつわる神話や伝説。

Grammary, Ann
The Witches' Workbook（New York: Pocket Books, 1973.）
　近代の魔法の本で、ハーブを使った魔法もいくつか紹介されている。

Graves, Robert
The White Goddess（New York: Farrar, Straus and Giroux, 1976.）
　突拍子もない憶測に満ちているが、地母神の特徴を詩的に解説したもので、植物や木々に関する神話や儀式の優れた情報も含まれている。

Gregor, Arthur S.
Amulets, Talismans and Fetishes（New York: Scribner's, 1975.）
　人気の高い研究書で、多くの魔法が図解されている。

Grieve, M.
A Modern Herbal（NewYork: 1931; NewYork: Dover, 1971.）
　全2巻の厚い作品で、一連のパンフレット、"*A Modern Herbal*" を C.F. レイエルが編集したもの。ハーブに関する魔法や儀式の情報が満載されている。

Griffith, F. L. and Herbert Thompson
The Leyden Papyrus（London: 1904; New York: Dover, 1974.）
　古代エジプトの魔法の本で、ハーブを使った魔法についても記されている。

Grigson, Geoffrey
A Herbal of All Sorts（New York: Macmillan, 1959.）
　ハーブを使ったあらゆる種類の魔法。

Gutmanis, June
Kahuna Laau Lapaau（Honolulu: Island Heritage Limited, 1979.）
　古代と現代のハワイにおける生薬、薬物ハーブや魔法が詳述されている。

Haining, Peter
The Warlock's Book: Secrets of Black Magic From The Ancient Grimoires
［Secaucus, (NJ): Citadel, 1973.］
　古い写本から抜粋し、凝りすぎるほどのまじないの有名なコレクション。

Hansen, Harold
The Witch's Garden（Santa Cruz: Unity Press, 1978.）
　これはオランダ語から英語への翻訳本で、魔法に使われる有毒な植物について調べたもの。実用的な情報は一切ない。

Harner, Michael J.（編）
Hallucinogens and Shamanism（Oxford: Oxford University Press, 1973.）
　幻覚作用を引き起こす植物と宗教や魔法でそれらの植物がどのように使われているかを詳細に解説した学術的かつ参考になるエッセイ集。

Haskins, Jim
Voodoo & Hoodoo: Their Tradition and Craft as Revealed by Actual Practitioners（New York: Stein & Day, 1978.）
　この魅力的な研究書には植物に関する情報もいくつか含まれている。

Hayes, Carolyn H.
Pergemin: Perfumes, Incenses, Colors, Birthstones, Their Occult Properties and Uses（Chicago: Aries Press, 1937.）
　興味深いインセンスのレシピが満載。そのほとんどはレオ・ヴィンチが後に著した*Incense*にも記されている。

Healey, B. J.
A Gardener's Guide to Plant Names（New York: Charles Scribner's Sons, 1972.）
　分類法の貴重なガイドブック。

Heffern, Richard
The Herb Buyer's Guide（New York: Pyramid 1973.）
　魔法に関する情報はほとんどないが、素晴らしい情報源。

Helfman, Elizabeth S.
Maypoles and Wood Demons: The Meaning of Trees（New York: Seabury Press, 1972.）
　木の神話や魔法に関する児童書。

Hohman, John George
Pow-Wows, Or the Long Lost Friend（Dallas: Dorene Publishing, N.D.）
　まじないを集めた作品。多くがキリスト教化されているが、ハーブを使った魔法が記録されている。

Hole, Christina
Witchcraft In England（London: Batsford Ltd., 1940.）
　田舎のハーブを使った魔法に関する情報。

Hoyt, Charles Alv
Witchcraft［Carbondale, (IL): Southern Illinois University Press, 1981.］
　この本では、1章を魔法の「薬理学」の授業についての議論に割いており、いつものとおり有毒植物に焦点を当てている。

Huson, Paul
Mastering Herbalism（New York: Stein & Day, 1974.）
　ハーブを使った魔法に関する短い項目があるが、その大半がこの著者が書いた *Mastering Witchcraft* の抜刷。

Huson, Paul
Mastering Witchcraft（New York: Berkley, 1971.）
　1960年代後半から70年前半にかけて、アメリカを席巻したオカルトブームの火つけ役となった1冊。著者はヨーロッパのハーブの魔法をかなり多く盛り込んでいるが、全体的に散漫になってしまった感がある。

Jacob, Dorothy
A Witch's Guide to Gardening（New York: Taplinger, 1965.）
　ヨーロッパのハーブを使った魔法が見事に紹介されている。植物にまつわる神話や伝説も記されている。

Jacob, Dorothy
Cures and Curses（New York: Taplinger, 1967.）
　"*A Witch's Guide to Gardening*" の姉妹編で、ハーブを使った魔法について書かれた章がある。

Jones, T. Gwynn
Welsh Folklore and Folk-Custom（Cambridge: D. S. Brewer, 1979.）
　イギリスのハーブを使った魔法と民間伝承。

Kamm, Minnie Watson
Old-Time Herbs for Northern Gardens（Boston: Little, Brown & Co., 1938.）
　ハーブのさまざまな呼び名と古代の人々の儀式での使い方が紹介されている。

Kenyon, Theda
Witches Still Live（New York: Washburn, 1939.）
　ハーブを使った魔法と民間伝承。

King, Dr. Ann I.
Private paper on plant toxicity（Co-operative Extension 625 Miramontes STE 200 Half

Moon Bay CA 94019: U of CA.)

Kittredge, George Lyman
Witchcraft in Old and New England（New York: Russel & Russel, 1956.）
この作品には、中世からルネサンス時代のハーブを使った魔法について記載されている。

Kluckhorn, Clyde
Navajo Witchcraft（Boston: Beacon Press, 1970.）
チョウセンアサガオに関する情報。

Krutch, Joseph Wood
Herbal（Boston: David R. Godine, 1965.）
ヨーロッパでのハーブを使った魔法についての文章とマンドレイクについての優れた論説。

Krythe, Maymie
All About the Months（New York: Harper and Row, 1966.）
毎月の花の項目のいくつかにハーブを使った魔法が含まれている。

Lathrop, Norma Jean
Herbs: How to Select, Grow and Enjoy（Tucson: HP Books, 1981.）
ハーブを使った魔法についての記述はないが、ハーブガーデンの造り方について書かれた楽しい作品。

Lea, H. C.
Materials Toward a History of Witchcraft（New York: Thomas Yoseloff, 1957.）
裁判の記録、パンフレット、古書から抜粋したハーブを使った魔法。

Leach, Maria（編）
Funk & Wagnal's Standard Dictionary of Folklore, Mythology and Legend（New York : Funk & Wagnall's, 1972.）
植物にまつわる民間伝承や言い伝えが満載の大作。

Leek, Sybil
Cast Your Own Spell（New York: Pinnacle, 1970.）
著者のリーク女史は、この作品にスタンダードなハーブの魔法をいくつか盛り込んでいる。

Leek, Sybil
Herbs: Medicine and Mysticism（Chicago: Henry Regnery Co., 1975.）
　占星術や惑星とハーブとの関連性について論じた作品。

Leek, Sybil
Sybil Leek's Book of Herbs（New York: Thomas Nelson, 1973.）
　ハーブにまつわる伝説や神話。

Leland, Charles Godfrey
Etruscan Magic and Occult Remedies［New Hyde Park, (NY): University Books, 1963.］
　1800年代後半にイタリアで収集された魔法に使うハーブの情報。

Leland, Charles Godfrey
Gypsy Sorcery and Fortune-Telling（New York: Dover, 1971.）
　ジプシーの間に伝わる植物にまつわる言い伝えと魔法。

Leyel, C. F.
Herbal Delights（Boston: Houghton Mifflin Co., 1938.）
　ハーブのさまざまな呼び名が紹介されている。

Leyel, C. F.
The Magic of Herbs（New York: 1927. Toronto: Coles Publishing, 1981.）
　この分野では最も引用されている作品で、著者のC．F．レイエル夫人の作品は古典になっている。この作品では、大英博物館所蔵の古代の写本から抜粋した魔法やハーブの使い方について詳述されている。

Lust, John
The Herb Book（NewYork: Bantam, 1974.）
　学名について、とりわけさまざまな呼び名について有益。魔法や神話に関する情報も少し盛り込まれている。

Mabey, Richard
Plantcraft: A Guide to the Everyday Use of Wild Plants（New York: Universe Books, 1977.）
　植物を使った魔法についての小作品。

Maple, Eric
The Dark World of Witches（New York: Pegasus, 1970.）

この優れた作品には、民間に伝わる魔法について書かれた章がある。

Maple, Eric
The Magic of Perfume（New York: Weiser, 1973.）
芳香が持つ不思議な特徴を手短に紹介した作品。

Maple, Eric
Superstition and the Superstitious（Hollywood: Wilshire, 1973.）
植物やハーブを使った魔法のいくつかが紹介されている楽しい作品。

Marwick, Max（編）
Witchcraft and Sorcery（Middlesex: Penguin Books, 1970.）
数篇のエッセイは植物を使った魔法を扱ったもの。

Masse, Henri
Persian Beliefs and Customs［New Haven, (CT): Human Relations Area Files, 1954.］
ペルシャ（現イラン）の民間に伝わる魔法と迷信。そのうちいくつかは植物に関連したもの。

Mathers, Samuel（訳・編）
The Key of Solomon（New York: Weiser, 1972.）
この作品は、中世以降のヨーロッパに伝わる黒魔術の多くの手引書「グリモワール」と同じく、読者が魔術に精通していることを前提に書かれている。したがって、この本では周知の知識ということで、ハーブを使った魔法に関する冗長な説明は省かれている。ただ、メイザース版（現存する数多くの写本から作品を抜粋し、一冊にしたもの）には、植物にまつわる魔法がいくつか紹介されている。

McGuffm, M. et al
Botanical Safety Handbook［Boca Raton, (FL): American Herbal Retailer's Association CRC Press, 1997.］

Meyer, Clarence
50 Years of the Herbalist Almanac［Glenwood, (IL): Meyer-books, 1977.］
The Herbalist Almanac から抜粋したこのエッセイ集では、アメリカ先住民のハーブを

使った魔法がいくつか紹介されている。

Meyer, Clarence
The Herbalist（1960.）
学名、とりわけアメリカ原産の植物の学名が記載されている優れた作品。

Mickaharic, Draja
Spiritual Cleansing: A Handbook of Psychic Protection〔York Beach, (ME): Weiser, 1982.〕
このやや風変わりな作品 "*Spiritual Cleansing*" は、植物やその不思議な特性についての貴重な情報を提供してくれる。キリスト教の教義や規律がかなり盛り込まれている。

Mulligan G. A., et al
Poisonous Plants of Canada（Ottawa: Canada Dept. of Agriculture, 1990.）

Murphy, Edith Van Allen
Indian Uses of Native Plants〔Fort Bragg (California): Mendocino County Historical Society, 1950.〕
魔法や儀式に使われる植物を扱った短い項目がある。

Paulsen, Kathryn
The Complete Book of Magic and Witchcraft（New York: Signet,1980.）
十分な調査を行い、脚注をつけたこの作品には、植物を使った魔法や、西洋人だけでなくアメリカ先住民のハーブの使い方に関する素描を紹介した長い項目がある。

Paulsen, Kathryn
Witches' Potions and Spells〔Mount Vernon, (NY): Peter Pauper Press, 1971.〕
植物に関連する魔法の本。

Pelton, Robert W.
The Complete Book of Voodoo（New York: Berkley Medallion, 1973.）
一般に平易な文章で読みやすくなっているが、ブードゥー教徒のハーブの使い方を完全に網羅した優れた作品の1つになっている。明らかに大量の情報源から引用したものばかり。

Pepper, Elizabeth and John Wilcox
Witches All（New York: Grosset & Dunlap, 1977.）
この著者が毎年出版する "*The Witches Almanac*" の編集版には、植物に関する項目が

含まれている。

Petulengr, "Gipsy."
A Romany Life（London: Metheun & Co., Ltd., 1935.）

　ジプシー（ロム）の生活をとりとめなく説明した作品で、魔法やハーブを使ったまじないについては、おまけ程度につけ加えられている。

Pliny the Elder (Caius Plinius Secundus)
Natural History（Cambridge: Harvard University Press, 1956.）
プリニウス著『プリニウスの博物誌』〈全6巻〉雄山閣
　西暦1世紀に古代ローマの大プリニウスによって書かれたこの作品は、著者も言うとおり、自然の百科全書的なものになっている。植物の項目には、著者が今からほぼ2000年前に流行していた多くの迷信や魔法の使い方を記録したものが紹介されている。

Porta, John Baptista
Natural Magic（Naples, 1558; London, 1658. New York: Basic Books, 1957.）
　この古典的作品に、著者はハーブを使った魔法のいくつかを記録として残している。

Porteous, Alexander
Forest Folklore, Mythology and Romance（London: George Allen & Unwin, 1928.）
　木々にまつわる迷信と魔法について書かれた作品。

Radford, E. and M. A. Radford
Encyclopedia of Superstitions.（London: Hutchinson, 1961.）
　イギリスの花とハーブにまつわる迷信と魔法について書かれた作品。クリスティナ・ホールによる編集・改訂版。

Randolph, Vance
Ozark Superstitions（New York: Cambridge University Press, 1947.）
　アメリカのオザーク山地で収集した植物を使った魔法について書かれた作品。

Riva, Anna
The Modern Herbal Spellbook［Toluca Lake, (CA): International Imports, 1974.］
『秘密の白魔術・黒魔術（魔女の家 BOOKS）』（アンナ・リバ著、大陸書房、1986年）
　多くの魔術書を世に送り出したアメリカ生まれのオカルティスト、アンナ・リバは、この作品を執筆中には主にブードゥー教徒のハーブの魔法に頼っていたが、ヨーロッパの魔法で

のハーブの使い方もいくつか載せている。化粧品や医薬品に使うときの指示も記している。

Rose, Jeanne
Herbs and Things: Jeanne Rose's Herbal（New York: Grosset & Dunlap, 1972.）

　著者は、この素晴らしい本草学の入門書で、ハーブを使った有名な魔法をいくつか取り上げている。

Rose, Jeanne
Jeanne Rose's Herbal Guide to Inner Health（New York: Grosset & Dunlap, 1979.）
　植物を使った魔法の数々について書かれた作品。

Rosengarten, Frederick
The Book of Spices（New York: Pyramid, 1975.）
　むかしから伝わるハーブにまつわる伝説や神話について書かれた作品。

Saxon, Lyle（編）
Gumbo Ya-Ya（Boston: Houghton Mifflin Co., 1945.）
　アメリカのルイジアナ州に暮らすブードゥー教徒たちのハーブを使った魔法について書かれた作品。

Schmidt, Phillip
Superstition and Magic［Westminster, (MD): The Newman Press, 1963.］
　ユダヤ教徒の著者によって書かれたこの作品は、オカルト現象の恐怖を明らかにしようと試みる一方で、素晴らしい魔法の流儀、やり方についてもいくつか紹介している。ハーブにまつわる民間伝承についても記載されている。

Schultes, Richard Evans
Hallucinogenic Plants［Racine, (WI); Western Publishing Co., 1976.］
『図解快楽植物大全』（リチャード・エヴァンズ・シュルテス著、東洋書林、2007年）
　幻覚症状を引き起こす植物とそれらの植物がシャーマニズムにおいて果たす役割について、一般に知られているが詳細にわたって説明した作品。

Scot, Reginald
The Discoverie of Witchcraft（London: 1584. New York: Dover, 1972.）
　このテーマに関する古典的な作品。著者はハーブを使った魔法のほかにも、数々のまじない、占い、悪魔祓い、お守り（チャーム）をこの作品に記録として残している。

Shah, Sayed Idries
Oriental Magic（New York: Philosophical Library, 1957.）
　著者は、この素晴らしくて楽める解説書に植物を使った魔法をいくつか盛り込んでいる。

Shah, Sayed Idries
The Secret Lore of Magic（New York: Citadel, 1970.）
　植物を使った魔法にまつわる古いグリモワールを編集したもの。

Shah, Sirdar Ikbal Ali
Occultism: Its Theory and Practice（New York: Castle Books, N.D.）
　この魅惑的な作品には、西洋と中東のハーブを使った魔法が記されている。

Sharon, Douglas
Wizard of the Four Winds: A Shaman's Story（New York: The Free Press, 1978.）
　ペルーのシャーマニズムとシャーマンの解説書。魔法に使われる植物、とくに幻覚を引き起こす植物についていくつか論じられている。

Shosteck, Robert
Flowers and Plants: An International Lexicon（New York: Quadrangle/The New York Times Book Co., 1974.）
　学名について書かれたものとしては貴重な作品。ハーブを使った魔法についても少し触れられている。

Simmons, Adelma Grenier
Herb Gardening in Five Seasons（Princeton: D. Van Nostrand Co., 1964.）
　ハーブにまつわる神話と魔法について書かれた作品。

Singer, Charles
From Magic to Science（New York: Dover, 1958.）
　イギリス黎明期の植物を使った魔法を取り上げた良書。

Slater, Herman（編）
The Magical Formulary（New York: Magickal Childe, 1981.）
　インセンス、聖油、パウダーの作り方が書かれた作品。ほとんどがブードゥー教の習わしに由来するもの。

Spence
The History and Origins of Druidism (New York: Weiser, 1971.)
　オークやミスルトーに関する興味深い情報がいくつか含まれているが、この作品については、信頼性が低い。著者は確固たる事実に対しても間違った推測、しかも乱暴な推測をしすぎている。

Spence
The Mysteries of Britain (London: Aquarian Press, 1970.)
　イギリスの植物にまつわる民間伝承のほか、古代イギリスの宗教に関する考察に多くのページが割かれている。

Thistleton-Dyer, T. F.
The Folklore of Plants (Detroit: Singing Tree Press, 1968.)
　ハーブを使った魔法と民話が満載されている。

Thompson, C. J. S.
The Mysteries and Secrets of Magic (London: 1927. New York: Olympia Press, 1972.)
　魔法で使われるハーブに関する章を含んだ貴重な作品。

Thompson, C. J. S.
The Mystery and Lure of Perfume (Philadelphia: J. B. Lippincott & Co., 1927.)
『香料文化誌——香りの謎と魅力』［C. J. S. トンプソン著、八坂書房（新装版）、2010 年］
　香水や香料、マジカルオイルに関する興味深い解説書。

Thompson, C. J. S.
The Mystic Mandrake ［New Hyde Park (New York): University Books, 1968.］
　マンドレイクに関する数々の魔法や伝説、また一般的な植物を使った魔法に関する情報を満載した作品。

Thompson, Dorothy Burr and Ralph Griswold
Garden Lore of Ancient Athens ［Princeton (New Jersey): American School of Classical Studies at Athens, 1963.］
　古代ギリシャの儀式や魔法での植物の使い方について記した小冊子。

Thorwald, Jurgen
Science and Secrets of Early Medicine [New York: Harcourt, Brace & World, 1963.]
　ハーブを使った魔法を古代の薬物と関連づけた作品。

Thompkins, Peter and Christopher Bird
The Secret Life of Plants [New York: Avon Books, 1974.]
　植物に関する1970年代の大作。魔法のことには言及していないが、植物に秘められた不思議なパワーについては、好奇心をかき立てられるような考察をしている。

Tondriau, Julien
The Occult: Secrets of the Hidden World
　この本では植物を使った魔法が「神秘」の1つとして扱われている。

Tindall, Gillian
A Handbook on Witches [London: Arthur Baker, 1965.]
　この作品には民間に伝わる魔法について書かれた章があるが、そのなかでは植物を使った魔法が突出している。

Torkelson, Anthony R.
The Cross Name Index to Medicinal Plants v. 1-3 [Boca Raton, (FL): CRC Press, 1996.]

Trueman, John
The Romantic Story of Scent (New York: Doubleday, 1975.)
　香りとオイルの歴史について書かれた作品。魔法についてはほとんど言及されていないが、神話についてはふんだんに語られている。

Trigg, Elwood
Gypsy Demons and Divinities [Secaucus, (NJ): Citadel, 1973.]
　ジプシーたちの植物を使った魔法について書かれた作品。

Vahente, Doreen
Natural Magic (New York: St. Martin's Press, 1975.)
　ハーブを使った魔法が数々の魔法の1つとして論じられている。

Valiente, Doreen
Where Witchcraft Lives（London: Aquarian Press, 1962.）
イギリスの民間に伝わる魔術書。ハーブを使った魔法についても簡単に触れられている。

Verrffl, A. Hyatt
Perfumes and Spices（New York: L. C. Page, 1940.）
ハーブの歴史的概観。

Vinvi, Leo
Incense: Its Ritual Significance, Use and Preparation（New York: Weiser, 1980.）
インセンスの入門書。

Waring, Phillipa
A Dictionary of Omens and Superstitions（New York: Ballantine, 1979.）
迷信や占いに関連する植物やハーブについて論じた作品。

Weslager, C. A.
Magic Medicines of the Indians（New York: Signet, 1974.）
私としては物足りない部分もあるが、アメリカ先住民のハーブを使った魔法について言及した作品。

Wheelwright, Edith Grey
Medicinal Plants and Their History（New York: Dover, 1974.）
生薬（薬物ハーブ）の歴史について論じた作品。魔法についても言及している。

Westbooks, R. G. and J. W. Preacher
Poisonous Plants of Eastern North America［Columbia, (SC): University of South Carolina Press, 1986.］

Whitman, John
The Psychic Power of Plants（London: Star Books, 1974.）
植物と近代の科学研究。

ほかの呼び名⇔一般名対応表（五十音順）

アイリス	→ イリス	イナゴマメ	→ キャロブ
アエスクラピウス	→ マスタード・ブラック	イヌハッカ	→ キャットニップ
アカニレ	→ スリッパリーエルム	イノンド	→ ディル
アカネグサ	→ ブラッドルート	イリス	→ オリス
アギ	→ アサフェティダ	インゲンマメ	→ ビーン
アキウコン	→ ターメリック	インドボダイジュ	→ ボーディトゥリー
アキノキリンソウ	→ ゴールデンロッド	ウスベニアオイ	→ マロウ
アサ	→ ヘンプ	ウスベニタチアオイ	→ マーシュマロウ
アサガオ	→ モーニンググローリー	ウマゼリ	→ クミン
アザミ	→ シスル	エアープランツ	→ スパニッシュモス
アジサイ	→ ハイドランジア	エシャロット	→ シャロット
アダーズタンファーン	→ オフィオグロッスム	エストラゴン	→ フレンチタラゴン
アフリカスミレ	→ セントポーリア	エゾイチゴ	→ ラズベリー
アフリカンバイオレット	→ セントポーリア	エゾギク	→ アスター
アマ	→ フラックス	エゾヘビイチゴ	→ ストロベリー・ワイルド
アマドコロ	→ ソロモンシール	エニシダ	→ ブルーム
アメリカガキ	→ パーシモン	エリカ	→ ヘザー
アメリカサンショウ	→ プリックリーアッシュ	エンドウマメ	→ ピー
アメリカスモモ	→ プラム・アメリカン	エンバク	→ オーツ
アメリカニワトコ	→ エルダー・アメリカン	エンレイソウ	→ トリリウム
アメリカニンジン	→ アメリカジンセン	オウシュウカラマツ	→ ラーチ
アメリカマンサク	→ ウィッチヘーゼル	オウシュウヨモギ	→ マグワート
アメリカヤマボウシ	→ ドッグウッド	オオウメガサソウ	→ ピプシセワ
アヤメ	→ ブルーフラッグ	オオカミナスビ	→ ベラドンナ
アルカンナ	→ アルカネット	オートムギ	→ オーツ
アンズ	→ アプリコット	オオバゲッキツ	→ カレートゥリー
アンソクコウノキ	→ ベンゾイン	オオバコ	→ プランテン
イチゴノキ	→ ストロベリートゥリー	オオムギ	→ バーリー
イチジク	→ フィグ	オランダシャクヤク	→ ピオニー
イトシャジン	→ ヘアベル	オリス	→ イリス
イトスギ（ホソイトスギ）	→ サイプレス	オレンジミント	→ ミント・オレンジ

カーネーション	→ クローブピンク	クマツヅラ	→ バーベイン
カープル	→ ケイパー	クリ	→ チェストナット
カイソウ	→ スキル	クルマバソウ	→ ウッドラフ
カエデ	→ メープル	クワ	→ マルベリー
カッコウ	→ パチョリ	ケシ	→ ポピー
カッコウチョロギ	→ ウッドベトニー	ゲッケイジュ	→ ベイ
カバノキ	→ バーチ	ケッパー	→ ケイパー
カブ	→ ターニップ	ケマンソウ	→ ブリーディングハート
ガマ	→ ティファ	コウキ	→ サンダルウッド・レッド
カラクサケマン	→ フミトリー	コウスイハッカ	→ レモンバーム
カラスムギ	→ オーツ	ゴウダソウ	→ ルナリア
カレーノキ	→ カレートゥリー	コエンドロ	→ コリアンダー
キク	→ クリサンテムム	コクタン	→ エボニー
キクチシャ	→ エンダイブ	穀粒	→ グレイン
キゾメグサ	→ ターメリック	コケ	→ モス
キダチヨモギ	→ サザンウッド	ココメグサ	→ アイブライト
キヅタ	→ アイビー	コショウ	→ ペッパー
キナノキ	→ シンコナ	コショウボク	→ ペッパーツリー
キバナアザミ	→ ホーリーシスル	ゴツコラ	→ ゴツコーラ
キバナノクリンザクラ	→ カウスリップ	ゴボウ	→ バードック
キャラ	→ アロエウッド	ゴマ	→ セサミ
キュウリ	→ キューカンバー	コミヤマカタバミ	→ ウッドソレル
ギョリュウ	→ タマリスク	コムギ	→ ウィート
キンギョソウ	→ スナップドラゴン	コンブ	→ ケルプ
ギンコウボク	→ マートル	サクラソウ	→ プリムローズ
キンセンカ	→ カレンデュラ	サクララン	→ ワックスプラント
ギンセンソウ	→ ルナリア	サクランボ	→ チェリー
ギンバイカ	→ マートル	ザクロ	→ ポムグレナート
クインス	→ マルメロ	ザゼンソウ	→ スカンクキャベッジ
クサノオウ	→ セランダイン	サトウキビ	→ シュガーケイン
クスクス	→ ベチバー	サトウダイコン	→ ビート
クスノキ	→ カンファートゥリー	サボテン	→ カクタス
クチナシ	→ ガーデニア	サンシキスミレ	→ パンジー
クマコケモモ	→ ウワウルシ	サントリソウ	→ ホーリーシスル

ジギタリス	→ フォックスグローブ	セイヨウダイコンソウ	→ アベンス
シバムギ	→ カウチグラス	セイヨウトウキ	→ アンゼリカ
シマナンヨウスギ	→ ノーフォークマツ	セイヨウトチノキ	→ マロニエ
ジャガイモ	→ ポテト	セイヨウトネリコ	→ アッシュ
ジャコウ根	→ ムスクルート	セイヨウナシ	→ ペア
シャンツァイ（コウサイ）	→ コリアンダー	セイヨウナツユキソウ	→ メドウスイート
ジュズダマ	→ ジョブズティアーズ	セイヨウナナカマド	→ ローワン
ショウガ	→ ジンジャー	セイヨウネズ	→ ジュニパー
ショウズク	→ カルダモン	セイヨウハシリドコロ	→ ベラドンナ
ショウブ	→ カラムス	セイヨウハッカ	→ ミント・ペパー
ジラ	→ ディル	セイヨウハルニレ	→ エルム
ジンコウ	→ アロエウッド	セイヨウヒイラギ	→ ホーリー
スイートフラッグ	→ カラムス	セイヨウヒノキ	→ サイプレス
スイセン	→ ダッフォディル	セイヨウボダイジュ	→ リンデン
スイレン	→ ロータス	セイヨウヤマハッカ	→ レモンバーム
スギナ	→ ホーステール	セイヨウワサビ	→ ホースラディッシュ
スズラン	→ リリーオブザバレー	セネガルアカシア	→ アカシア
スピノサスモモ	→ スロー	センネンボク	→ コルディリネフルティコーサ
スペインカンゾウ	→ リコリス	ソケイ	→ ジャスミン
スベリヒユ	→ パースレイン	ソバ	→ バックウィート
セイタカアワダチソウ	→ ゴールデンロッド	ダイウイキョウ	→ スターアニス
セイヨウイラクサ	→ ネトル	ダイオウ	→ ルバーブ
セイヨウオキナグサ	→ アネモネ	タイマツバナ	→ ベルガモット・ワイルド
セイヨウオシダ	→ メールファーン	タケ	→ バンブー
セイヨウオトギリソウ	→ セントジョーンズワート	タチキジムシロ	→ トーメンティル
セイヨウカキドオシ	→ グラウンドアイビー	タチジャコウソウ	→ タイム
セイヨウカノコソウ	→ バレリアン	タマネギ	→ オニオン
セイヨウカラハナソウ	→ ホップ	タンポポ	→ ダンデライオン
セイヨウキイチゴ	→ ラズベリー	チクマハッカ	→ キャットニップ
セイヨウキョウチクトウ	→ オレアンダー	チャ	→ ティー
セイヨウキンミズヒキ	→ アグリモニー	チャイナベリー	→ センダン
セイヨウサンザシ	→ ホーソン	チャボトケイソウ	→ パッションフラワー
セイヨウシナノキ	→ リンデン	チョウジ	→ クローブ
セイヨウシロヤナギ	→ ウィロー	チョウセンアサガオ	→ ダチュラ

チランジア	→ スパニッシュモス	ハッカ	→ ミント
ツクシ	→ ホーステール	ハッカク	→ スターアニス
ツノコマクサ	→ ダッチマンズブリーチズ	ハツカダイコン	→ ラディッシュ
ツバキ	→ カメリア	ハナミズキ	→ ドッグウッド
ツボクサ	→ ゴツコーラ	ハナヤスリ	→ オフィオグロッスム
ティユール	→ リンデン	ハナワラビ	→ ボトリキウム
テンサイ	→ ビート	バラ	→ ローズ
トウガラシ	→ チリペッパー	バラアサガオ	→ ウッドローズ
トウゴマ	→ キャスター	ハリエニシダ	→ ゴース
トウシキミ	→ スターアニス	バレイショ	→ ポテト
トウモロコシ	→ コーン	パロセラ	→ ダレア
ドクキノコ	→ トードストゥール	ヒース	→ ヒース
ドクニンジン	→ ヘムロック	ビースティル	→ イエローオレアンダー
トゲフウチョウボク	→ ケイパー	ヒイラギメギ	→ オレゴングレープ
ナツシロギク	→ フィーバーフュー	ヒカゲノカズラ	→ クラブモス
ナツメヤシ	→ デイトパーム	ヒバマタ	→ ブラダーラック
ナンヨウザンショウ	→ カレートゥリー	ヒマ	→ キャスター
ニオイアヤメ	→ オリス	ヒマワリ	→ サンフラワー
ニオイスミレ	→ スイートバイオレット	ヒメウイキョウ	→ キャラウェイ
ニガチシャ	→ エンダイブ	ヒメツルニチソウ	→ ペリウィンクル
ニガハッカ	→ ホアハウンド	ビャクダン	→ サンダルウッド
ニガヨモギ	→ ワームウッド	ヒャクミコショウ	→ オールスパイス
ニクズク	→ ナツメグ	ヒャクミコショウ	→ ピメント
ニュウコウ	→ フランキンセンス	ヒョウタン	→ ゴード
ニワヤナギ	→ ノットグラス	ヒヨス	→ ヘンベイン
ニンジン	→ キャロット	ヒレハリソウ	→ コンフリー
ニンニク	→ ガーリック	ビロードモウズイカ	→ マレイン
ノボロギク	→ グラウンドセル	フウ	→ リキッドアンバー
バーベナ	→ バーベイン	フキタンポポ	→ コルツフット
ハエトリグサ	→ ビーナスフライトラップ	フサアカシア	→ ミモザ
バキン	→ クミン	ブタクサ	→ ラグウィード
パクチー	→ コリアンダー	ブドウ	→ グレープ
ハコベ	→ チックウィード	ブリオニー	→ ブリオニア
ハス	→ ロータス	ブルーベル	→ ヘアベル

ベチベル	→ ベチバー	ヤラッパ	→ ハイジョンザコンカラー
ヘデラ	→ アイビー	ユキワリソウ	→ リバーワート
ベニテングタケ	→ フライアガリック	ユリ	→ リリー
ベルガモット	→ ミント・オレンジ	ヨウシュヤマゴボウ	→ ポークウィード
ペルシアグルミ	→ ウォルナット	ヨーロッパイチイ	→ ユー
ベンガルボダイジュ	→ バニヤン	ヨーロッパスモモ	→ プラム・ヨーロピアン
ヘンナ	→ ヘナ	ヨーロッパブナ	→ ビーチ
ヘンルーダ	→ ルー	ヨモギギク	→ タンジー
ホースチェストナット	→ マロニエ	ラトルスネークルート	→ セネガ
ポーチュラカ	→ パースレイン	リュウゼツラン	→ マゲイ
ボーディー	→ ボーディトゥリー	リラ	→ ライラック
ホソバウンラン	→ トードフラックス	リンゴ	→ アップル
ポットマリーゴールド	→ カレンデュラ	ローゼル	→ ハイビスカス
ポロネギ	→ リーキ	ローリエ	→ ベイ
マキン	→ クミン	ローレル	→ ベイ
マツ	→ パイン	ワイルドプラム	→ プラム・アメリカン
マテ	→ イエルバマテ	ワサビダイコン	→ ホースラディッシュ
マリアアザミ	→ ミルクシスル	ワタ	→ コットン
マンドラゴラ	→ マンドレイク	ワラ	→ ストロー
ミスミソウ	→ リバーワート	ワラビ	→ ブラッケン
ミチヤナギ	→ ノットグラス		
ミドリハッカ	→ ミント・スペア		
ムサラキウマゴヤシ	→ アルファルファ		
ムラサキツユクサ	→ スパイダーワート		
ムラサキバレンギク	→ エキナセア		
メグサハッカ	→ ミント・ペニーロイヤル		
メマツヨイグサ	→ イブニングプリムローズ・イエロー		
モツヤク	→ ミルラ		
モナルダ	→ ベルガモット・ワイルド		
モモ	→ ピーチ		
ヤグルマギク	→ コーンフラワー		
ヤグルマソウ	→ セントーリー		
ヤドリギ	→ ミスルトー		
ヤマナラシ	→ アスペン		

■**著者紹介**
スコット・カニンガム
スコット・カニンガムは自然のパワーによる魔法を20年以上も実践していた。フィクションやノンフィクションなど、30点を超える著書を執筆しており、その大半がルウェリン・パブリケーションズから出版されている。ニューエイジの分野では極めて高く評価されており、その著書は同分野の幅広い興味や関心を反映している。1993年3月28日没。著書に『願いを叶える魔法のパワーアイテム事典』『願いを叶える魔法の香り事典』『魔女の教科書』『魔女の教科書 ソロのウイッカン編』『西洋魔法で開運入門』『西洋魔法で開運 発展編』『幸運を呼ぶウイッカの食卓』(パンローリング) など。

■**監修者紹介**(※ハーブ一般名称、学名、ほかの呼び名)
木村正典(きむら・まさのり)
NPOジャパンハーブソサエティー専務理事。カリス成城ハーブ研究所主席研究員。NHK「趣味の園芸やさいの時間」元講師。博士(農学)。ハーブの栽培や精油分泌組織の研究に長く携わる。監修書に『カルペパー ハーブ事典』(パンローリング)。著書に『ハーブの教科書』(草土出版)、『日本の伝統野菜』(GB)、『有機栽培もOK! プランター菜園のすべて』(NHK出版)、『木村式ラクラク家庭菜園』(家の光協会)、『園芸学』(文永堂出版) など。

■**訳者紹介**
塩野未佳(しおの・みか)
成城大学文芸学部ヨーロッパ文化学科卒業(フランス史専攻)。編集プロダクション、大手翻訳会社勤務の後、クレジットカード会社、証券会社などでの社内翻訳業務を経て、現在は英語・フランス語の翻訳業務に従事。経済・ビジネスを中心に幅広い分野を手掛けている。訳書に『狂気とバブル』『新賢明なる投資家 上・下』『株式インサイダー投資法』『アラビアのバフェット』『大逆張り時代の到来』『黒の株券』『悩めるトレーダーのためのメンタルコーチ術』(パンローリング) など。

2014年11月2日　初版第1刷発行
2015年 7 月 1 日　　　第2刷発行
2016年 2 月 2 日　　　第3刷発行
2019年10月 1 日　　　第4刷発行
2021年 8 月 1 日　　　第5刷発行

フェニックスシリーズ㉓

願いを叶える魔法のハーブ事典

著　者	スコット・カニンガム
監修者	木村正典
訳　者	塩野未佳
発行者	後藤康徳
発行所	パンローリング株式会社
	〒160-0023　東京都新宿区西新宿7-9-18-6F
	TEL 03-5386-7391　FAX 03-5386-7393
	http://www.panrolling.com/
	E-mail　info@panrolling.com
装　丁	パンローリング装丁室
印刷・製本	株式会社シナノ

ISBN978-4-7759-4129-4

落丁・乱丁本はお取り替えします。
また、本書の全部、または一部を複写・複製・転訳載、および磁気・光記録媒体に
入力することなどは、著作権法上の例外を除き禁じられています。

©Mika Shiono 2014　Printed in Japan